감염병을 바라보는 의료인문학의 시선

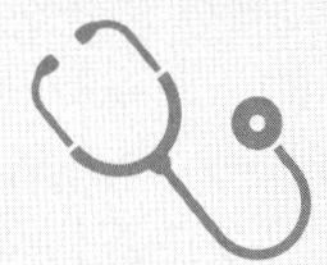

감염병을 바라보는 의료인문학의 시선

김민정 민유기 박성호 윤은경 이동헌 이은영 이향아 정세권
지음

Perspectives from medical humanities on infectious disease

경희대학교 인문학연구원 / HK+통합의료인문학연구단 / 통합의료인문학 학술총서06

감염병을 바라보는 의료인문학의 시선

등록 1994.7.1 제1-1071
1쇄 발행 2022년 1월 25일

기 획 경희대학교 인문학연구원 HK+통합의료인문학연구단
지은이 김민정 민유기 박성호 윤은경 이동헌 이은영 이향아 정세권
펴낸이 박길수
편집장 소경희
편 집 조영준
관 리 위현정
디자인 이주향
펴낸곳 도서출판 모시는사람들
03147 서울시 종로구 삼일대로 457(경운동 수운회관) 1207호
전 화 02-735-7173, 02-737-7173 / 팩스 02-730-7173

인 쇄 (주)성광인쇄(031-942-4814)
배 본 문화유통북스(031-937-6100)
홈페이지 http://www.mosinsaram.com/

값은 뒤표지에 있습니다.
ISBN 979-11-6629-087-9 94000
세트 979-11-6629-001-5 94000

이 저서는 2019년 대한민국 교육부와 한국연구재단의 지원을 받아 수행된 연구임(NRF-2019S1A6A3A04058286).

머리말

COVID-19 감염증이 전 지구를 휩쓴 지도 어느덧 만 2년이 되고 있습니다. 그 사이에 백신이 개발되어 활발하게 접종이 이루어지고 있고, 일각에서는 치료제에 대한 가능성도 제기되면서 팬데믹으로부터 탈출하게 될 희망이 엿보이기도 합니다. 하지만 다른 한편으로는 델타 변이와 같은 변종 코로나 바이러스의 등장으로 인해 팬데믹의 위기감을 완전히 떨치지 못한 채 변화된 일상에 조금씩 익숙해져 가야만 하는 어려움도 여전히 존재하고 있습니다.

신종 감염병으로 인한 팬데믹이 어느덧 일상의 한 부분으로 자리잡기 시작한 만큼, 이제는 이에 대한 방역과 치료를 넘어서 새로운 차원의 논의를 전개해야 한다는 목소리들이 높아지고 있습니다. '위드 코로나(with Corona)'라는 말에서도 확인되듯, 감염병의 위협으로부터 가급적이면 안전함을 추구하면서도 동시에 그간 유보해 왔던 평범한 일상을 다시 우리의 곁으로 끌어들이고자 하는 시도가 곳곳에서 다양하게 나타나고 있습니다. 마치 독감이 그러하듯 의학적 대응과 사회적 대처를 동시에 수행하면서 우리 삶의 일부로 받아들여야 한다는 주장은 앞으로 다가올 포스트 코로나 시대의 양상이 어떠할 것인지를 어렴풋하게나마 가늠하게 하고 있습니다.

이러한 시점에서 필요한 것은 의학적인 범주를 넘어서서 인류 사회 전체의 차원에서 감염병에 대응해 온 방식을 검토하고 대안을 모색하는 노력일 것입니다. 지난 2년간 의학이 피나는 노력과 눈부신 발전을 통해 백신을 위시한 다양한 감염병 대응책을 강구해 냈다면, 앞으로의 시간에는 인류 사회가 어떻게 신종감염병과 함께 나아갈 수 있을지를 좀 더 다각도로 고민해야 합니다. 그리고 이를 위해 필요한 것은 비단 의학뿐만이 아니라 정치, 문화, 역사, 사상 등 인류 사회의 다양한 부면이 감염병에 대응해 온 흔적을 짚어내는 학문, 즉 '인문학(人文學)'에 의거한 분석과 전망 제시라고 할 것입니다.

『감염병을 바라보는 인문학의 시선』은 이러한 문제의식 하에 문학, 역사학, 사회학, 철학 등 기존의 인문학 분과학문의 연구 성과를 바탕으로 하여 통합의료인문학의 관점에서 감염병에 대응하는 인문학의 학술적 성과를 담아내고자 하였습니다. 이는 본 경희대학교 HK+통합의료인문학연구단이 추구하는 '인문학 중심의 의료인문학 구축과 확산'이라는 아젠다에 부응하여 감염병에 대응해 온 인류 사회 각 분야의 과거와 현재를 되짚어 보고, 이를 바탕으로 앞으로의 포스트 코로나 시대에 대응하는 인문학적 전망을 모색하기 위한 작업이기도 합니다.

이 책은 각 1, 2부로 구성되어 있으며, 1부 〈감염병 대응의 역사〉에서는 과거 인류가 겪었던 다양한 감염병의 역사에서 어떤 방식의 대응을 해 왔는지를 살펴보고 이것이 오늘날의 코로나 팬데믹 시대에 시사하는 바를 고민해 보고자 하였습니다. 2부 〈감염병이 남긴 과제〉에서는 현재 우리가 경험하고 있는 팬데믹의 현실이 인류에게 어떠한 과제를 남겨두고 있으며, 이를 인문학적으로 어떻게 분석하고 그 대응 방안을 모색할 수 있을지에 대한 고민과 성찰을 담아내고자 하였습니다.

『감염병을 바라보는 의료인문학의 시선』이 포스트 코로나 시대에 대비하는 우리에게 인문학적인 통찰을 가능하게 하는 계기를 마련해 주기를 간절히 바랍니다. 아울러 본 연구단에서 교양총서의 일환으로 제작된 『코로나19 데카메론: 코로나19가 묻고, 의료인문학이 답하다』(2020), 『코로나19 데카메론2: 코로나 시대 사소하고 깊은 이야기』(2021) 및 『감염병의 장면들』(2021)과 같은 저서들에 대해서도 학술적인 내용을 보강하는 중요한 참고자료로 활용되어 일정한 시너지 효과를 일으킬 수 있으리라고 기대해 봅니다.

경희대학교 HK+통합의료인문학연구단

2021년 12월

차례

감염병을 바라보는 의료인문학의 시선

1부 감염병 대응의 역사

20세기 전환기 파리의 결핵 퇴치 운동*

민유기_ 경희대학교 사학과

* 민유기, 「파리의 공중보건 활동과 결핵 퇴치 운동(1889~1919)」, 『도시연구: 역사 · 사회 · 문화』 28호, 도시사학회, 2021.11. 논문을 부분 수정 보완한 글이다.

1. 들어가며

19세기 중엽에 런던과 파리를 포함해 서유럽의 여러 도시에서 심각한 인명 손실을 낳았던 콜레라 전염병은 20세기에 접어들어 해당 지역에서 사라지지는 않았으나 대규모로 발생하지 않았다. 1848년 영국에서 제정된 공중보건법은 도시의 위생 조건을 개선하고 수도 공급, 하수 설비, 도로 청소와 포장 등을 단일한 행정 체계로 관리하기 위한 조직의 설치를 규정했다. 1854년에 영국 의사 스노우(John Snow, 1813-1858)가 콜레라가 수인성 전염병임을 규명하자 런던에서는 1856년부터 엔지니어 바잘게트(Joseph Bazalgette, 1819-1891)에 의해 근대적 하수도 공사가 시작되었다. 프랑스에서는 1850년에 제정된 비위생 건물 정화법이 시의회 산하에 건물의 위생 조건 조사와 거주 허가 업무를 담당할 위원회의 설치를 규정했다. 파리에서는 1853년부터 1870년까지 파리와 주변 소읍들을 포함한 센(Seine)도 지사로 재임했던 오스만(Georges-Eugène Haussmann, 1809-1891)에 의해서 근대적 하수도망 확대를 포함하는 대규모의 근대적 도시 정비가 이루어졌다.

그런데 콜레라가 통제되는 듯 보이던 19세기 말부터 결핵이 도시 하층에 널리 퍼졌다. 파리에서는 1890년대와 1900년대 매년 1만 명 이상이 결핵으로 사망하였다. 결핵은 고대부터 알려진 질병이었으나 18세기 말에 공중보건에 관한 근대적 개념이 확립된 이후에, 그리고 산업화와 도시화가 본격적으로 진행된 19세기에 점진적으로 의료계나 사회적 관심의 대상이 되었다. 19세기 중반부터는 프랑스의 파스퇴르(Louis Pasteur, 1822-1895)가 각종 실험을 통해 질병의 병균 원인설을 제기하여 유럽 각국과 미국에서 미생물학이 크게 성장했다. 파스퇴르는 1861년 5월 파리 화학학회 발표에서 부패가 미생물의 작용으로 일어난다고 주장했고, 이후 여러 글을 통해 질병의 병균 원인론을 발표했다. 1878년 의학 학술원 강연에서는 병균 원인론의 의료에의 적용을 강조했다.[1] 이른바 '파스퇴르 혁명'은[2] 1882년 독일의 코흐(Robert Koch, 1843-1910)가 결핵균을 추출하면서 과학적 사회적 영향력을 더욱 확대해 가기 시작했다.

프랑스에서는 19세기 말에 결핵 퇴치 운동이 시작되어 결핵 완치가 가능해진 1940년대까지 이어졌다. 프랑스인 의사 세균학자 칼메트(Albert Calmette, 1863-1933)와 그와 공동연구를 수행한 수의사 세균학자 게랭(Camille Guérin, 1872-1961)의 이름 철자를 딴, 결핵 예방을 위한 BCG(Bacillus Calmette-Guérin) 백신은 1921년에 개발되어 빠르게 프랑스 정부와 국제연맹의 지원으로 전 세계로 퍼졌다.[3] 영국인 의사 세균학자 플레밍(Alexander

1 Louis Pasteur, *La théorie des germes et ses applications à la médecine et la chirurgie*, Paris: G. Masson, 1878.

2 Claire Salomon-Bayet (dir.), *Pasteur et la Révolution pastorienne, Paris: Payot, 1986, pp. 15-62. Olivier Faure, Histoire sociale de la mdecine XVIIIe-XXe siècles*, Paris: Anthropos, 1994, pp. 177-198.

3 Albert Calmette, *La vaccination préventive de la tuberculose par le B.C.G Bacille Calmette Guérin*, Paris: Masson, 1928.

Fleming)은 1928년에 항생제인 페니실린을 발견하여 결핵 치료에 공헌했고, 러시아 출신 미국인 미생물학자 왁스먼(Selman Waksman, 1888-1973)은 1943년에 결핵균을 박멸하는 항생제 스트렙토마이신(Streptomycin)을 개발해 결핵 완치의 길을 열었다.

근현대 프랑스의 위생과 공중보건은 많은 역사적 탐구의 대상이었다. 대표적으로 파리의 근대도시로의 변화와 위생 정책의 상관성을 18세기 말부터 19세기 중반까지, 그리고 19세기 후반으로 구분해 고찰한 슈발리에(F. Chevallier)의 연구가 있다. 뮈라르(L. Murard)와 질베르망(P. Zylberman)의 공저는 1870년 제3공화국 등장부터 제1차 세계대전까지 공중보건의 제도 정비를 꼼꼼하게 추적했다.[4] 이들 연구는 도시와 위생 관련 제도, 정치권의 논의와 근대적 보건 행정 체계 확립 과정 등에 중점을 두며 제도사적 시각에 초점을 둔다. 문화사적 시각에서 미생물학의 혁신 전후로 위생 개념의 변화와 확산, 콜레라, 결핵, 매독에 대한 사회적 공포를 분석한 연구서도 출간되었다.[5] 한국의 서양사학계에서는 도시사와 사회사를 결합하는 시각에서 19세기 후반 파리의 위생 정책을 둘러싼 사회적 갈등을 고찰한 논문이 발표되었다.[6]

4 Fabienne Chevallier, *La naissance du Paris moderne: l'essor des politiques d'hygiène (1788-1855)*, Paris: BIU Santé, 2012. Fabienne Chevallier, *Le Paris moderne: Histoire des politiques d'hygiène (1855-1898)*, Rennes: Presses Universitaires de Rennes/ Comité d'histoire de la ville de Paris, 2010. Lion Murard, Patrick Zylberman, *L'hygiène dans la République, La santé en France ou l'utopie contrariée (1870-1918)*, Paris: Fayard, 1996.

5 Jean-Pierre Bardet, Patrice Bourdelais, Pierre Guillaume, François Lebrun, Claude Quétel, *Peurs et terreurs face à la contagion: choléra, tuberculose, syphilis: XIXe-XXe siècles*, Paris: Fayard, 1988.

6 민유기, 「19세기 후반기 파리의 도시위생 정책을 둘러싼 사회적 갈등과 합의」, 『프랑스

결핵 자체와 결핵 퇴치 운동의 역사에 관한 선행연구 역시 상당히 이루어졌다. 대표적으로 19~20세기 결핵에 관련된 의과학적 성과, 백신과 결핵요양원(sanatorium) 등장 등을 폭넓게 개괄하는 연구서가 있다.[7] 기욤(P. Guillaume)은 결핵 환자의 고통과 불행, 결핵 예방 보건소와 방문 간호사제도 등 결핵을 퇴치하려는 노력을 사회문화사적 관점에서 분석했다.[8] 20세기 전반기에 프랑스 각지에서 건립된 결핵요양원에 관한 미시적 지방사, 사회사, 건축사 연구들도 수행되었다. 예를 들어, 데세르텐(D. Dessertine)과 포르(O. Faure)는 프랑스 남서부 론알프(Rhône-Alpes) 지방의 결핵 퇴치 운동을 다룬 공저에서 결핵 퇴치와 연결된 지역 지도층의 빈곤 근절 노력 등의 사회활동과 해당 지역에서의 결핵요양원 설립 과정 등을 검토했다.[9]

그런데 선행연구에서 19세기 말과 20세기 초 결핵 퇴치 운동에 초점을 맞추어 파리시의 도시위생과 공중보건 정책의 발전을 분석하는 건 쉽게 찾아보기 어렵다. 시민의 일상적 삶이 펼쳐지는 도시는 각종 정책이 실제로 작동하는 현장이다. 영국과 프랑스의 사회복지 정책 형성 과정을 비교한 애쉬포드(D. E. Ashford)에 의하면 19세기 사회정책 형성 과정에서 프랑스의 지방 자치체는 중앙정부로부터 즉, 위로부터 정책 실행의 역할을 부여받은 것만이 아니라 필요로 했던 자발적 역할들을 찾아내면서 밑으로부터 중앙정

사 연구』, 14호, 2006, 97-134쪽.

7 Isabelle Grellet, Caroline Kruse, *Histoires de la tuberculose: Les fièvres de l'âme (1800-1940)*, Paris: Ramsay, 1983.

8 Pierre Guillaume, *Du désespoir au salut: les tuberculeux aux XIXe et XXe siècles*, Paris: Aubier, 1986.

9 Dominique Dessertine, Olivier Faure, *Combattre la tuberculose 1900-1940*, Lyon: Presse Universitaire de Lyon, 1988.

부에 정책 마련과 실행을 요구하는 실용주의적 태도를 견지했다.[10] 결핵 퇴치 운동과 관련된 공중보건의 발전에서는 도시 자치체와 중앙정부가 어떤 관계를 맺고 있었을까? 결핵은 도시의 질병으로 간주될 정도로 대도시에서, 특히 파리에서 심각했다. 따라서 파리에서 전개된 결핵 퇴치 활동을 통해 이 질문에 대한 답을 찾아볼 수 있을 것이다.

이 글에서는 파리시가 감염병을 예방하기 위해 무료 소독 서비스를 시작한 1889년부터 중앙정부에 의해 결핵요양원 건립 법이 제정된 1919년까지 파리시의 결핵 퇴치를 위한 공중보건 활동의 의미를 규명하고자 한다. 이를 위해 먼저 결핵에 대한 의과학 성과와 사회적 인식을 살펴보고, 파리시의 결핵 퇴치를 위한 활동을 검토한 후, 파리의 경험을 참고한 중앙정부가 결핵 퇴치 운동의 법적 제도적 기반을 마련한 과정을 고찰할 것이다. 활용하는 주요 사료는 파리시의회 기록과 결핵 퇴치 운동에 참여한 의사, 위생주의 활동가, 사회개혁가들이 당대에 남긴 문헌 자료들이다.

2. 결핵에 대한 의학적 연구 성과와 사회적 인식

결핵은 고대부터 존재한 인류의 오랜 질병이었다. 몸 안에서 서서히 영양분을 소진하게 만드는 치명적인 병이라는 뜻에서 히포크라테스

10 William B. Cohen, *Urban Government and the Rise of the French City: Five Municipalities in the Nineteenth Century*, New York: Palgrave Macmillan, 1998. Douglas E. Ashford, *British Dogmatism and French Pragmatism: Central-Local policy making in the Welfare State*, Boston: Unwin Hyman, 1982.

(Hippocrates, 460-377 BC)는 그리스어로 고사(枯死)를 뜻하는 '프티시스(Phthisis)'로, 로마 시대 갈레노스(C. Galenus, 129-201)는 라틴어로 부패, 분해, 소멸 등을 뜻하는 '타베스(Tabes)'로 이 질환을 언급했다.[11] 근대 들어와 흑사병처럼 치명적인 질병임을 강조하는 동시에 폐 질환으로 숨쉬기가 어려워 체내에 산소가 부족해 창백해지는 것을 비유해 흔히 '백색 페스트'로 인식되고 표현되었다. 결핵(Tuberculosis)이란 명칭은 식물의 덩이줄기를 뜻하는 라틴어로 17세기부터 돌기나 혹을 지칭하는 데 사용된 Tuber를 활용해 1839년에 독일 의사 쇤라인(Johann Lukas Schönlein, 1793-1864)이 처음 사용했다.[12] 19세기에도 여전히 영어로 프티시스, 혹은 소진병을 뜻하는 컴숨션(Consumption), 프랑스어로도 피티지(Phtisie), 콩쉼시옹(Consumption)으로 지칭되다가 코흐의 결핵균 추출 이후에 결핵이란 용어가 일반적으로 사용되었다. 결핵균은 혈류나 림프관을 따라 몸의 어느 기관에나 전파되어 영향을 미칠 수 있지만 약 85퍼센트 정도가 폐에서 발생했다. 19세기 말 의료나 공중보건 사료들은 폐결핵과 결핵을 구분했는데, 20세기 들어서 점차 결핵으로 통칭되었다.

근대적 공중보건이나 공공위생에 대한 행정적 노력은 1764년 오스트리아의 의사인 라우(Wolfgang Thomas Rau, 1721-1772)가 '보건경찰(Medizinalpolizei)' 개념을 제시하면서 시작된다. 프로이센의 의사 프란크(J.P. Frank, 1745-1821)

11 Patrick Berche, *Une histoire des microbes, Montrouge*: John Libbey Eurotexte, 2007, pp. 67-70.

12 Ritu Lakhtakia, "Of Animalcula, Phthisis and Scrofula: Historical insights into tuberculosis in the pre-Koch era", *Sultan Qaboos University Medical Journal*, vol.13, n.4, 2013 Nov, p. 486.

는 1779년부터 깨끗한 상수도 공급, 거리 청소, 병원 위생 규정 제정의 필요성, 공중보건 법률과 제도 확립, 의사와 공중보건 인력의 충분한 확보를 강조했다.[13] 프랑스에서는 공중보건 문제를 담당한 최초의 국가기관으로 1772년부터 구성되고 1778년에 공식 설립된 왕립의학회(Société Royale de Médecine)가 각 지방의 감염병을 조사하기 시작했다.[14] 건강과 위생이 개인의 문제를 넘어 공적 영역에서 관리되고 예방되어야 한다는 근대적 사고는 프랑스 혁명 초기 제헌의회 내에 설립된 위생위원회가 건강을 시민에 대한 국가의 의무 가운데 하나라고 규정하도록 만들었다.[15]

산업화로 인해 도시가 기반 설비를 제대로 갖추지 못한 채 빠르게 성장하면서 위생 문제는 주요 도시문제이자 사회문제로 대두되었다. 공중보건과 관련해 의료계의 관심은 세기 중엽에 가장 심각한 감염병이었던 콜레라에 집중되었으나 점점 증가하던 결핵에 대한 관찰과 연구도 지속적으로 이루어졌다. 1816년에 청진기를 발명한 의사 라에넥(R. Laënnec, 1781-1826)은 1819년에 청진기를 이용한 폐와 심장 질환 진단에 관한 책을 출간했다. 그의 책은 결핵의 증상을 자세히 소개해 이후 결핵을 진단하고 체계적으로 이해하는 생리학적 기초를 제공했다. 안타깝게도 그는 환자에게서 감염된 것으로 보이는 결핵으로 인해 40대 중반에 사망했다.[16] 파리의 발드그라스

13 Johann Peter Franck, *System einer vollständigen medicinischen Polizey*, 6 Bde., Mannheim, 1779-1819.

14 Jean-Pierre Peter, "Une enquête de la Société royale de médecine sur les épidémies, 1774-1794. Malades et maladies à la fin du XVIIIe siècle", *Annales. Histoire, Sciences Sociales*, Vol.22, n.4, 1967, pp. 711-751.

15 Dora B. Weiner, "Le Droit de l'homme à la santé: une belle idée devant l'Assemblée Constituante, 1790-91", *Clio Medica*, n.5, 1970, pp. 209-223.

16 René Laënnec, *De l'auscultation médiate ou Traité du diagnostic des maladies des*

(Val-de-Grâce) 육군병원 의사였던 빌맹(J.-A. Villemin, 1827-1892)은 1865년 결핵 증상을 보인 인간과 소에서 추출한 물질을 실험실 토끼에게 접종하는 실험 관찰을 통해 결핵이 바이러스에 의해 발생하며, 전염된다는 것을 규명했다.[17]

막대 모양의 간균(桿菌, Bacillus)인 결핵균은 코흐가 1882년 3월 24일에 발견했다. 그는 1890년에 결핵균의 글리세린 추출물을 결핵 치료제로 발표하면서 투베르쿨린(tuberculin)으로 지칭했다. 그는 백신 접종과 유사한 절차에 따라 몸에 투베르쿨린을 접촉하게 한 후 미래의 가능한 공격에서 보호받기를 기대했는데, 별 효과가 없었다. 이에 투베르쿨린은 명확한 증상을 보이기 전에 결핵균 감염을 검사하는 용도로 사용되었다. 1895년 독일의 물리학자 뢴트겐(W. C. Röntgen, 1845-1923)은 파장이 짧은 전자기파인 X선을 발견했다. X선은 바로 의료 현장에서 활용되었고 폐결핵 환자의 상태를 시각적으로 정확히 파악할 수 있게 해주었다.[18]

프랑스에서 19세기 말과 20세기 초에 결핵으로 인한 사망자 규모는 상당했다. 보르도에서 결핵 퇴치와 예방 동맹이란 단체를 조직한 한 의사는

poumons et du coeur, fondé principalement sur ce nouveau moyen d'exploration, Paris: J.-A. Brosson et J.-S. Chaude, 1819.

17 Jean-Antoine Villemin, "Cause et nature de la tuberculose, mémoire lu à l'Académie de médecine dans la séance du 5 décembre 1865", *Gazette hebdomadaire de médecine et de chirurgie*, série 2, t.2, 1865, pp. 795-799. Jean-Antoine Villemin, *Etudes sur la tuberculose: preuves rationnelles et expérimentales de sa spécificité et de son inoculabilité*, Paris: J. B. Baillière et fils, 1868.

18 Bernike Pasveer, *Shadows of knowledge: Making a representing practice in medicine: x-ray pictures and pulmonary tuberculosis, 1895-1930*, Den Haag, Amsterdam: CIP-Gegevens Koninklijke Bibliotheek, 1992.

1896년에 펴낸 동맹 홍보물에서 프랑스의 사망자 여섯 명 중 한 명이, 연간 85만여 명의 전체 사망자 가운데 14만 명 이상이 결핵으로 인한 것이라고 강조했다.[19] 사회 구성원들 간 상호적인 책임을 중시하는 사회 연대론의 주창자로 1895년 가을에서 이듬해 봄까지 총리를 지낸 급진 공화파 레옹 부르주아(Léon Bourgeois, 1851-1925)는 1905년 사회개혁 연구 기관인 '사회박물관(Musée social)' 강연에서 결핵으로 인한 사망자가 15만여 명에 달한다고 환기했다.[20] 결핵 퇴치 운동이 전개되며 결핵 확산이 점진적으로 완화되어 갔으나, 내무부 통계에 의하면 1906년에 87,091명, 1907년에 91,048명, 1908년에 88,412명이 결핵으로 사망했다.[21] 20세기 전환기에 결핵은 질병으로 인한 사망의 첫 번째 원인이었다.

결핵은 경제활동이 활발한 젊은 성인에게 치명적이었다. 결핵 퇴치 운동에 참여한 한 의사는 1898년에 감염병 환자들로 인해 연간 6억 프랑의 경제적 손실이 발생하는데 이 가운데 결핵 환자가 5억 프랑을 차지한다고 주장했다.[22] 결핵은 비위생적 노동 환경에서 장시간 노동에 시달리는 노동자의 질병이기도 했다. 1893년부터 1898년까지 5년간 파리에서 사망한 20세에서 40세까지의 노동자 가운데 결핵으로 인한 사망은 건설업 25.66퍼센트,

19 Arthur Armaingaud, *Moyens de prévenir la contagion de la tuberculose*, Bordeaux: Ligue préventive contre la phtisie pulmonaire et autres tuberculoses, 1896, p. 3.

20 Léon Bourgeois, *La politique de la prévoyance sociale, t.2. L'action*, Paris: Bibliothèque Charpentier, 1919, p. 127.

21 Nicole Girard-Mangin, *Essai sur l'hygiène et la prophylaxie antituberculeuses au début du XX*^{e} siècle, Paris: Masson, 1913, pp. 25-26.

22 Jean Dumarest, *Hauteville-Lompnes-en-Bugey. Station climatique d'altitude. Haut lieu de traitement de la tuberculose pulmonaire au XX*^{e} *siècle*, Hauteville-Lompnes: Roudil-Désigaux, 1997, p. 173.

의류제조업 25.35퍼센트, 식품업 24.68퍼센트, 운송업 25.30퍼센트, 철강업 29.24퍼센트, 기타 23.56퍼센트로, 직종과 관련 없이 청년 노동자 사망 원인의 약 1/4을 차지했다.[23]

20세기 전환기에 의과학자들은 결핵균이 어둠 속에서 번창한다는 것과 햇빛에 취약하다는 것을 발견했다.[24] 결핵은 햇빛에 노출이 많은 농촌에 비해 도시에서, 그리고 낮에 실내 작업장이나 공장 혹은 상점에서 일하며 충분한 햇빛을 보기 힘들었고 거주지의 위생조건 역시 열악했던 도시 하층민에게 빈번하게 발생했기에 '도시의 질병'으로 지칭되기도 했다. 프랑스에서 1888년부터 1897년까지 10년 동안 622개 도시의 10만 명당 결핵과 만성 기관지염으로 인한 연평균 사망자는 438명인데, 인구 5만 명 이상 도시 31개의 연평균 사망자는 499명이었다. 반면에 인구 1만 명 이상 5만 명 미만의 도시 197개의 연평균 사망자는 398명, 인구 5천 명 이상 1만 명 미만의 도시 305개의 연평균 사망자는 357명, 인구 5천 명 미만인 도시 89개의 연평균 사망자는 338명이었다.[25]

파리에서 결핵으로 인한 사망자는 〈표 1〉이 보여주듯이 1886년부터 1905년까지 매년 1만2천여 명 내외였다. 인구가 조금씩 증가했기에 결핵으로 인한 전체 사망자 수는 20년 동안 조금 늘었으나 인구 10만 명당 사망자는 완만하게 감소했음이 표에서 제시된 통계를 통해 확인할 수 있다.

23 Maurice Letulle, *Rôle de la Mutualité dans la lutte contre la tuberculose en France, Conférence faite à la douzième assemblée générale*, 1902, p. 4.

24 Nicole Girard-Mangin, *Essai sur l'hygiène*, pp. 18-20.

25 Paul Brouardel, *La propagation de la tuberculose, moyens pratiques de la combattre*, Paris: Masson, 1900, p. 6.

〈표 1〉 파리의 결핵 사망자(1886-1905)[26]

연도	사망	10만 명당 사망	연도	사망	10만 명당 사망
1886	11,914	527	1896	12,270	489
1887	11,470	500	1987	11,692	460
1888	11,155	479	1898	12,133	472
1889	11,697	496	1899	12,165	468
1890	12,240	519	1900	12,686	482
1891	12,042	497	1901	12,419	467
1892	11,713	480	1902	12,284	460
1893	11,790	479	1903	12,272	457
1894	11,905	481	1904	12,178	452
1895	12,676	508	1905	12,144	448
20년 동안 10만 명당 결핵 사망자 연평균: 481					

19세기 말 프랑스는 다른 유럽 국가들과 달리 심각한 저출산 상황에 직면했다. 아나키스트들은 민중에게 아이를 낳고 기르기 어려운 자본주의 사회를 멈추고 새로운 사회를 만들어가기 위한 여성의 '출산파업'을 선전했고, 사회 지도층은 '민족의 자살'이라며 우려를 표방했다.[27] 이런 상황에서 사망의 주요 원인이자 건강한 자녀의 출산에 악영향을 미치는 것으로 알려진 결핵, 알코올 중독, 매독은 '사회적 재앙'으로 인식되었다.[28] 의과학계의 연구

26 Jacques Bertillon, *Frequence des principales causes de déces à Paris pendant la second moitié du XIXe siècle et notamment pendant la période 1886-1905*, Paris: Imp. Municipale, 1906.

27 민유기, 「'출산파업'과 '민족의 자살'에 대한 사회적 대응 -프랑스 가족 보호 정책의 기원(1874-1914)」, 『서양사론』, 89호, 2006, 143-176쪽.

28 Louis Rénon, *Etude médico-sociale Les maladies populaires, maladies vénériennes, alcoolisme, tuberculose*, Paris: Masson, 1905.

를 통해 알코올 중독 환자가 결핵에 취약함이 알려지자 "알코올 중독이 결핵을 불러온다."라는 표현도 자주 사용되었다.[29]

사회적 질병 혹은 사회적 재앙이란 인식은 이를 치료하고 예방하기 위해서, 질병이나 감염에 취약한 개인 신체의 생물학적 특성이라는 내적 요인에 대한 대응뿐 아니라 노동 환경이나 주거 조건, 도시 공공위생 등의 외적 요인에 대한 대응이 중요하다는 점을 각인시켰다. 결핵 퇴치 운동을 전개하기 시작한 이들은 "개인위생은 사회위생과 결합"해야 하고, 공중보건의 강화를 위한 공공기관의 공중보건 활동에 관한 관리 감독 권한의 증대가 필요하다고 생각했다.[30]

3. 결핵퇴치운동의 시작

1802년에 처음 조직된 파리 위생위원회(Conseil de salubrité de Paris)는 공중보건의 특정 문제가 발생할 때마다 해당 분야의 과학 전문가를 소집하던 이전의 비공식적 행정 관행을 제도화하려는 열망의 산물이었다. 처음 위원회 업무는 오염 음료, 전염병, 비위생적 작업장과 산업체에 대한 조사로 한정되었다.[31] 이후 점점 공공구호 행정에 대한 자문과 정책 제안으로 권한이

29 Paul Brouardel, *Guerre à la tuberculose, livret d'éducation et d'enseignement antituberculeux*, Paris: C. Delagrave, 1903, p. 12.

30 Louis Grand Rivière, *La lutte contre la tuberculose, chez le malade, dans la famille, dans la société*, Paris: A. Maloine, 1898, p. 87.

31 Ann La Berge, *Mission and method. The early nineteenth-century French public health movement*, New York: Cambridge University Press, 1992, p.116. Bernard-Pierre Lécuyer,

증가했고 장터, 묘지, 도축장, 하천, 배수시설, 공중목욕장 등 도시위생에 관련된 모든 분야를 관리했다. 파리의 경험을 본 따 1817년에는 낭트 위생위원회가 구성되었고, 이후 1820년대와 1830년대 마르세유, 릴, 스트라스부르, 루앙, 보르도 등의 도시에도 위생위원회가 만들어졌다.[32]

파리와 지방 여러 도시에서의 경험은 중앙정부의 체계적인 공중보건 활동에 영향을 미쳤다. 중앙정부 차원의 보건위원회 구성은 제2공화국에서 1848년 8월에 농업 및 상업부 산하로 조직된 공공위생 자문위원회(Comité consultatif d'hygiène publique)가 처음이었다. 이 자문위원회는 1902년 2월 15일에 제정된 공중보건법에 의해 내무부 소속으로 옮겨졌고 1906년에 프랑스 공공위생 최고위원회(Conseil supérieur d'hygiène publique de France)로 명칭이 변경되어 노동 및 사회보장부 소속이 되었으며, 다시 1920년에 위생-구호-사회보장부 산하, 1930년에 새로 만들어진 보건부 산하 조직이 되었고, 2004년까지 유지되다 해체되었다.

파리 위생위원회는 1877년에 시의회 결의로 파리 공공위생위원회(Conseil d'hygiène publique et de salubrité)로 확대 개편되었다.[33] 파스퇴르는 1880년 파리 공공위생위원회에 보고서를 제출해 감염병이나 전염병 환자가 접촉한 침구류와 의류 소독을 위한 공공 서비스를 요구했다.[34] 파스퇴르와 여러

"L'hygiène en France avant Pasteur", Claire Salomon-Bayet (dir.), *Pasteur et la révolution pastorienne*, p. 83.

32 Ann La Berge, *Mission and method*, pp. 127-147.

33 *Bulletin municipal officiel de la ville de Paris(BMVP)*, 24 février 1877, p. 137.

34 Conseil d'hygiène publique et de salubrité, *Etablissement à Paris d'étuves publiques pour la désinfection des objets de literie et des linges qui ont été en contact avec des personnes atteintes de maladies infectieuses ou contagieuses*, Paris: Typographie Charles de Mourgues Frères, 1880.

미생물학자가 각종 바이러스를 발견하면서부터 그때까지 경험적 기반에 의존했던 여러 위생 관행은 과학적 정당성을 부여받게 되었다.[35] 파스퇴르뿐 아니라 많은 위생주의자와 공중보건 활동가들이 감염병이나 전염병 환자의 거주지와 접촉한 물건의 소독을 끊임없이 요구했고, 파리시는 이를 수용하여 1889년부터 무료 소독 공공 서비스를 개시했다. 그 운영비는 파리 공공병원 사무국(Administration générale de l'Assistance publique)을[36] 지원하는 행정 당국의 연례 보조금으로 마련되었다.[37] 1801년 나폴레옹은 파리 시민 구호소 위원회(conseil général des hospices civils de Paris)를 조직해 파리의 공공병원들을 총괄하는 기구를 만들었고, 이 기구가 1849년 1월 10일자 법으로 공공병원 사무국이 되었다.

1890년대 중반 파리시의 소독 서비스 현황은 〈표 2〉와 같다. 소독 대상이 된 감염병으로는 결핵이 가장 많았는데 1895년 전체 소독 건수의 약 26퍼센트에 달했다.

35 Pierre Guillaume, *Le rôle social du médecin depuis deux siècles 1800-1945*, Paris: Association pour l'étude de l'histoire de la Sécurité sociale, 1996, p. 10.

36 Antoine Ermakoff, "Trier, Soigner, Administrer. Savoirs et pratiques du Conseil général des hospices civils de Paris (1801-1848)", *Les Cahiers du Centre Georges Canguilhem*, n.6, 2014/1, pp. 27-46.

37 *Compte général des recettes et des dépenses de la ville de Paris pour l'exercice 1893*, Paris: Imprimerie administrative et des chemins de fer, 1893, pp. 280-281.

〈표 2〉 1890년대 중반 파리시 감염병 관련 소독 건수[38]

감염병	1893년	1894년	1895년
장티푸스(Fièvre typhoïde)	3,078	6,434	3,602
천연두(Variole)	3,399	3,579	1,204
홍역(Rougeole)	2,996	2,851	2,633
성홍열(Scarlatine)	2,694	5,469	8,336
백일해(Coqueluche)	575	364	771
디프테리아 크루프(Diphtérie-croup)	4,354	5,049	5,869
감염성 설사(Diarrhées)	311	535	667
결핵(Tuberculose)	8,128	7,514	9,925
산욕기 감염(Infections puerpérales)	302	275	294
단독(丹毒, Erysipèle)	1,188	688	544
기타	7,634	5,457	4,801
총계	34,659	38,215	38,646

파리시의회는 1896년에 폐결핵 환자의 공공병원 입원 문제를 토론하면서 병원 내 결핵 감염을 방지할 대책 마련을 논의하였다.[39] 의료진의 감염이나 병원 내 다른 일반 환자의 결핵 감염이 상당했기 때문이다. 1886년부터 1895년까지 10년 동안 파리 공공병원 직원 599명이 사망했는데 그중 36퍼센트가 결핵으로 인한 사망이었다.[40] 결핵은 1896년부터 의료계의 '직업병'

38 André-Justin Martin, "Prophylaxie sanitaire à Paris", *Revue d'hygiène et de police sanitaire*, n.18, 1896, p. 110.

39 Administration générale de l'Assistance publique à Paris, *L'oeuvre de l'Assistance publique à Paris contre la tuberculose (1896-1905), Congrès international de la tuberculose*, Paris: Berger-Levrault, 1905, p. III,

40 Louis Landouzy, "Réforme et protection du personnel hospitalisé, Rapport de la commission de la tuberculose", Commission de la tuberculose, *Moyens pratiques de combattre. La propagation de la tuberculose*, Paris: Masson, 1900, p. 141

목록에 포함되었다.[41] 파리시의회의 지원으로 파리 공공병원 사무국 총책임자는 1896년 4월에 6개월간 한시적으로 활동할 파리 공공병원 결핵 특별위원회를 조직했다.

아동 결핵 전문 의사였던 그랑셰르(Jacques-Joseph Grancher, 1843-1907)와 파리 공공병원 결핵 특별위원회 총서기였던 의사 투아노(Léon-Henri Thoinot, 1858-1915)가 위원회에 제출한 보고서는 결핵 입원 환자와 다른 질환 입원 환자의 분리가 절대적으로 필요함을 강조했다.[42] 이에 위원회는 결핵 환자가 의료진이나 일반 환자를 감염시킬 수 있음을 주지시키며 공공병원들에 병원 내 결핵 환자의 분리 및 이들을 위한 병원의 특별 서비스를 요구했다. 결핵을 치료하기 위한 전문병원의 건립이 이상적이었으나 비용이 너무 많이 들기에 쉽사리 결정되지 못했다. 대안으로 위원회는 전문적 결핵 치료 서비스를 수용할 수 있는 병원을 지정하기 위해 파리의 모든 공공병원을 대상으로 세밀한 조사를 했고, 세 곳의 공공병원에 1천8백 개의 결핵 전문 병상 설치를 제안했다. 소규모 독채 건물들의 1층과 2층에 마련된 넓은 다인 입원실마다 36개씩의 병상을 배치하는 방식이었다.

공공병원으로 1897년에 세워진 부시코(Boucicaut) 병원에는 개원 당시부터 결핵 환자 전용 35개의 병상이 마련되었다. 이 병원은 1863년에 세계 최초의 백화점인 봉마르셰(Bon Marché)를 설립한 부시코 미망인의 기부로 건

41 André Mesureur, *L'œuvre de l'Assistance Publique à Paris contre la tuberculose, Congrès international de la tuberculose*, Paris: Berger-Levrault, 1905, p. 24.

42 Jacques-Joseph Grancher, Léon-Henri Thoinot, "Rapport de la Commission de la tuberculose, Isolement des tuberculeux", Commission de la tuberculose, *Moyens pratiques*, pp. 133-135.

립되었다. 병원의 결핵 환자 담당 부서는 개별 가구를 대상으로 방문 검진을 실시했고, 결핵 초기 환자에게 질환이 심각해지지 않도록 일상생활에 대한 각종 조언과 보살핌을 제공하는 일종의 보건소 역할을 했다. 독일 출신 미국인 의사로 뉴욕대 의대를 졸업한 뒤 파리의대에서 공부하며 결핵에 관심을 가졌고 다시 미국으로 건너가 뉴욕에서 결핵 퇴치 활동을 주도한 크노프(S. A. Knopf, 1857-1940)는 이 병원을 결핵 환자를 위한 도시 병원의 모델로 높게 평가했다.[43]

사실 거대도시 파리에서 몇몇 공공병원이 결핵 환자를 위한 전문 병동이나 병실을 운영한다고 해도 환자 규모를 고려할 때 한계가 분명했다. 파리 공공병원 사무국은 이미 1890년에 빈곤층 환자를 위한 시범적 결핵 치료 요양원 건립을 결정했다. 몇 년 뒤 우아즈(Oise) 도내, 파리에서 북쪽으로 약 70킬로미터 거리의 앙지쿠르(Angicourt)에 부지가 확보되었고 1900년에 도시 빈곤층을 위한 최초의 공공 무료 요양원이 문을 열었다.[44] 그럼에도 불구하고 앙지쿠르 결핵요양원 모델은 과도한 건립비 문제로 인해 확산이 어려웠다.

여러 도시나 각국의 결핵 퇴치 활동은 국제적인 네트워크를 통해 소개되어 참고 사례로 공유되었다. 1899년에 제1회 국제결핵대회가 베를린에서 개최되었고, 이어 1901년에 런던, 1905년에 파리, 1908년에 워싱턴DC, 1912년 로마에서 열렸다. 베를린 제1회 국제결핵대회에[45] 자극을 받아 설립된

43 Sigard Adolphus Knopf, *Les sanatoria. Traitement et prophylaxie de la phtisie pulmonaire*, Paris: Carré et Naud, 1900, pp. 441-461.

44 André Mesureur, *L'œuvre de l'Assistance Publique*, pp. 35-47.

45 제1회 베를린 국제결핵대회에 참가한 프랑스 대표단이 대회의 성과를 소개한 것은 다

'성인 결핵 환자를 위한 파리 민중요양원 협회'라는 자선 복지단체는 1900년에 파리 남쪽 에손(Essonne) 도내에 블리니(Bligny) 결핵요양원을 건립해 운영했다.[46]

시민사회의 이러한 움직임은 다시금 파리 공공병원이 요양원 건립에 관심을 보이도록 자극했다. 1902년부터 1920년까지 파리 공공병원 사무국 총책임자였던 급진 공화파 정치가 므쥐레르(Gustave Mesureur, 1847-1925)는 공공병원에서 의료진이나 일반 환자의 감염을 막는 것만으로는 결핵 퇴치 노력이 불충분하다며 결핵에 더욱 적합한 관리와 치료를 제공할 전문병원 혹은 요양원을 건립하는 의지를 구체적으로 보여주어야 한다고 강조했다.[47] 파리 공공병원 사무국은 1903년에 파리의 빈곤층 결핵 환자를 위한 대형 요양원을 파리에서 멀지 않은 곳에 건립하려고 계획했다.[48] 파리 공공병원 사무국은 에손 도내에 위치하는, 파리에서 남쪽으로 24킬로미터 떨어진 곳에 방치되던 브레반(Brévannes) 고성을 매입하여 부분적인 개보수를 거쳐 1906년에 결핵요양원을 임시 개장했고, 이후 추가적으로 건물을 건립하며 규모를 확장해 갔다.

빈곤층의 결핵 치료를 위해 무료로 운영되던 요양원일지라도 하루하루 생계를 걱정하는 노동자나 서민은 요양원에 입원해 치료를 받는 게 쉬운 일이 아니었다. 이에 결핵 퇴치 운동에 나선 의료인이나 사회개혁가들은 예방

음을 참고하라. Paul Brouardel et Louis Landouzy, "Le congrès de Berlin pour la lutte contre la tuberculose et le traitement des maladies du poumon", *Annales d'hygiène publique et de médecine légale*, 1899, n.42, série n.3, pp. 143-157.

46 Louis Guinard, *La pratique des sanatoriums*, Paris: Masson, 1925, p.6.

47 Administration générale de l'Assistance publique à Paris, *L'oeuvre*, p. XV.

48 *Ibid.*, p. XXIII.

이 중요하다며 결핵의 감염 확산을 막기 위한 결핵 예방 보건소(dispensaire)를 도시 노동자와 서민 밀집 거주 동네에 건립해 운영하였다. 프랑스 최초의 보건소는 1875년 대서양 연안의 항구도시 르아르브에 빈곤 가정 아동 환자 전용으로 세워졌고, 여러 도시로 확산되었다.[49] 파리에는 세속적 '자선협회(Société philanthropique)'가 운영한 보건소가 1883년과 1884년에 열 곳에 이르렀다.[50] 파리시가 설립해 운영한 최초의 아동 전용 보건소는 1883년에 문을 연 1구 무료 보건소였다.[51]

1880년대부터 일부 종교단체나 자선 복지단체에 의해 소규모로 운영되던 보건소들은 빈곤층을 치료하며 결핵 예방 활동을 펼치기도 했다. 전문적 결핵 예방 보건소는 1901년에 의사 보네(Léon Bonnet)가 18구 몽마르트르 구역에 세운 이후 빠르게 파리의 곳곳에 세워졌다.[52] 1904년까지 파리의 20개 구 가운데 부유한 구인 6구, 7구, 16구를 제외한 구들에 모두 결핵 예방 보건소가 설립되었다. 1913년에는 파리 시내에 28개, 교외에 2개, 수도권 내에 13개 총 43개의 결핵 보건소가 운영되었다.[53]

파리 시내의 결핵 보건소 가운데 가장 규모가 컸던 곳은 1909년에 파리

49 Achille Foville, "Les dispensaires pour enfants malades", *Annales d'hygiène publique et de médecine légale*, série 3, n.16, 1886, pp. 520-538.

50 Amédée Decambre (dir.), *Dictionnaire encyclopédique des sciences médicales*, série 1, tome 31, Paris: G. Masson, 1884, p. 423.

51 L'Office central des oeuvres de bienfaisance, *Paris charitable et bienfaisant*, Paris: Plon, 1912, p. 31, p. 212.

52 Gustave Rouannet, *Réunion tenue le 19 janvier 1902 à la mairie du XVIIIe arrondissement, sous la présidence du Président du Conseil des ministres, Waldeck-Rousseau*, Paris: Œuvre générale des dispensaires antituberculeux, 1902, p. 15.

53 *Recueil des travaux de la Commission permanente de préservation contre la tuberculose 1911-1913*, Melun: Imprimerie administrative, 1917, pp. 326-340.

공공병원 사무국이 7구의 라에넥 병원부지 내에 세운 것으로, 1913년에 규모를 확장해 레옹 부르주아 보건소라는 명칭으로 다시 문을 열었다.[54] 이 보건소에는 소장 외에 6인의 의사와 6인의 인턴 12명이 환자를 검진했고, 3인의 간호사와 3인의 방문 간호사, 2명의 실험실 보조 연구원이 근무했다. 센도내 모든 결핵 환자가 이용할 수 있었는데, 일요일을 포함해 매일 오전에 그리고 주 3일은 오후에도 검진을 받을 수 있었다.

치료를 위한 항생제가 등장하기 전까지 의과학계는 결핵 치료법으로 신선한 공기 호흡, 햇빛 쬐기, 충분한 휴식, 식이요법을 제시했다. 결핵 확산을 방지하기 위해서는 특히 가래침 뱉기를 통제할 것을 강조했다. 1896년에 6개월간 한시적으로 활동한 파리 공공병원 결핵 특별위원회는 공공병원 내 결핵 환자 분리 치료 문제는 물론이고 결핵 예방을 위한 개인 위생교육 문제에도 관심을 기울였다. 위원회의 논의를 거쳐 파리 공공병원 사무국은 결핵 환자를 돌봐야 할 때 주의해야 할 예방 지침을 제시했다. 이는 병원 입원 치료가 필요 없는 결핵 초기 환자와 그 가족에게 일상에서 지켜야 할 위생원칙을 안내하는 것으로, 주요 내용은 다음과 같다.

1. 결핵은 전 세계적으로 가장 널리 퍼진 질병 중 하나입니다.
2. 결핵은 예방 가능하고, 치료도 가능합니다.
3. 환자의 가래침을 통해 결핵은 너무 광범위하게 확산됩니다. 결핵은 가래침과의 전쟁을 통해 피할 수 있습니다. 환자는 집에서 항상 일정량의 소독

54 Léon Bernard, "Le dispensaire Léon- Bourgeois", *Revue d'hygiène et de police sanitaire*, n.35, 1913, pp. 1476-1479.

액을 포함하는 가래통에 침을 뱉어야만 합니다. 가래통이 없는 외부에서는 손수건에만 침을 뱉어야 합니다. 바닥에 (마루, 카펫, 현관 매트, 보도, 자동차, 짐마차 등에) 떨어진 모든 가래는 결핵을 퍼뜨립니다.

4. 가래를 많이 억제한 만큼 결핵을 피할 수 있습니다.

5. 가래통은 찬물에 담가 끓이며 매일 청소해야 합니다. 가래가 뱉어진 모든 세탁물은 집에서 끓는 물에 담가 20분 동안 삶아 보관하거나 조심스럽게 따로 보관하여 공공 소독 서비스에 전달해야 합니다.

6. 이러한 조처들의 충족은 결핵으로부터 자신을 보호하기 위한 것입니다.[55]

파리대학교 의과대 학장 브루아르델(P. Brouardel, 1837-1906)은 1901년에 결핵균의 전염이 거의 전적으로 호흡기 경로를 통해서 이루어졌고 소화기를 통한 흡수나 피부 접촉 같은 다른 경로의 전염은 거의 드물다며, 도시 하층의 "역겹고 위험한 습관"인 땅에 뱉는 가래침이 실제적인 전염의 유일한 매개체라고 강조했다.[56] 크노프는 결핵균 보균자가 기침할 때 공기 중에 투사되는 오염된 미세한 타액 방울이 밀접 접촉자를 감염시키는 경로도 널리 소개했다.[57] 이런 의과학 분야의 연구 성과는 결핵의 확산이 불가피한 현상이 아니며, 결핵 예방을 위해 결핵 환자 개인의 행동방식을 변화시키는 위생교육이 주요한 공중보건 활동의 일환임을 주지하게 했다.

55 Administration générale de l'Assistance publique à Paris, *L'oeuvre*, pp. IX-X.

56 Paul Brouardel, "La lutte internationale contre la tuberculose", *Revue d'hygiène et de police sanitaire*, n.23, 1901, p. 733.

57 Sigard Adolphus Knopf, *Les sanatoria*, p. 38.

19세기 말과 20세기 초에 사회개혁을 추구한 급진 공화파 의원들이 다수를 차지했던 파리시의회는 '사회적 질병'으로 여겨지던 결핵에 맞서기 위해 개인 위생교육의 강화에 앞장섰다. 시의회는 시민이 거리에 침을 뱉지 않도록 유도하는 다양한 제안들을 논의했고 1900년에 다음을 결의했다. "공공 도로에 가래침을 뱉는 것이 결핵 및 기타 전염병 확산의 가장 주요한 요인 중 하나임을 고려하고, 이러한 대중의 습관에 관한 개혁이 도로와 걷기의 품위와 청결에 매우 유리함을 고려하여, '결핵 퇴치: 길에 침을 뱉지 마시오.' 문구가 적힌, 멀리서도 읽을 수 있는 충분한 크기의 에나멜 안내판을 파리의 주요 도로와 공공시설에 부착한다."[58] 침 뱉기는 흡연자들의 일반적인 습관이었다. "공중보건과 결핵 확산 방지를 위해 거리에 침을 뱉지 말라."는 시의회의 지침은[59] 개인 위생교육의 상징적 표어가 되었다.

프랑스 의학 학술원은 1890년부터 결핵 예방을 위한 지침을 발표했는데 핵심적 내용은 가래통에 가래침 뱉기, 물걸레 청소로 먼지를 피하기, 우유를 원산지와 상관없이 끓여 마시기였다.[60] 파리시의회는 가정 내에서 결핵을 예방하기 위한 보다 구체적인 지침을 마련하여 민중 교육 기관들을 통해 널리 홍보했다. 그 내용은 다음과 같다. 1. 가래침에서 확산하는 바이러스 방어 수단: 위생적인 가래통, 아파트와 속옷 및 의복의 소독, 마른 빗자루 청소 금지, 쌓이는 먼지로부터 음식 재료 보호. 2. 동물 결핵에서 확산하는 바

58 "Adoption de propositions diverses tendant à inviter la population parisienne de s' abstenir de cracher sur les trottoirs", *BMVP*, 16 mars 1900, p. 165.

59 "Adoption du contre-projet de monsieur Sauton invitant l'administration à faire à porter à la connaissance de la population par voie d'affichage, les dangers de la contagion de la tuberculose et à l'inviter de s'abstenir de cracher", *BMVP*, 16 mars 1900, p. 171.

60 Sigard Adolphus Knopf, *Les sanatoria*, p. 78.

이러스 방어 수단: 우유 끓여 마시거나 살균, 고기를 충분히 오래 익히기. 3. 체질 개선: 신체 기관이 과로, 무리, 비위생 주택, 특히 알코올 중독으로 기능을 상실하지 않고 바이러스에 대한 저항력을 유지할 수 있도록 좋은 위생 습관 지니기.[61]

결핵 퇴치를 위한 개인위생 강화 명분으로 전개된 생활방식 및 행동 개선 캠페인은 사회개혁가들이 추구한 노동 계급의 도덕화 도구로 활용되었다. 1895년에 노동총동맹(CGT)이 결성된 이후 혁명적 노동운동 활동가들은 노동자의 직접행동과 총파업을 통해 자본주의 사회를 무너뜨릴 혁명에 대한 야심을 숨기지 않았다. 혁명적 노동운동가들은 도시 공공위생 개선이 노동자들의 계급의식을 약화하기 위해서 부르주아 사회개혁가와 의과학자 및 지식인이 결합하여 추진한 헛된 사회 개혁주의에 불과하다고 판단했다.[62] 전면적인 위생조건의 개선을 낳을 대규모 도시 환경의 변모나 공공병원의 확충 대신 위생교육이란 이름으로 개인의 행동방식을 바꾸게 하려는 것은 개인의 자유를 통제하는 것이라며 부정적으로 인식했다. 따라서 공중보건 활동에 큰 관심을 가지지 않았다.

반면에 지역 내 다양한 노동조합의 회합과 교육, 연대 활동을 펼치며 개혁적 노동조합운동을 전개한 노동회관(Bourses du Travail) 연합은 위생을 노동자의 일상적 삶의 조건 개선에 기여하는 것으로 여겼다. 연합의 대표였던

61 "Renvoi à la cinquième commission d'une proposition de monsieur Fortin, au nom de la société de la préservation de la tuberculose par l'éducation populaire et tendant à répandre dans les familles les moyens propres à les préserver de cette maladie contagieuse", *BMVP*, 17 juin 1901, p. 1132.

62 Michel Bouillé, "Les congrès d'hygiène des travailleurs au début du siècle 1904-1911", *Le Mouvement Social*, n.161, oct.-déc. 1992, p. 43.

펠루티에(Fernand Pelloutier, 1867-1901)는 개인위생의 강조가 사회 통제적 요소가 있음을 주지하면서도, 위생이 심각한 사회적 고통에 대한 매우 효과적인 치료책이라며 공중보건에 상당한 관심을 보였다.[63] 사회혁명을 추구하는 이들에게도 노동자의 건강은 낡고 모순된 사회의 해체와 새로운 사회의 건설에 필수적인 요소였다. 노동운동 활동가들은 위생과 공중보건의 중요성을 서서히 받아들였다.

4. 중앙정부의 결핵 퇴치 운동 제도화

파리시의 결핵 퇴치를 위한 활동은 중앙정부 차원의 공중보건 정책 발전을 촉진했다. 의사 그랑셰르가 1898년에 의학 학술원에 제출한 결핵 예방에 관한 보고서는 결핵 퇴치 운동의 본격적인 개시를 알리는 일종의 선언이었다. 그는 의학계가 그때까지 무관심과 소극성으로 결핵 문제를 논의해 왔고, 의사들조차 일상적 전염의 위험성을 과소평가해 왔다고 개탄했다. 아울러 아무런 예방 조처를 하지 않은 채 가정에서의 결핵 감염을 체념하고 있다며, 결핵 퇴치를 위해 부족한 것은 의학 지식이 아니라 이를 행동으로 전환하려는 의지라고 웅변했다.[64] 1898년 여름 파리의과대학에서는 제4회 프랑스 결핵 학술대회가 열려 결핵 퇴치를 위한 다양한 방안들이 발표되고 토

63 Femand Pelloutier et Maurice Pelloutier, *La vie ouvrière en France*, Paris: Schleicher frères, 1900; François Maspero, 1975, p. 228.

64 Joseph Grancher, "Sur la prophylaxie de la tuberculose", *Bulletin de l'Académie nationale de Médecine*, 3e séries, t.39, 1898, pp. 470, pp. 478-479, p. 481.

론되었다.[65] 1899년 5월에는 앞서 언급한 것처럼 베를린에서 제1회 국제결핵대회가 개최되었다. 세기 마지막 두 해에 열린 이 학술 행사는 결핵 퇴치 운동을 발전시킨 주요 계기로 작동했다.

중앙정부는 1899년부터 결핵 퇴치 운동에 능동적으로 나서기 시작했다. 드레퓌스 사건으로 인한 정치적 위기와 사회적 갈등을 극복하기 위해 1899년 6월에 '공화국 수호 정부'를 구성한 온건 공화파 발덱-루소(P. Waldeck-Rousseau, 1846-1904) 총리는 같은 해 11월에 의회 외부 '결핵 퇴치와 예방 위원회(Commission de préservation contre la tuberculose)'를 조직했다. 위원장은 사회 개혁적 공화파 의원으로 르아브르 시장을 역임하며 빈곤층을 위한 보건소 운영과 사회주택 건립을 주도했고, 하원의원으로 1894년에 프랑스 최초의 사회주택 관련 법 제정을 주도한 시그프리드(Jules Siegfried, 1837-1922), 부위원장은 파리의과대학 학장 브루아르델이 맡았다.

정부의 결핵위원회 임무는 결핵 퇴치를 위한 다양한 조사를 수행하고 필요한 수단을 제시하는 것이었다. 위원회는 1900년에 '결핵위원회(Commission de la tuberculose)'로 명칭을 변경했고, 1903년에는 레옹 부르주아를 위원장으로 하는 '결핵 예방 상임위원회(Commission permanente de préservation de la tuberculose)'로 다시 명칭을 바꾸며 내무부 산하 조직으로 자리를 잡았다. 의사 기나르(L. Guinard, 1864-1939)는 1925년에 펴낸 책에서 이 상임위원회가 제1차 세계대전 발발 전까지 결핵과 관련된 개인, 가족, 지역사회의 다양한 문제를 연구하여 결핵 퇴치 운동에 이바지했다

65 "IVe Congrès pour l'étude de la tuberculose", *Revue d'hygiène et de police sanitaire*, 1898, n.20, p. 672.

고 평가했다.[66]

1900년에 나온 결핵위원회의 첫 번째 보고서에서 브루아르델은 유럽 15개국의 폐결핵 및 폐 염증성 질환으로 인한 사망자 통계를 제시했다. 이는 베를린에서 개최되었던 제1회 국제결핵대회에 소개된 독일 보건국의 자료를 기초로 했는데, 프랑스는 잉글랜드에 비교해 2배나 사망자가 많았고 통계가 제시된 15개국 가운데 12번째로 관련 사망자가 많았다. 프랑스보다 많은 폐결핵 관련 사망자 수를 기록한 나라는 헝가리, 오스트리아, 러시아 순서였다.[67] 제국주의 열강들의 경쟁이 펼쳐지던 당시 저출산으로 인한 인구 감소 두려움이 컸던 프랑스에서 사회 지도층은 결핵 퇴치를 사망률을 낮추기 위한 주요 도구로 여겼다.

파리 공공병원에서 시작된 결핵 환자의 병원 내 분리나 별도 병동 마련은 1901년부터 전국적으로 확대되었다. 1899년에 설립되고 1900년에 명칭이 변경된 정부의 '결핵위원회'는 설립된 후 바로 결핵 퇴치를 위한 파리 공공병원의 정책과 활동을 검토해 병원 내 감염을 막기 위한 결핵 환자 분리의 효용성을 확인했다. 위원회는 1901년에 전국의 모든 공공병원에 병원 내 결핵 환자의 분리를 요청했다. 1903년에는 결핵 환자의 분리를 위해 병원 규모에 따라 특별 병실, 병동, 구역을 만들어야 한다는 의견을 정부에 전달했다.[68] 발덱-루소 정부를 뒤이어 1902년부터 1905년까지 총리를 맡아 정부를 운영한 정치가는 지방 의사 출신의 급진 공화파 상원의원 콩브(Emile

66 Louis Guinard, *La pratique*, p. 385.
67 Commission de la tuberculose, *Moyens pratiques*, p. 28.
68 Léon Bernard, Georges Poix, "L'armement antituberculeux français", *La Presse médicale*, 18 mars 1922.

Combe, 1835-1921)였다. 콩브 정부는 1904년에 회람 공문을 통해 전국의 모든 병원에 결핵 환자와 비결핵 환자의 분리, 공공병원이 여러 곳인 도시에서는 하나 이상 결핵 전문병원 운영에 관한 지침을 전달했다.[69]

정부의 회람 지침 이후 지방의 여러 병원에서 병원 내 결핵 환자 분리가 본격적으로 적용되었다. 1905년 파리에서 열린 제3회 국제결핵대회에서는 르아브르의 파스퇴르 병원에서 '작은 결핵요양원'처럼 운영되기 시작한 22개 병상의 작은 독채 건물, 루앙의 일반 요양소 내 정원에 아동 결핵 환자를 위해 만들어진 목재 공기 치료실 운영이 소개되었다.[70] 그런데 파리 공공병원의 결핵 환자용 병실이나 병동은 식이요법을 적용하며 상대적으로 효율적 치료가 가능하다는 점 외에 건축적 차원에서 다른 일반 병실이나 병동과 뚜렷한 차별성이 없었기에 결핵 치료를 위해 중시되던 채광과 환기 측면에서 불충분한 것으로 평가받기도 했다.[71]

정부 '결핵위원회'의 부위원장 가운데 한 명이었던 디슬레르(P. Dislère)는 1903년 1월에 한 강연에서 위원회가 폐결핵 치료를 위해 도시에 결핵 예방 보건소를 설치할 필요성에 도달했다고 언급했다. 새로운 유형의 보건소는 결핵 감염자 수를 줄이기 위해 도시의 일상에서 예방 규칙을 꾸준히 적용하는 것을 주요 목표로 했다. 그는 결핵을 치료하기 위해 취해야 할 조처와 함께 결핵을 예방하는 조처도 취해야 한다며 치료와 예방 두 원칙을 함께 기

69 Léon Bourgeois, *L'isolement des tuberculeux et la lutte contre la tuberculose, le dispensaire, le quartier spécial, l'hôpital suburbain*, Paris: Berger-Levrault, 1906, p. 7.

70 *Congrès international de la tuberculose, tenu a Paris, du 2 au 7 octobre 1905*, Paris: Masson, 1906, t.2, p. 552; t.3, p. 384.

71 Administration générale de l'Assistance publique à Paris, *L'oeuvre*, p.VIII, XXIV.

억해야 한다고 강조했다.[72]

1902년 2월 15일에 제정된 공중보건법은[73] 19세기 후반에 점진적으로 확대되어 온 자치체나 중앙정부의 다양한 보건 행정을 국가적 차원에서 새롭게 정비했다. 이 법은 크게 개인, 건물, 지역이라는 세 개의 범주 아래 전염병 예방, 백신 접종, 주거 위생 강화, 상하수도 설비 관리 감독 등 공공위생에 관련된 포괄적인 규정들을 포함했다. 그리고 인구 2만 명 이상의 도시에는 위생사무국을, 모든 도에는 위생위원회의 설치를 규정했다. 감염병과 관련해서는, 비록 결핵이 의무적인 신고 대상에서 누락되었으나 주요 감염병 환자 발생을 확인하는 의료진이 보건 당국에 신고하도록 규정했기에 이후 감염병에 관한 국가 전체의 구체적 현황 파악이 가능해졌다. 백신 예방 접종도 의무로 규정되었다. 공중보건법 제정 직후부터 파리시의회는 법이 규정한 자체 위생 규정을 제정하기 위해 바쁘게 움직였고, 관련 논의 과정에서 시의원들은 결핵 확산 방지를 위한 다양한 방안을 제시했다.[74] 파리시 위생규정은 시의회에 의해 1903년 3월에 마련되었고 센 지사는 1904년 6월에 이를 시행령으로 공포하였다.[75]

72 Paul Dislère, "Assemblée générale des Dames patronnesses du 9 janvier 1903", *Œuvre de la tuberculose humaine. Société philanthropique des dispensaires antituberculeux français*, Paris: Siège social de l'œuvre de la tuberculose humaine, 1903, p.6.

73 Loi du 15 février 1902 relative à la protection de la santé publique, *Journal officiel de la République Française(JORF)*, 19 février 1902.

74 예를 들어 "Proposition de monsieur Colly relative à diverses mesures à prendre contre la propagation de la tuberculose", *BMVP*, 9 juin 1902, p. 393.

75 "Règlement sanitaire de la ville de Paris", *BMVP*, 2 mars 1903. "Préfecture de la Seine, Arrêté du 22 juin 1904, portant règlement sanitaire de la Ville de Paris", *BMVP*, 22 juin 1904.

정부의 '결핵위원회'는 제1차 세계대전이 진행 중이던 1916년에 '참전 용사 결핵 환자 지원 국가위원회(Comité National d'Assistance aux Anciens Militaires Tuberculeux)'로, 다시 1919년에 '결핵 퇴치 국가위원회(Comité National de Défense contre la Tuberculose)'로 명칭을 바꾸었다. 이 위원회는 1926년에 파리의 20개 구별 1901년부터 1913년까지의 결핵 사망자 통계를 발표했다. 통계에 의하면 이 기간 파리 전체에서 결핵 사망자는 24퍼센트가 줄었다. 이는 결핵 퇴치 운동과 파리 공중보건 정책의 확대 발전이 거둔 성과였다. 그러나 구별 편차가 심했다. 사망자가 가장 크게 줄어든 구는 14구로 43.5퍼센트 감소했고, 다음으로 8구가 35.6퍼센트, 9구가 32.63퍼센트 감소했다. 이들 세 구는 가장 부유한 구는 아니었으나 다른 구들에 비교해 상대적으로 부유한 구들이었다. 반면 가난한 구들은 10퍼센트 미만의 감소를 나타냈다. 결핵으로 인한 사망자는 가난한 13구에서 7.07퍼센트, 주거 환경이 가장 열악했던 노동자 밀집 거주 구들인 20구는 2.84퍼센트, 19구는 0.62퍼센트만 줄었다.[76]

결핵 퇴치 운동의 주요 활동가들은 1910년대 들어서 점진적이고 완만한 결핵 사망자의 감소 흐름을 파악했고 이를 19세기 말 이래 펼쳐온 결핵 퇴치 운동의 성과로 여겼다. 그러나 사회경제적 조건에 따른 사망자의 도시 내 공간적 편차는 여전히 근심거리였다. 이런 상황에서 레옹 부르주아는 1913년에 전국적으로 결핵 보건소 건립을 확대하는 법안을 하원에 제출했다. 이 법안 제출로 결핵은 처음으로 입법의 대상이 되었으나 의회에서 논

76 Comité National de Défense contre la Tuberculose, *Rapport du service de la statistique, année 1926*, Melun: Imprimerie administrative, 1928, p. 80.

의 과정은 지지부진했다. 그런데 1914년 여름에 발발한 제1차 세계대전이 결핵의 위험성을 다시금 깨닫게 하며 의회 내 논의를 촉진시켰다.

군 신체 검사에서 결핵 환자로 판명되면 징집 면제 처분을 받았음에도 불구하고, 전쟁 개시 후 14개월 동안 65,519명의 복무 중인 군인이 결핵 판정을 받고 병역을 면제받았다.[77] 병영과 참호에서의 장기 집단생활은 각종 감염병을 확산시켰다. 게다가 1918년 전쟁이 종식되기 몇 달 전에 발생한 '스페인 독감' 대유행이 발생하여 잠복 결핵균 보균자의 건강 상태를 크게 악화시켰다. 4년의 전쟁 기간에 결핵으로 군에서 제대한 병사는 총 109,458명에 이르렀다.[78]

전쟁이 한창이던 1916년 2월 29일 레옹 부르주아가 제안한 법안의 중요성과 필요성을 확인하는 공공위생과 사회보장 위원회의 보고서가 급진 공화파 의원 오노라(André Honnorat, 1868-1950)에 의해 하원에 제출되었다.[79] 이어진 의회 논의는 4월 15일에 법 제정으로 결실을 거두었고, 해당 법은 4월 18일 관보로 공포되었다. 법은 결핵 예방 및 위생 지침을 제공할 목적을 지닌 사회위생 및 결핵 예방 보건소 설립을 규정했다.[80] 오노라는 1917년 3월에 결핵 요양소 건립 법안도 하원에 제출했고, 이 법안은 논의를 거쳐

77 Léon Bernard, *La défense de la santé publique pendant la guerre*, Paris: PUF, New Haven: Yale University Press, Publications de la Dotation Carnegie pour la paix internationale, 1929, p. 236.

78 Vincent Viet, *La santé en guerre 1914-1918: Une politique pionnière en univers incertain*, Paris: Presses de Sciences Po, 2015, p. 534.

79 Débats parlementaires, Chambre des députés, Compte rendu in-extenso, Séance du mardi 29 février, *JORF*, 1 mars 1916.

80 Loi du 15 avril 1916 instituant des dispensaires d'hygiène sociale et de préservation antituberculeuse, *JORF*, 18 avril 1916.

1919년 9월 9일에 제정되었다.[81] 1916년 결핵 보건소 설립 법과 1919년 결핵 요양원 설립 법은 19세기 말 이래의 결핵 퇴치 운동과 공중보건 활동을 한층 더 강화하는 무기였다. 두 법이 적용되면서 전간기에는 프랑스 전역에 결핵 예방 보건소와 결핵 치료 요양원이 대거 건립되었다.

5. 나가며

19세기 중반 유럽의 대도시를 위협했던 콜레라에 대응하며 발전해간 도시위생과 공중보건은 도시 환경을 크게 개선했다. 콜레라는 20세기 들어서 거의 사라졌으나 대도시의 일상적 삶은 장티푸스, 디프테리아, 천연두, 홍역, 결핵 등 다양한 감염병 발병과 함께했다. 감염병 가운데 가장 많은 사망자를 낳은 것은 결핵이었고, 인구가 밀집된 파리에서 그 심각성이 두드러졌다. 산업화와 도시화로 인구가 집중되고 위생 상태가 열악했던 주택에서 살아가던 도시 하층민에게 빠르게 퍼져가던 결핵의 위험성에 대한 과학적 사회적 인식은 1882년 코흐의 결핵균 발견 이후 심화되었다. 게다가 19세기 말부터 프랑스가 직면한 심각한 저출산은 출산 증진과 사망 감소를 가져올 위생과 공중보건에 관한 사회적 관심을 증가시켰다. 결핵은 알코올 중독, 매독과 함께 사회적 재앙으로 지칭되었고, 이를 막기 위해 의료계뿐 아니라 사회개혁가들이 결핵 퇴치 운동을 조직적으로 전개하였다.

81 Loi du 7 septembre 1919 instituant des sanatoriums spécialement destinés au traitement de la tuberculose et fixant les conditions d"entretien des malades dans ces établissements, *JORF*, 9 septembre 1919.

파리 공공병원 사무국은 결핵 환자에 의한 병원 내 의료진이나 일반 환자의 감염을 우려해 결핵 환자의 병원 내 분리 치료를 결정했다. 파리시의회는 결핵 예방을 위해 거리에 가래침 뱉기 금지 캠페인을 전개했고, 일상생활에서 바이러스의 확산을 막을 개인위생 지침을 마련해 널리 선전하였다. 급진 공화파 사회개혁가들은 개인의 행동방식을 통제하는 위생교육을 노동 계급의 도덕화 수단으로 인식하기도 했다. 파리 공공병원 사무국은 효과적인 빈곤층의 결핵 치료를 위한 시범적인 무료 요양원을 수도권에 건설했다. 비용 문제로 추가적인 공공 요양원이 건설이 어렵게 되자 다양한 자선복지단체가 결핵요양원 건립에 나서기도 했다. 자선 복지단체와 파리시 공공병원은 파리의 노동자 구역에 결핵 예방 보건소를 운영하면서 결핵 검진과 초기 환자의 치료, 일상생활에서의 예방 활동과 돌봄 활동을 펼쳤다. 파리의 결핵 퇴치를 위한 병원 내 분리나 가래침 금지 캠페인은 프랑스 전역으로 확대되었다. 결핵 퇴치 운동을 통해 조금씩 결핵으로 인한 사망이 감소했으나 제1차 세계대전으로 결핵의 위험성이 다시 대두되었다. 이런 상황에서 1916년 결핵 보건소 건립 법과 1919년 결핵요양원의 건립 법이 제정되어 결핵 퇴치 운동의 확산을 위한 제도적 기반이 마련되었다.

조선의 방역

윤은경_ 한의학 고전 연구소

1. 들어가며: 불같은 역병

"나의 생각에는 비단 황해도의 병뿐만이 아니라, 모든 병의 전염이 모두 그런 법이다. 처음에는 기근(飢饉)과 한서(寒暑)에 대한 조절이 이뤄지지 못해 여러 가지 병이 되는데, 그 병의 초기에는 마치 불이 처음 타오르는 것과 같아서 그 불길을 소멸시킬 수 있지만, 병세가 중함에 미쳐서는 불길이 치열하고 그 기세가 크게 번지는 것과 같아서 한 사람을 죽이고도 간악한 기운이 점점 커지고, 응결하여 흩어지지 않아 타인과 접촉만 하면 곧 전염되어 점차 (세력이) 넓어지는 게 마치 불이 섶을 얻음과 같이 끝없이 타 버리게 된다. 이것은 하나의 이치이다." -문종 1년(1451) 9월 5일, 『문종실록』 9권

역병은 전염성으로 인해 의료적인 진단과 치료에 더해 정부 차원의 개입이 필요한, 의료적이면서도 사회적인 문제이다. 이는 예나 지금이나 마찬가지여서 『조선왕조실록』에는 역병이 창궐했을 때 왕이 대신들과 방역을 논의하고 역병으로 인한 피해의 해결책을 강구하는 내용이 빈번하게 엿보인다. 태조(1392년)부터 철종(1863년)까지 조선에서 약 641건의 역병발생이 있

었다고 하니,[1] 정부 입장에서는 한 마을, 더 나아가서 한 지역사회를 공동화 시킬 수 있는 역병의 대책을 마련하는 일을 결코 경시할 수 없었을 것이다.

조선 전기의 역병은 세종대에서 문종대를 전후한 1450년대와 중종대에서 명종대에 이르는 1550년에 다발(多發)했다. 이후 16세기에 이르러서는 이전과는 다른 양상으로 역병이 발생했는데, 자연재해에 뒤따르는 기근과 연관되어 발생한 역병이었기에 많은 사상자를 내기도 했다.[2] 특히 중종19년에서부터 약 3년간 지속되었던 역병의 피해가 컸으며, 1525년 7월에 평안도에서 발생한 감염병은 670여 명의 사상자를 내고 의주와 철산 지역으로 전염되어 연말에는 평안도 지역까지 잠식했는데, 이때 집계된 사망자 수가 3,880명이었다고 한다. 병은 여기에서 그치지 않고 해를 넘기자 황해도까지 번졌다.[3]

조선 후기의 전염병 또한 많은 수의 사상자를 냈다. 이때의 역병은 해당 시기에 극심했던 자연재해와 이로 인한 기근과 연관 지어 이해된다.[4] 대기근으로 인해 쇠약해진 상황에서 역병이 발생해 피해가 폭증했다는 것인데, 이때의 전염병은 이전과는 다른 종류의 새로운 양상을 보였으며, 이 때문에 중국과 교역이 빈번해지면서 전해진 것이라 보기도 한다. 19세기에 크게 유행했던 전염병인 콜레라는 중국과 일본으로부터 유입되었고, 특히 1821년

1 양혜경, 「문헌기록을 통해 본 우리나라 역병사에 대한 고찰」, 충남대학교 보건대학원 석사학위논문, 2005, 28쪽.

2 김호, 「조선전기 대민 의료와 의서 편찬」, 『국사관논총』 제 68집, 국사편찬위원회, 1996, 30쪽.

3 김호, 앞의 논문, 31쪽.

4 이규근, 「조선후기 질병사 연구-『조선왕조실록』의 전염병 발생 기록을 중심으로」, 『국사관논총』 제 96집, 국사편찬위원회, 2001, 8쪽.

의 콜레라 유입은 중국을 거쳐 우리나라 서북 지역을 통해 국내로 들어왔음이 밝혀지기도 했다.[5] 영조 17년(1741)부터 19년까지 3년간 전염병이 이어져 사망자의 수가 극에 달하자 텅 빈 거리가 "마치 병화(兵火)를 겪은 것과 같다"는 기록도 엿보인다.[6]

불길이 섶을 만나 기세등등하게 번지는 것에 비유되는 역병의 전염은 여러 방면에서 국가적 위기였다. 병에 감염된 이들은 짧은 시간 안에 사망하곤 했고, 이들과 접촉한 주변인들도 빠르게 감염되어 늘 의료 자원이 부족한 형편이었다. 가족 단위로 피해가 번지다 보면 한 마을이 통째로 감염병의 피해를 입어 공동화되기도 했다.[7] 또 지방에서는 창궐한 역병에 대한 의료 정보가 부족해 제대로 대처하기 어려운 경우가 많았으며, 정보가 있더라도 약재를 구하기 어려워 치료를 원활하게 제공하지 못하곤 했다. 이렇듯 국가의 존립을 위협하는 역병의 전염과 그 피해를 막기 위해 정부에서는 다양한 방면으로 대처해야 했다. 한편, 민간에서도 역병에 대한 대응이 있었다. 의료 자원이 충분치 않은 상황에서 어떻게든 감염된 환자들을 치료해야 했고, 정체 모를 역병이 들이닥치는 불안한 상황 속에서 질병의 공포에 맞서 살아가야 했기 때문이다. 이 글에서는 정부와 민간 차원에서 감염병에

5 이규근, 앞의 논문, 7쪽.

6 "사망이 서로 잇달아 거리는 쓸쓸하기가 마치 병화를 겪은 것과 같다. 경성이 이러하니 먼 외방이야 알 만한 일이다. 한 집안이 전염되고 앓으면 한 집안이 폐농(廢農)하고, 한 마을이 전염되어 앓으면 한 마을이 폐농(廢農)하여, 한 고을 한 도에 이르기까지 태반이 폐농(廢農)하는 형편이다. 비록 다행히 병에서 죽지 않고 살아난다 하더라도 곧 기아에 죽게 될 것이다."『영조실록』 권55. 영조18년 5월.

7 『문종실록』에 따르면 15세기 중반 황해도에서 몇 년 간격으로 계속해서 발생한 역병으로 인해 사망한 자와 더불어 그 지역을 떠나는 자가 많아 장차 관호(官戶)를 잃을 것에 대해 우려하기도 했다. 『문종실록』 권2. 문종1년 7월.

어떻게 대처했는지 살펴보고, 오늘날의 방역 대책과 어떤 차이점과 유사점이 있는지 고찰해보고자 한다.

2. 정부의 대응

> "…조선 팔도 전역에 역병이 번지지 않은 곳이 없었다. 주상께서 이를 우려하시어 일기가 오르지 않고 역기가 전염하여 재앙이 된 것은 실로 자신에게 허물이 있음이니 내가 어찌 힘쓰지 않을 수 있겠는가라 하고 근신(近臣)들을 보내어 향촉(香燭)을 가져다 제사를 지내고 망자의 명복을 빌어주도록 했다. 신하들은 분주히 지방에 내려가고, 약재와 의원은 길에서 교차했다. 무릇 기도와 벽양(辟禳)의 방법 등 모든 치료법을 찾아내도록 하고, 내의원에 소장되어 있던 『간이벽온방』을 수백 본 인출하여 각도에 반포하도록 명하면서 도리어 그 거칠고 소략함을 걱정했다." -『신찬벽온방』 서문[8]

역병이 발생하면 경제의 기반이 되는 농사에 타격을 입고, 백성들이 목숨을 잃으며, 정부의 권위가 떨어지는 등 국가의 기반부터 흔들렸기에 방역은 국가 존립과도 연결되는 문제였다. 정부에서는 감염된 백성들을 구제하고 전염의 확산을 막아 감염자의 수를 최소화함과 동시에 도성이 피해를 입는 것을 막아야 했기에 이를 위한 각종 대책들을 수립했다. 한편 역병의 확산으로 불안해하는 백성들의 마음을 안정시킬 필요가 있었고, 역병의 원인에

8 이정구, 「서문」, 『신찬벽온방』, 1613.

계절과 같은 환경적인 요인에 더해 종교적인 차원이 개입한다고 여겼기 때문에 이 부분에 대한 대응으로서 의례 또한 중시되었다.

1) 의료적 대응

(1) 구료 기관

역병에 감염된 환자들의 치료는 각종 서민 구료 기관들에서 이뤄졌다. 이들은 대표적으로 혜민서[9]와 활인서,[10] 제생원[11] 및 각종 지방의 의원들이었다. 이들은 중앙 및 지방의 서민들을 구료(救療)하기 위해 설치된 가장 기초적인 의료기관들이었으며, 역병이 창궐하면 이곳을 중심으로 감염자들의 치료가 이뤄졌다. 특히 혜민서는 주로 도성 내의 백성들의 병을 치료하기 위해 설치되었는데, 병자의 집에서 부르면 찾아가 치료했을 만큼 적극적인 구료를 제공한 것으로 평가된다.[12] 또한 혜민서는 역병이 서울과 지방에 발생했을 때를 대비해 별도의 구료관(救療官)을 마련해서 전염병이 발생했을 때 조정의 명을 받아 진료했다는 기록을 찾아볼 수 있다.[13]

9 조선 건국 초기에 태조는 일반 민중의 치료를 위해 고려의 제도를 계승해 이후에 혜민국(惠民局)으로 불리게 된 혜민고국(惠民庫局)을 설치했다. 이후 세조12년(1466)에 이르러 혜민서(惠民署)로 바뀌었다.

10 조선의 대표적인 서민 구료 기관으로 활인서(活人署)도 있었다. 태조가 고려의 제도를 따라 동쪽과 서쪽에 각각 대비원(大悲院)을 두었는데, 이후 태종이 불교의 명칭으로부터 탈피하고자 활인원(活人院)으로 개칭했다. 세조12년(1466)에 이르러 동서의 활인원이 통합되어 활인서(活人署)가 되었다.

11 태조 6년에 서민을 위한 구료기관으로 중앙에 제생원(濟生院)을 설치하고, 지방 의료기관으로 의원이 설치되었다.

12 이규근, 위의 논문, 30쪽.

13 支供 進拜, "京外別救療 癘疫紅疫有朝令卽擧行 京卽兩醫司分半進拜 外卽本署獨當", 式

혜민서는 약재를 구입해 구급약을 만들어 전매하기도 했다. 국내산 약재의 공급과 사행을 통한 외국산 약재를 구입하여 전매하고, 이것을 원료로 구급약을 제조 및 판매하는 것이었다.[14] 그러나 높은 약값 탓에 환자가 있는 집에서 약을 구입하여 먹기가 어려웠는데, 당시에 중국에서 수입되는 약재는 가격이 높을뿐더러 구하기도 쉽지 않았으며, 대체품으로서의 '향약(鄕藥)' 또한 위급한 상황에 원활하게 보급되지 못했기 때문에 역병과 같은 응급 상황에서 약을 먹기란 쉽지 않았던 것으로 보인다. 약재의 수급이 쉽지 않았기에 이에 대한 보완책으로 정부에서는 혜민서에서 침술(鍼術)을 좀 더 효과적으로 제공할 수 있도록 지원하기도 했다.

활인서 또한 국가 주도의 구료 기관으로서, 본래 도성민들의 중병을 치료하기 위해 설치되었다. 그러나 실제로 역병에 걸린 환자가 찾아오면 성 밖에 나가서 치료받도록 하거나, 역병이 유행하면 위치를 아예 성문 밖으로 옮기는 등 역병 상황에서는 병자를 치료하기보다는 도성으로 전염되는 것을 막기 위한 격리 수용의 역할을 담당했다고 보는 것이 마땅하다. 즉, 활인서는 감염자들을 치료하기도 했지만, 이들을 수용함으로써 도성 안의 백성들을 외부로부터 보호하는 문지기 역할을 했던 것이다.

(2) 격리수용

환자의 치료와 더불어 방역에서 또 다른 축을 이루는 것이 바로 격리를 통한 전염의 확산 방지이다. 조선에서 역병이 확산되면 해당 지역의 피해와

例 供仕, "……京外癘疫救療官 並限竣事 差送上同 而與軍兵救療 一體施行 兩醫司輪差." 『惠局志』.

14 이규근, 위의 논문, 30쪽.

더불어 우려되는 것이 바로 도성의 안전이었다. 이 때문에 도성 안에서는 감염자들을 수용할 수 없었으며, 도성 밖에서 도성 안팎의 역병 환자들을 수용하는 역할을 담당했던 곳이 활인서였다. 질병 치료의 목적보다는 빈민 구제의 성격이 더 강했던 활인서는 본래 도성 안에 거주하는 백성을 치료하기 위해 설치되었는데, 그 위치가 도성 안으로 들어가는 길목에 있었다. 도성 밖 동과 서에 각각 위치했던 활인서는 감염자들을 격리수용함으로써 도성 내로 유입되는 전염병의 전파를 차단하는 역할을 한 것이다.[15]

도성에서 활인서와 같은 역할을 지방에서 담당했던 것이 활민원(活民院)이었다. 활민원은 병자들이 건강한 이들로부터 격리되어 지내는 곳이었는데, 환자의 격리는 선택적이 아니라 강제적이었으며 이를 제대로 관리하지 못하는 수령은 처벌을 받아야 한다는 기록이 보이기도 한다.[16] 환자의 치료보다는 더 이상의 전염이 일어나지 않도록 감염자들을 격리시킬 수 있는 장소의 마련이 우선시되었던 것으로 보인다.

환자들이 따로 격리되어 지낼 수 있는 곳은 신분에 따라 달랐다. 병자들을 한데 모아놓고 치료하는 피병소(避病所)는 노비와 같은 하층민들에게는 제공되지 않았고, 대신 이들은 초막(草幕)을 지어 그곳에서 지내도록 하곤 했다.[17] 한편 관리나 왕족의 경우에 병에 감염되면 역병의 기세가 미치지 않

15 양혜경, 위의 논문, 42-43쪽.

16 "경기의 원평, 교하, 개성부 등에 惡疾이 바야흐로 치성하는데 다만 약재와 침구로 고쳐서는 효험을 보지 못합니다. 청컨대 개성부의 활민원을 수리하여 病者를 모아놓고서 自願에 따라 목욕 찜질의 방법을 아울러 써서 치료하되 (중략) 幹事僧을 정하여 주관하게 하며 각 所在官이 病者에게 두루 일러서 活民院에 가도록 하되 이를 모르는 자가 있으면 守令을 벌하소서." 『문종실록』 권8, 문종 1년 7월.

17 초막을 지어 감염된 노비를 나가 살게 한 경우, 이들이 치료를 제대로 받기는 어려웠을 것으로 짐작된다. 감염자들로부터 병이 전염되는 것을 막기 위해 격리한다는 점에서는

은 지역에 질병가(疾病家)를 마련하여 그곳에서 치료를 받고 요양했다. 질병가는 의술에 통달한 중이 있는 산중의 절이 되기도 했으며, 그렇지 않은 경우에는 질병가에 따로 의원을 파견하기도 했다.[18]

(3) 의서의 편찬

역병에 활용할 수 있는 실용 의서의 편찬 및 배포 또한 역병 유행 시에 정부에서 시행한 주요 정책 가운데 하나였다. 일반의서와 달리 벽역서(辟疫書)는 감염병이 닥쳤을 때 지방 곳곳에서의 감염병 확산을 막고, 감염된 이들에게 실효성이 있도록 즉각 적용 가능한 내용으로 구성되었다. 처방은 주변에서 구하기 쉬운 약재 위주로 하고, 누구나 읽을 수 있도록 주로 한문이 아닌 한글본으로 간행했다.

최초로 간행된 벽역전문의서는 세종대의 『벽온방』이다. 이 책에서는 당시의 주요 의서인 『향약집성방』과 『의방유취』에서 역병 관련 내용을 모아 정리한 후 백성들이 알아보기 쉽게 언해를 병기했다. 이후 중종 13년에 이르러 『벽온방』을 다시 언해한 『언해벽온방』이 간행되었고, 그로부터 6년이 지나 중종 19년에 1년 여간 역병으로 많은 이들이 죽자, 『벽온방』에 실리지 않은 역병 처방을 『의방유취』에서 발췌하여 『속벽온방』(1525)을 언해하여 간행했다. 『속벽온방』은 오늘날 『간이벽온방』이라는 이름으로 전한다. 중

신분과 무관하게 피병소의 의미가 동일하나, 그곳에 수용된 이에 대한 치료의 제공은 하층민일수록 부재했을 것이며 이런 경우 초막은 환자의 치료가 아닌, 전파자의 격리로서의 의미가 훨씬 크다고 보아야 할 것이다.

18 『연산군일기』 권60, 연산군 10년 12월. 연산군은 질병가를 위해 혜민서와 전의감 관원 중 의술에 정통한 4인을 司活이라 칭하고 봉직케 하였다.

종 대의 감염병 유행은 여기에서 그치지 않았다. 중종 37년에 이르러 함경도에서 충청도에 이르기까지 역병으로 인한 사상자의 수가 많아졌고, 이에 대한 대응으로 『분문온역이해방』(1542)을 간행했다.

17세기에 이르러 광해군 4년에 함경도에서 역병이 유행해 많은 이가 죽고 전국적으로 퍼지자, 왕은 당시 『동의보감』의 간행을 막 마친 허준에게 역병전문의서를 간행토록 했다. 이 책은 『신찬벽온방』(1613)으로, 기존의 『간이벽온방』이 지나치게 소략하여 불충분하다는 문제점을 보완한 것이다. 같은 해에 허준은 역병서를 또 하나 펴냈는데, 1613년 가을에 새로운 역병이 중국으로부터 들어오자 이에 대한 변증과 치료법을 실은 『벽역신방』이다. 이후 효종 4년 황해도에서 역병이 유행하자 허준의 『신찬벽온방』을 보완 및 언해한 『벽온신방』(1653)이 간행되었다.[19]

이들 벽역서는 오로지 감염병에 대처하기 위해 간행되었으며, 그 내용을 살펴보면 감염된 환자에 대한 치료법과 더불어 역병 예방법에 관한 내용으로 구성되어 있다. 병정이 빠르고 급박하기 때문에 구하기 어려운 약재나 처방보다는 주변에서 쉽게 찾을 수 있는 약재로 구성된 단방 위주의 처방이 실려 있으며, 감염을 예방하는 방법으로는 역병의 원인 가운데 하나인 비위생적인 환경을 개선하고, 향을 피워 병의 기운이 퍼지지 못하게 하고, 또 하나의 주된 원인으로 인식했던 귀려지기(鬼厲之氣)를 잠재우기 위한 여러 의례와 지침이 제시되었다.

19 조원준, 「조선시대 벽역의서에 나타난 역병 예방법」, 『대한예방한의학회지』 12(2), 2008.

2) 여제의 설행

역병의 원인은 운기(運氣), 계절과 절기의 부조화, 비위생적인 환경, 양생의 실패, 그리고 귀려지기(鬼厲之氣)로 요약될 수 있다. 이 가운데 귀려지기는 오늘날의 관점에서 '미신적'이라고 볼 만한 내용을 포함하는데,[20] 당시에는 중요한 병인 가운데 하나로 여겨졌으므로 정부에서도 방역 조치 가운데 귀려지기에 대처하는 것을 중시해 역병이 창궐하면 제사를 지내곤 했다. 이것이 바로 여제(厲祭) 또는 별여제(別厲祭)였다. 여제는 역병을 치료하거나 역병으로 희생당한 사람들의 원혼을 달래기 위한 제사로서, 연고가 없어 사후에 제사를 받지 못하는 이들도 제의에 포함되었다. 별여제는 역병에 특화된 여제로서, 전염병이 창궐한 지역에서 임시로 지냈다. 보통 역병이 창궐하면 택일(擇日)을 한 뒤 제사를 지낸 것과 달리, 유행이 심할 때에는 바로 여제를 설행한 만큼, 별여제는 여제에 비해 긴급 방역책의 성격이 강했다.[21] 여제는 태종1년에 처음으로 건의된 후 고종39년에 이르기까지 정부의 주도로 빈번하게 시행되었는데,[22] 다음은 태종1년에 여제의 시행을 건의하는 실록의 내용이다.

"우리 국가의 조례(朝禮)와 제례(祭禮)가 모두 명나라 법을 따르고 있사온데,

20 "역질은 사나운 귀신이 있는 것과 흡사하기 때문에 역려라고 한다. 귀려지기라 이르는 것은, 귀신이 돌아갈 곳이 없게 되면 귀려가 되기 때문이다. 천지에 부정한 기운이 있으면 귀려가 여기에 의지해 해를 입히게 된다." 疫疾如有鬼厲相似, 故曰疫癘.〈入門〉又謂鬼厲之氣, 夫鬼無所歸, 乃爲厲爾, 若夫天地有不正之氣, 鬼厲依而爲祟.〈類聚〉『新纂辟瘟方』.

21 이규근, 위의 논문, 34쪽.

22 여제는 조선전기부터 일 년에 세 번 정기적으로 설행되었다.

오직 이 여제 한 가지 일만이 거행되지 않사오니, 명명(冥冥)한 가운데에 어찌 원통하고 억울함을 안고 혹은 분한(憤恨)을 품어서 마음속에 맺혀 흩어지지 않고, 배를 주려 먹기를 구하는 자가 없겠습니까? 이것이 족히 원기(怨氣)가 쌓여 질역(疾疫)이 생기고, 화기(和氣)를 상하여 변괴(變怪)를 가져오는 것입니다."[23]

위의 내용에서 '원기가 쌓여 질역이 생기고'라는 부분에서 알 수 있듯, 당시에는 백성들의 억울함이나 원통함이 해소되지 않고 계속해서 쌓이다 보면 대규모 재앙인 역병이 발생할 수 있다고 보았다. 역병을 의료적인 문제만이 아닌 통치의 성패(成敗) 및 도덕적 측면까지 연관 지어 본 것이다. 뒤에 나오는 '화기(和氣)'를 상한다는 것 또한 한 개인 안에서의 기운의 균형이 깨진다는 의미와 더불어 공동체로서의 사회의 안정이 깨진다는 뜻으로 볼 수 있다. 이러한 원통함을 달래주는 의례가 여제였다.

한편 민간에서는 여제보다는 친숙했던 불교의 수륙재(水陸齋)가 시행되곤 했는데, 유교적 국가이념에 반하는 일이 나라 여기저기에서 빈번하게 시행되는 것에 대한 조정의 우려에 문종은 다음과 같이 답하기도 했다.

"대개 양의(良醫)가 병을 구료함에 있어 환자의 마음부터 다스리는 것을 우선적인 선무(先務)로 삼는다. 무릇 인심이 곧 천지의 마음이라면, 천지의 마음은 실상 조화(造化)의 근원인 것이다. 그런 까닭에 인심이 조화롭고 기쁘면 천지의 마음도 그러하고, 천지의 마음이 그러하면 여기(癘氣)가 자연히

23 『태종실록』 1권, 태종 1년 1월.

흩어지고 화기(和氣)가 응하게 된다. 지금 불법(佛法)이 사람들의 마음속에 깊숙이 들어가 마치 취한 것같이 되어 있어 수륙재(水陸齋)의 시행이 인심을 기쁘게 하고 편하게 하므로 의뢰하는 것이다. 천지의 화기가 비록 일신의 병에까지 응한다고는 할 수 없지만, 간혹 이로부터 치유되는 이치가 있는 것이며… 정성이란 순일(純一)한 것이며, 순일하면 통하지 않는 바가 없다. 이 때문에 수륙재가 비록 이단이라고 하나 정성을 드리는 것은 하나같아서… 절박하면 신(神)이 들지 않는 것이 없으니… 수륙재를 행하여 그곳 인심을 편하게 해 주어야 할 것이다."[24]

여제의 일반적인 원리는 제의를 지냄으로써 원귀의 억울함을 풀어내어 역기를 흩어버리는 것이다. 그러나 불교적 의례라 하더라도 수륙재를 지내도록 해주어야 한다는 문종의 설명에 따르면 여제든 수륙재든 제의가 달성하고자 하는 것은 일차적으로 마음의 평화이다. 그렇게 했을 때 개인 차원에서 치유가 일어날 수 있고, 또 그 마음이 천지에 확장되면 결과적으로 역기가 해산된다는 것이다. 즉, 일반적으로 여제가 직접적으로 역병의 원인인 역기를 해소하려는 목적을 갖지만, 그 과정에서 사람들의 마음을 안정시킴으로써 개인 및 사회 차원에서 병의 치유와 방역에 모두 기여한다고 보았다. 여제와 같은 공식적인 의례 외에 역귀(疫鬼)를 쫓아내어 역병을 잠재우려는 목적으로 정부에서는 화포를 쏘기도 했다.[25] 이 또한 여제와 마찬가지로 역병의 원인인 역귀에 대한 직접적인 대응임과 동시에 불안한 백성들의

24 『문종실록』 9권, 문종 1년 9월 5일.

25 "군기감에 명하여 화통(火熥)을 쏘게 하니 여기(癘氣)를 물리치기 위함이었다." 『태종실록』 31권, 태종 16년 5월 8일.

마음을 화포라는 공격적인 수단을 통해 안정시키려는 의도가 있었을 것으로 짐작해 볼 수 있다.

3. 민간의 대응

정부의 입장에서 역병의 유행이 주로 국가 존립의 문제였다면, 민간 차원에서는 생존의 문제였다. 역병으로 인해 가족 단위로, 마을 단위로 사람들이 죽어나가는 상황에서 역병에 대한 공포심과 불안감은 말도 못하게 심했을 것이다. 더군다나 의료 자원이 원활하게 제공되지 않는 상황에서 백성들은 다가오는 역병에 나름대로 대처해야 했다. 여기에는 각종 민간의 요법들과 더불어 주술적인 방법들이 있었다.

1) 의료와 민간요법

민간에서는 신분에 따라 의료에 대한 접근성의 차이가 있었다. 양반가의 경우에는 집안에 의서와 약재를 비치해 두는 경우가 많았으며, 역병과 같은 위급한 상황이 닥치면 약재의 수급이나 의원에 대한 접근성이 일반 백성에 비해 상대적으로 덜 어려웠다. 그러나 일반 백성들의 사정은 그렇지 못했다. 먼저 약재를 구하는 것에 어려움이 있었는데, 특히 역병과 같은 위급한 상황에서는 더더욱 그러했다. 이 때문에 이러한 사정을 알고 있던 정부에서는 의서에 나오는 역병 처방을 실으면서 구하기 쉬운 단방(單方)을 벽역서에 기록해 백성들의 약에 대한 접근성을 높이고자 했다.[26] 예를 들어 쉽게 구할 수 있는 식재료인 파, 달래, 부추, 염교, 생강의 오신(五辛), 따뜻하게 데운 순무즙, 창포로 담근 술, 붉은 팥 등을 먹으면 온역을 물리칠 수 있다고 적었다.[27] 그럼에도 불구하고, 당장 급박한 상황에서 이조차 구하지 못하거나 불안한 마음에서 항간에 역병에 효과 있다고 소문난 것을 구해 먹으려고 했다는 기록도 있다.[28]

한편, 일반 백성들에 비해 의료에 대한 접근성이 낫다고는 하나 모든 이들이 의서와 약재를 원활하게 공급받을 수 있는 것은 아니었으며, 역병과 같이 긴급 상황에서는 이들에게조차 의료 자원의 수급이 원활하지 않았기 때문에, 사대부들 스스로 역병의 상황에 대처할 필요가 있었다.[29] 약재를 구하는 일이 관건이었는데, 높은 가격과 수급의 불안정성을 극복하기 위해서 서로 개인적으로 약재를 부조하거나 약계를 결성함으로써 약재 수급 문제에 대처했던 것으로 보인다.[30] [31]

26 "… 조선후기에 『辟瘟新方』과 같은 구급 방서를 알기 쉽게 언문으로 번역함으로써 대황(大黃)과 송엽(松葉) 같은 향약재를 쉽게 구할 수 있었다." 이규근, 위의 논문, 36쪽.

27 허준, 『신찬벽온방』.

28 "…서울의 여항에도 점점 앓아 누운 사람이 생겼다. 이날, 와언이 마구 퍼져서 '반드시 오늘 보리밥을 먹어야 병을 면할 수 있다' 했는데, 온 도성이 소란스럽게 보리쌀을 구입했으므로 보리쌀 값이 뛰어올라 겉보리 값이 백미 값과 같았다." 『선조실록』 11권, 선조 10년 1월 29일.

29 김호, 위의 논문, 46쪽.

30 최충성, 『山堂集』.

31 이규대, 「조선후기 약국계의 일고찰」, 『又仁 金龍德博士停年紀念史學論叢』, 1988.

2) 역귀에 대한 민간의 대처

앞서 설명했듯이, 귀려지기 또는 역귀는 당시의 합리적인 병인론의 범주에 포함되는 것이었다. 정부에서 정기적으로, 또는 긴박한 상황에 시행한 여제도 그러한 인식을 바탕으로 하고 있으며, 각종 벽역서에서 역귀를 물리치는 방법을 상세히 기록하여 민간에서 널리 사용할 수 있도록 한 것도 이를 드러낸다. 민간에서도 역병이 창궐하면 그 배후에 귀신이 있다고 생각했으며, 이를 물리치기 위해 의서에서 기록한 방법 외에도 다양한 방법을 시행한 것으로 보인다. 먼저 벽역서 등에서 기록하고 있는, 좀 더 '공식적'인 역귀의 대처법은 다음과 같다.

> "온역이 갓 돌 때 향소산[32]을 큰 솥으로 한 솥 달여서 사람마다 1잔씩 먹으면 온역을 물리쳐서 예방할 수 있다. 소합향원[33] 9환씩을 청주 1병씩에 담가 수시로 마시면 역귀의 기운을 떨치는 데에 가장 좋다. 또 소합향원 3환을 붉은 주머니에 넣고 가슴 부위에 둘러도 좋다. 일상적으로 닭 우는 때마다 마음을 깨끗이 하여 사해의 신 이름을 3번씩 외면 온갖 귀신과 온역을 물리치는 데에 효험이 매우 크다."[34]

32 향소산은 『태평혜민화제국방(太平惠民和劑局方)』에 등장하는 처방으로, 사계절에 걸쳐 나타나는 감염병을 치료하는 처방이다.
33 소합향원은 『동의보감(東醫寶鑑)』에 나오는 처방이다. 일체의 기(氣) 이상으로 생긴 병증에 두루 쓴다.
34 허준, 『신찬벽온방』.

위의 인용문은 17세기 초 허준이 왕명을 받아 간행한 『신찬벽온방』의 내용이다. 역귀를 물리치기 위해서 특정 처방을 달여 먹는 내용은 여러 벽역서에 나오는 내용으로, 『간이벽온방』에서는 소합향원에 대해 "귀기(鬼氣), 시기(時氣), 귀매(鬼魅)를 치료한다. 밀납 종이로 탄자 크기만 한 환을 한 개 싸서 붉은 비단 주머니에 넣은 다음 심장 부근에 차면 일체의 삿된 귀신이 감히 접근하지 못한다. 온역이 발생한 집에 들어갈 때에는 먼저 문을 열게 하고 큰 솥에 물 2말을 담아 집 가운데에서 20환을 달이게 하면 그 향이 역기를 없앤다. 모든 환자가 각각 한 잔을 마신 후에 의사가 들어가 진찰하면 서로 전염되지 않는다."고 적고 있다.[35] 귀신을 물리치는 약을 붉은 주머니에 넣어 심장 부근에 차는 행위는 붉은색의 상징성과 한의학에서의 심장을 상기하면 내포된 방역의 원리를 알 수 있다.[36]

이 외에 호랑이의 머리뼈로 베개를 만들어 베고 자거나, 창출을 태우거나, 폭죽을 터뜨리거나, 쑥을 캐 인형으로 만들어 문 위에 걸어두거나, 붉나무로 갓끈을 만들거나 구슬을 만들어 패용하라는 지침들이 있었다.[37] 벽역서에 기재되어 있는 이와 같은 내용들은 속방(俗方)이 의료의 범주로 포섭된 경우로 볼 수 있는데, 기(氣) 차원의 공통 원리를 바탕에 두고 있는 방법

35 박순몽 박세거 등, 『간이벽온방』.

36 붉은색은 예로부터 악귀를 물리친다는 의미를 내포하며, 심장은 한의학에서 모든 정신작용을 총괄하는 장부이다. 심장을 포함하는 오장(五臟)은 모두 각각 정신작용을 담당하며, 각각 감정이 배속되기도 하는데, 이 가운데 심장은 자신에게 배속된 감정이 있으면서 동시에 모든 정신작용을 총괄하기에 신(神)의 영역과 가장 밀접한 신체라고 볼 수 있다. 따라서 악귀(惡鬼)가 우리 몸에 침입하는 것을 막기 위해 심장 가까이에 붉은 주머니에 담은 귀기(鬼氣)를 물리치는 약을 차는 것은 귀신이 우리의 정신에 근접하기 못하도록 막는 의도가 있다고 볼 수 있다.

37 허준, 『신찬벽온방』.

들이기에 의학적으로도 유의미하다고 판단했을 것으로 볼 수 있다. 또한 마을 단위에서 역귀를 막아내기 위해 마을에서 육합을 주재하는 곳의 땅을 파서 깨끗한 모래를 채운 뒤 좋은 술을 붓고 마을의 수령이 축원하도록 하는 의례적 성격의 방법이 있었으며, 역시 붉은색인 주사(朱砂)로 귀신을 물리치는 글씨를 크게 써서 출입문에 붙이는 방법도 있었다.[38]

한편, 이 외에도 원리는 유사하나 조금씩 다른 형태의 벽역법들도 있었다. 주사로 부적을 써 출입문에 붙이는 것과 유사하게 백토로 문밖과 벽 위에 손바닥을 그리거나,[39] 마을로 들어오는 동구나 고갯마루에 법수를 세워 역신이 마을에 진입하지 못하게 하고,[40] 화포를 쏘는 것과 마찬가지로 역귀를 쫓아내기 위해 북을 울리고 소란을 피우기도 했으며,[41] 각종 금기사항을 정해두고 이를 지킴으로써 역귀의 영향력으로부터 거리를 둘 수 있다고 믿기도 했다.[42]

4. 과거와 현대를 관통하는 불안의 심리

전 세계적인 팬데믹을 겪고 있는 현재, 방역은 일상적인 언어 또는 실천

38 허준, 『신찬벽온방』.
39 『선조실록』 11권, 선조 10년 1월 29일.
40 이규근, 위의 논문, 38쪽.
41 "奴人等曉作逐疫, 鼓鼓錚錚." 이귀, 『묵재일기』, 1551년 4월 7일.
42 두창이 돌 때 사람들이 어떤 금기를 지켰는지에 대한 기록에 따르면, 제사, 초상집에 가는 일, 연회, 방사, 외인출입, 누린내 나는 고기의 섭취, 집안 청소, 손톱 깎는 일, 못 박는 일, 문종이 붙이는 일, 바느질 등이 금기로 여겨졌다. 김옥주, 「조선 말기 두창의 유행과 민간의 대응」, 『의사학』 2(1), 1993, 46쪽.

이 되어 버렸다. 거리에서 마스크를 쓰고, 하루에도 여러 번 세정제로 손을 소독하고, 방문하는 곳마다 체온을 재고, 칸막이를 사이에 두고 식사를 하고, 혹시 모를 감염의 상황에 대비해 감염 경로의 추적이 가능하도록 개인의 신상을 신고해 두는 등, 감염병의 전파 고리를 끊어내고자 정부에서 제시한 여러 지침들이 시행되고 있다. 이뿐만이 아니다. 감염자와 같은 시공간을 어느 정도 공유했는가에 따라 등급이 나뉘어 등급마다 정해진 격리 지침을 따르도록 하며, 감염자로 판명이 났을 때에도 증상의 유무, 나이나 심각도에 따라 치료의 엄격함이나 종류, 강도도 매뉴얼화되어 체계적으로 운용되고 있다.

이처럼 체계적으로 수립된 현대의 방역과 조선의 방역 사이에는 큰 차이가 있어 보인다. 오늘날에는 감염병마다 분명하게 이름이 붙고 그 배후에 있는 바이러스나 박테리아까지 구체적으로 언급되는 반면, 명확한 개념이나 명칭이 없어 보이는 조선의 역병은 그 모호함만큼 혼돈스럽게 느껴진다. 그러나 역사적으로 많은 감염병을 '정복'하면서 도달한 오늘날의 감염병 상황을 들여다보면 감염병의 '원인'이 되는 박테리아나 바이러스를 규명했다는 사실이 '왜' 특정 감염병이 특정한 시공간에서 창궐했는지 설명하지 못한다. 감염 경로를 파악한다고 해도, 왜 접촉자들 간에 감염 여부의 차이가 있는지, 감염자 중에서도 증상의 유무나 심각도에 차이가 있는지 설명하지 못한다. 이 때문에 과거에 비해 더 많은 의과학적 지식과 대처법이 체계적으로 존재하는 오늘날에도 감염병 앞에서 우리는 불안함을 느낀다. 새로운 감염병이 창궐했을 때 어떤 미생물이 그 배후에 있는지는 밝힐 수 있어도, 왜 그 미생물이 우리의 삶속으로 들어오게 된 것인가에 대한 답은 그리 명확하지 않기 때문이다. 그리고 이 불안함이 의학적으로 인정받지 못하는, '검증되지 않은' 다양한 감염병 퇴치 방법과 가짜뉴스, 그리고 그에 대한 사람들의 열렬한 반응으로 드러나고 있다.[43 44]

이에 비춰봤을 때, 서로 멀어 보이기만 하는 조선의 방역과 오늘날의 방역 사이에는 더 깊은 차원의 공통점이 있다. 바로 역병에 대한 사람들의 인식이다. 감염병에 대한 세균병인학에 기반한 이해이든, 운기(運氣)나 귀려지기(鬼厲之氣)에 기반한 설명이든, 아무리 합리적인 설명이 제시되어도 감염병에는 언제나 일반화할 수 없는 비합리적인 측면이 있으며, 이 비합리성이 사람들을 불안하게 하고 온전히 이해할 수 없는 초월적인 힘에 기대게 한다는 것이다. 이를 지식이나 기술이 아직 충분히 발전하지 못한 시대의 증후라고 보는 이도 있겠지만, 적어도 약 600년의 시차를 관통하는, 팬데믹에 대한 보편적인 심리적 증후인 것은 분명하다.

43 인도의 한 정당 대표는 불 앞에서 힌두교 의식을 행하면서 소의 오줌이나 똥을 몸에 바르면 신종 코로나바이러스를 죽일 수 있고 바이러스가 세계에 확산되는 것을 막을 수 있다고 주장했다. (《연합뉴스》, 김치? 소똥?…신종코로나에 세계 각국서 다양한 '민간요법' 제시. 2020년 2월 3일 자) 우리나라의 경우에도 한 교회에서 소금물로 입을 헹구면 코로나 바이러스를 예방할 수 있다고 해 분무기로 신도들의 입 안에 소금물을 뿌리는 일이 있었으며, 이 외에도 참기름으로 입을 헹군다거나 소염진통제를 코밑, 입술, 손 등에 바르면 예방에 효과적이라는 주장이 SNS를 통해 퍼지기도 했다.

44 감염병에 대해 여러 음모론이 성행하고 있는 것 또한 이런 불안한 심리를 드러낸다. 예를 들어 영국에서는 5G 통신망이 대기 중의 산소를 모두 빨아들여 DNA를 변형시키고 코로나19를 일으킬 것이라는 음모론이 유행해 5G 기지국에 방화를 저지르는 사건이 벌어지기도 했다. 코로나 바이러스가 자연에서 유래된 병이 아니라 국가 간의 정치적 갈등으로부터 비롯된 생물학적인 무기라는 주장 또한 찾아볼 수 있다. J Glenza. "Coronavirus: US says Russia behind disinformation campaign" 〈The Guardian〉. 2020년 2월 25일 자.

5. 나가며

조선에도 다수의 에피데믹이 있었다. 역병의 창궐은 국가적인 위기로서 정부의 적극적인 개입을 요구했는데, 여기에는 의료적인 차원과 제의적인 차원이 있었다. 의료적인 차원에는 먼저 감염자들에게 치료를 원활하게 제공하기 위한 방법들이 있었다. 여기에는 기존에 설치되어 있던 의료기관들을 통해 환자들에게 치료를 제공하는 것과 중앙에서 정리한 역병에 대한 최신의 정보를 수록한 의서인 벽역서(辟疫書)의 간행 및 배포가 있었다. 이에 더해 역병의 전염을 막기 위해 환자들을 비감염자로부터 격리시켰으며, 특히 도성 안으로 전염되지 않도록 도성 근처의 활인서에서 이들을 격리수용했다. 한편 역병 창궐의 원인이 억울하게 죽은 원혼들에 있다고 보아 정부 차원에서 이들을 위로하기 위한 의례로서 여제(厲祭)를 설행(設行)하였다. 이는 역병의 책임이 백성들을 억울하게 죽을 상황에 노출시킨 정부의 정치적 실패에 있다는 믿음을 전제하며, 더불어 인간답게 살지 못한 이들에 대한 연민과 공동체의 연대적 책임감, 나아가 추모의 의미를 내포한다.

민간 차원에서도 몸의 차원에서 역병을 물리치려는 노력과 주술적인 방법들이 시행됐다. 정부에서 배포한 벽역서에는 당시 민속에서 시행한 방법들이 다수 실려 있는데, 약재를 구하기 어려운 상황에서 최대한 민간에서 효능이 경험적으로 검증된 방법들까지 광범위하게 포괄함으로써 많은 이들이 역병에 대처할 수 있도록 한 것이다. 주로 일상적으로 구하기 쉬운 단일 약재나 음식이 이에 속한다. 주술적인 차원에서는 정부에서 여제를 시행했던 것과 유사하게 좀 더 일상적으로 친숙한 불교의 의례인 수륙재를 지냈고, 역귀가 싫어하고 두려워하는 다양한 방법들-붉은 글씨로 쓴 부적, 호랑이 뼈나 가죽 등-을 이용해 역귀로부터 자신과 가족, 공동체를 보호하고자 했다.

예나 지금이나 역병은 사람들의 불안을 들춰낸다. 이 때문에 방역에는 반드시 불안을 다독이는 주술적인 요소가 포함된다. 조선에서는 불안한 상황을 야기한 대상이 역귀라는 구체적인 대상이었으므로 이에 대한 퇴치법이 방역의 일부였으며, 더 나아가 공동체로서의 불안, 즉 일부 사람들이 사회적 안전망으로부터 밀려나 억울하게 죽은 것에 대한 사회적 책임감과 부채의식을 해소하고, 그렇게 죽은 이들의 넋을 기리는 여제나 수륙재와 같은 제의가 방역의 중요한 부분을 차지했다. 하지만 오늘날에는 불안을 자극하는 대상이 불분명하다. 일단 널리 알려진 병의 원인은 과학기술을 이용해 확인 가능한 미생물이므로, 역귀와 같이 눈에 보이지 않고 그 존재를 감각할 수 없어 우리의 존재로부터 거리를 둘 수 있는, 미지의 영역에 배속시킬 수 없다. 더군다나 미생물은 우리의 삶과 큰 접점이 없는 타자(他者)로 느껴질 따름이다. 하지만 불안한 마음은 여전히 존재하며, 이는 단순히 병에 대한 지식의 부족에서 오는 것이 아니다. 감염병이 확산되는 과정에서 누가 감염에 노출되며 누가 그로 인해 죽음에 이르는지 우리는 보아 왔다. 미생물이라는 가치중립적인 존재는 사람을 가리지 않는다지만, 사회의 약한 고리, 안전망의 경계에서 아슬아슬하게 살아가는 이들, 아예 안전망 바깥에 밀려난 이들이 감염병에 가장 취약함을 우리는 지켜봐서 알고 있다. 오늘날의 불안은 억울하게 당할 수밖에 없는 자리로부터, 그 자리에 있는 이들로부터 멀어져서 병이 나에게로 흘러오지 않도록 차단하고 싶은 마음을 반영한다. 감염병에 대한 최신의 의학적 지식과 기술이 무색하게 물이 아래로 흐르듯 병이 낮고 빈곤한 곳으로 흘러가 고이는 사회망의 허술함으로부터 안전하고 싶은 마음이 드러나는 것이다. 이런 마음을 달래기 위한 현대적 제의가 있다면 다름 아닌 사회적 고통으로서의 감염병에 대한 이해와 공동체적 연대감의 형성을 촉발할 수 있는 무엇일 것이다.

전쟁 속 전염병, 그리고 공중보건의 의미*

—제1차 세계대전 당시 발진 티푸스(1915)와 참호열(1917) 사례를 중심으로

정세권_ 경희대학교 인문학연구원

* 이 글은 2019년 4월 『한국과학사학회지』에 실린 "제1차 세계대전 당시 유럽에서의 미국 공중보건 활동: 발진 티푸스(1915), 참호열(1917)에 대한 대응을 중심으로"를 수정한 것이다.

1. 들어가며

코로나19가 유행한 지 어느덧 2년. 2억 3천만 명이 넘는 확진자와 475만 여 명에 달하는 사망자가 발생하고서도 그 행렬의 끝이 보이지 않을 만큼, 전 세계는 유례없는 팬데믹을 경험하고 있다. 그렇지만 설상가상으로 일상이 아닌 전쟁의 참화 속에서 전염병의 고통을 한층 더 참혹하게 겪고 있는 지역들이 지구촌 곳곳에 존재한다. 내전이 시작된 지 10년 가까이 되는 시리아에는 2021년 9월 말 기준 3만여 명의 코로나 확진자가 발생했고 그중 6.6%가 사망했으며, 최근 분쟁을 겪고 있는 아프가니스탄과 미얀마 지역에서도 각각 15만여 명, 46만여 명의 환자가 나왔고 그중 4.5%, 3.8%가 사망했다.[1] 수많은 환자가 속출하는 것도 문제이거니와 미국이나 유럽국가 혹은 한국 등과 비교할 때 월등히 높은 사망률은 그만큼 이들 지역에서 전염병에 대응할 수 있는 환경이 마련되어 있지 못함을 방증하는 것이며, 나아가 전쟁 상황에서 전염병을 막기 위한 공중보건 활동이 평상시보다 더욱 중요하

1 http://ncov.mohw.go.kr/bdBoardList_Real.do?brdId=1&brdGubun=14&ncvContSeq=&contSeq=&board_id=&gubun= (2021. 9. 28. 접속).

고 절실함을 말해준다.

이 글은 전쟁의 참화와 전염병이 중첩된 상황에서 이에 대응하는 공중보건 활동이 다양한 목적으로 추진되고 진행될 수 있음을 보이고자, 제1차 세계대전 시기 유럽에서 발병한 두 차례의 전염병을 연구하고 확산을 막는 데 참여한 미국 의료진의 활동을 분석한다. 제1차 세계대전이 시작된 지 얼마 지나지 않아 유럽의 세르비아에서는 발진 티푸스(typhus fever)가 창궐하여, 6개월 동안 15만여 명의 사망자가 발생했다. 이미 수년 전 대대적으로 창궐한 콜레라 때문에 의료 시스템이 완전히 무너졌기에 세르비아 정부는 국제사회에 지원을 요청했고, 미국과 영국, 프랑스, 러시아, 벨기에, 폴란드 등이 이에 호응하여 의료 전문가를 파견했다. 당시 공식적으로 제1차 세계대전에 참여하지 않았던 미국은 적십자사의 주도로 의료진을 구성했고 하버드 대학교 열대의학과 학과장이었던 리처드 피어슨 스트롱(Richard Pearson Strong, 1872-1948)을 책임자로 선정했다. 그는 세르비아에 파견된 여러 나라들의 의료진들을 통합한 국제위생위원회(International Sanitary Commission)을 조직했고 발진 티푸스의 추가적인 확산을 막기 위해 소독과 살충, 검역과 순찰 등 일반적인 위생 조치들을 지휘했다.[2] 발진 티푸스가 진정된 이후 얼마 지나지 않아 유럽 전선에서 또 다른 전염병 참호열(trench fever)이 유행했고, 1917년 4월 직접 참전을 결정한 미국은 이번에는 국방부 산하에 감염성 질병을 조사하는 의료 부대를 조직하고, 전선에서 참호열을 연구하고 대응하는 활동을 전개했다. 당시 의료 부대를 이끈 인물 역시 스트롱이었는데,

2 Richard P. Strong, George C. Shattuck, A. W. Sellards, Hans Zinsser and J. Gardner Hopkins, *Typhus Fever with Particular Reference to the Serbian Epidemic* (Cambridge, M.A.: Harvard University Press, 1920).

그는 미군들을 대상으로 인체 실험을 진행하여 참호열이 이(louse)에 의해 매개된다는 사실을 확인하기도 했다.[3]

전쟁의 참화가 휩쓸던 짧은 시기 두 차례 유행한 서로 다른 전염병에 대해 미국의 의료진들은, 전황의 추이와 미국의 정치적 목적, 전염병의 성격에 따라 상이한 공중보건 활동을 전개했다. 제1차 세계대전 초기 전투에 직접 참여하지 않고 관망했던 미국은, 세르비아의 발진 티푸스 확산을 막기 위해 적십자사와 같은 민간단체들을 중심으로 한 구호 활동을 전개했다. 이미 발진 티푸스의 발병 원인과 감염 경로가 알려져 있었기 때문에, 의료진의 활동은 주로 전염병의 추가 확산을 막고 환자를 치료하는 데 집중되었다. 반면 1917년 4월 공식적으로 참전을 결정하고 군대를 파견한 이후 참호열에 대응하는 양상은 달랐다. 미국을 포함한 연합국 측 군사력에 직접 영향을 미친 참호열은 당시까지 미지의 질병이었기에, 그 원인과 감염 경로를 규명하는 과학적 연구가 우선이었던 것이다. 따라서 의료진은 미군을 대상으로 인체 실험을 진행했고, 참호열이 이(louse)에 의해 매개되며 환자의 혈액 및 대소변을 통해 전파될 수 있다는 사실을 밝혔다. 이처럼 하나의 전쟁 기간에 발병한 발진 티푸스와 참호열에 대응하는 미국의 공중보건 활동은, 다루어야 할 질병의 성격, 전쟁에 대한 미국의 태도 등에 따라 다르게 진행되었고, 이는 예전에 해외에서 전개된 공중보건 활동과도 상이했다. 제1차 세계대전 시기 유럽에 진행된 미국의 공중보건 활동에 대한 이러한 분석은, 전쟁과 전염병 유행이 뒤섞인 특수한 상황에서 공중보건 활동과 의료 행위의 성격이

3 Richard Pearson Strong ed., *Trench Fever: Report of Commission, Medical Research Committee, American Red Cross* (Oxford: Oxford University Press, 1918).

균일하지 않으며, 다양한 주체와 실행들이 얽혀 있음을 보여준다.

2. 1915년 발진 티푸스 유행과 미국 위생위원회

1914년 7월 오스트리아가 세르비아에 대해 선전포고를 하고 국경을 침공한 지 얼마 지나지 않아, 세르비아 군인들 사이에서 발진 티푸스가 유행하기 시작했다. 양국의 군대가 서로 밀고 밀리던 와중에 오스트리아 군인들 중 7만여 명이 세르비아에 포로로 남겨졌는데, 이들 대다수가 발진 티푸스와 재귀열(relapsing fever)을 앓고 있었고, 그중 절반이 발진 티푸스로 사망했다. 이들로부터 전해진 발진 티푸스는 세르비아 군인들을 거쳐 민간인까지 대대적으로 확산되었다. 1914년 10월부터 공식적으로 집계되기 시작한 발진 티푸스 환자 수는 기하급수적으로 증가하여 1915년 1월에 최절정에 달했는데, 이 당시 군 병원에서 하루 2,500여 명의 환자들이 새롭게 확인되었고, 민간에서는 그보다 최소 세 배 이상의 환자들이 매일 확인되었다. 당시 발진 티푸스로 인한 사망률은 평균 30~60%였고, 최종적으로 전염병 발병 기간 동안 총 사망자는 전체 인구 450만여 명 중 최대 15만여 명에 달했다.[4]

당시 세르비아 정부는 대대적으로 확산된 발진 티푸스에 대처할 수 없었다. 이미 1912년에 투르크 제국을 상대로, 1913년 불가리아를 적으로 삼아 두 번의 발칸 전쟁을 치른 세르비아에는 콜레라까지 유행하여, 대부분의 사

4 Strong, et al., *Typhus Fever*, pp. 3-20; Rockefeller Foundation, *The Relief of Suffering Non-Combatants in Europe: Destitution and Disease in Serbia* (April 28, 1915), pp. 15-21.

회기반 시설이 붕괴되었고 이를 복구할 사회적, 인적 자원이 없었던 것이다. 발칸 전쟁 당시 전체 인구 중 46만여 명이 전쟁에 동원되어 8만여 명 정도가 죽거나 부상을 입었고, 제1차 세계대전이 발발하자 동원 가능한 사람은 모두 전쟁에 참여했다. 농업과 목축업을 기본으로 일부 지역에만 원시적인 제조업 시설을 갖추었던 세르비아의 산업은 전쟁으로 대부분 파괴되었고, 남북을 가로지는 하나의 중앙 철도와 지선 외에 운송 수단도 취약했던 탓에 전염병 발생 시 효과적으로 구호 물품을 전달하거나 의료 활동을 전개하기도 어려웠다. 의료진 역시 절대적으로 부족했는데, 제1차 세계대전 발발 당시까지 350~400명이었던 세르비아 의사들 중 126명이 발진 티푸스로 사망했다.[5] 이런 상황에서 세르비아 정부는 발진 티푸스에 대응하기 위해 국제사회 특히 연합국 측에 도움을 요청했고, 당시 전황에서 세르비아의 지정학적 중요성을 무시할 수 없었던 영국, 프랑스, 러시아, 벨기에, 폴란드 등이 이에 호응하여 의료진을 파견했다.

당시 전쟁에 직접 참여하지 않았던 미국의 경우 정부 차원에서 대응하는 대신, 미국 적십자사가 의료진을 구성하고 파견하는 업무를 주도했다. 전쟁이 시작되자 미국 정부는 외견상 중립적인 입장을 유지하면서, 연합국과 동맹국 모두에게 군수품을 제공하며 전쟁 특수를 누리고 있었다. 농산물과 공산품, 전쟁 물자를 수출했을 뿐 아니라 영국에 대해서는 차관을 제공하면서 경제적 이득을 취했던 것이다. 독일에 군수품이 제공되지 못하도록 영국이 해상 봉쇄를 강화하고, 이에 반발한 독일의 잠수함이 1915년 영국의 여객선 루시타니아(Lusitania) 호를 공격하여 미국인들의 인명 피해(128명)가 발생하

5 Rockefeller Foundation, pp. 1-5.

기도 했지만, 대통령 윌슨은 유럽 전선에 직접 개입하기를 주저했다.[6] 이런 상황에서 세르비아 정부의 구호 요청에 대해 정부나 군대가 공식적으로 대응하기보다는 민간단체가 주도적으로 나섰던 것이다.[7]

이미 자체적으로 여러 차례 의사와 간호사를 세르비아에 파견해 왔던 미국 적십자사는 세르비아 정부의 요청을 받고 하나의 위생위원회를 구성하기로 했고, 책임자로 하버드 대학교 열대의학과 학과장이었던 스트롱을 추천했다.[8]

> 리처드 스트롱 박사는 하버드 의과대학의 열대의학과 교수이자, 아마도 미국에서 가장 뛰어난 전염병 전문가(the foremost plague expert)일 것이다. 특히나 그는 1911년 만주에서 유행했던 폐페스트를 억제하는 데 기여한 업적

6 전상봉, 『자본주의, 미국의 역사—1차 세계대전부터 월스트리트 점령까지』 (시대의창, 2012), 36-61쪽.

7 영국의 경우 세르비아에 대한 의료진 파견은 군부에 의해 주도되었다. 세르비아 정부의 요청을 받은 영국 외무성(Foreign Office)은 육군성(War Office)에 이 사실을 전달했고, 육군성은 외과 의사 윌리엄 헌터(William Hunter)를 수장으로 "세르비아 군대 배속 영국 군병원"(English Military Hospital attached to Serbian Armies)이라는 명칭의 의료진을 구성해 세르비아에 파견했다. William Hunter, "The Serbian Epidemics of Typhus and Relapsing Fever in 1915: Their Origin, Course, and Preventive Measures employed for Their Arrest: An Aetiology and Preventive Study based on Records of British Military Sanitary Mission to Serbia, 1915," *Proceeding of the Royal Society of Medicine* (November 28, 1919). pp. 34-36.

8 이미 미국 적십자사는 제1차 세계대전 발발 직후 부상병을 치료하기 위한 의료진들을 유럽에 파견하기 시작했고, 세르비아에도 세 명의 의사와 열두 명의 간호사로 구성된 첫 번째 구호팀을 보냈다. 그리고 발진 티푸스가 발발한 이후 두 번에 걸쳐 추가로 의사와 간호사를 파견했다. Agnes Gardemer, "American Red Cross Work in Serbia," *The American Journal of Nursing* 16:1 (October 1915), pp. 36-40; "Red Cross," *The American Journal of Nursing* 16:4 (January 1915), pp. 331-337.

으로 잘 알려져 있다.[9]

미국 위생위원회에는 스트롱 외에 세르비아의 상황을 조사할 전문가로서 콜럼비아 대학교의 세균학 교수 한스 진저(Hans Zinsser), 하버드 대학교 의과대학의 앤드류 셀라즈(Andrew W. Sellards), 조지 새턱(George C. Shattuck), 프랜시스 그린넬(Francis B. Grinnell) 등이 참여했다. 이들은 1915년 4월 3일 뉴욕을 출발해 이탈리아 나폴리에 도착한 후, 그리스를 거쳐 세르비아로 들어갔다.[10]

세르비아에 도착한 스트롱이 가장 먼저 직면한 문제는 중구난방으로 진행되던 여러 국가들의 구호 활동 체계였다. 세르비아의 의료 전문가들이 절대적으로 부족했을 뿐 아니라 그들조차 병에 걸려 있거나 무기력에 빠져 있던 상황에서, 외국에서 파견된 구호진의 업무는 체계적으로 분담되지 않았고 책임 구역이 제대로 할당되지 않아 중복되거나 누락되기도 했으며, 이를 총괄하고 책임질 수 있는 인력이나 기구가 존재하지 않았던 것이다.

> 세르비아에 도착하자마자 내가 직면한 가장 시급하면서도 중요한 문제 중 하나는, 세르비아 전역을 위생 조치들에 대한 절대적 권한을 가진 중앙 조직과 통제였다. [중략] 개별적인 구호 및 병원 시설들이 발진 티푸스에 대응하여 이미 활동하고 있었지만, 이런 중앙 집중적인 통제가 시행되고 있지 않았으며, 전국에 걸쳐 이 전염병을 공략할 총괄적인 캠페인도 진행되고 있

9 Strong et al., *Typhus Fever*, pp. 23-24.

10 *Ibid*, p. 24; "Scientific Notes and News," *Science, new series* 41:1062 (May 7, 1915), pp. 677-681.

지 않았다.[11]

이에 세르비아 정부의 동의와 협조 아래 여러 국가들의 구호 활동을 중앙에서 지휘할 수 있는 국제위생위원회(International Sanitary Commission)가 구성되었다. 스트롱이 실질적인 책임(medical director)을 맡은 이 위원회는 각국의 구호팀을 총괄하여, 세르비아 전역의 환자 발생 구역을 조사했고, 이들의 거주지와 의료시설을 소독했으며 추가 환자를 치료할 수 있는 병원 및 보건소를 설치하고 운영했다. 그리고 다른 지역으로 전염병이 확산되는 것을 방지하기 위해 검역 · 격리 시설을 만들고, 여행객과 여행 차량의 통행을 제한했다. 또한 이 위원회는 일상의 위생 환경을 개선하기 위해, 공공시설과 식당 등 다중 이용 시설을 소독하거나 전염병 대응 안내 책자를 발행했으며, 의복과 생활물품을 소독하는 조치들을 취했다.[12]

〈그림1〉 국제위생위원회가 구성된 이후, 세르비아 전역에서 진행된 구호 활동. 야외에서(왼쪽) 혹은 목욕 시설을 갖춘 열차(오른쪽)에서 목욕을 하고 의복을 소독하는 모습.
출처: Strong et. al., *Typhus Fever*, plate 12 & 15

11 Strong et. al., *Typhus Fever*, p. 21.
12 *Ibid*, pp. 22-38.

국제위생위원회를 이끈 스트롱과 미국 위생위원회는 당시 미국 연방 정부의 직접적인 지휘를 받기보다는 미국 적십자사의 주도 아래 구성된 민간 차원의 조직이었다. 따라서 스트롱 개인에게 위원회 구성과 활동에 대해 조언해준 군의관이나 정부 관료들이 있기는 했지만, 이 위원회의 구성원들 대부분은 민간의 의료 전문가들이었다.[13] 그리고 이 위원회의 재정 역시 개인적으로 혹은 민간의 자선 단체를 통해 후원받은 것이었다. 스트롱의 후원자 중 한 명이자 조지 섀턱의 아버지였던 하버드 대학교의 프란시스 섀턱(Francis C. Shattuck)을 비롯하여 보스턴의 포브스(Forbes) 가문, 뉴 로셸(New Rochelle)의 맥멀린(McMullen) 가문으로부터 재정적 지원을 받았다.[14]

스트롱을 후원한 개인들뿐 아니라 록펠러 재단 역시 세르비아의 전염병에 대단한 관심을 보였다. 1901년 록펠러 의학 연구소(Rockefeller Institute for Medical Research)로 시작한 록펠러 가문의 생물학 · 의학 연구 지원은 1909년 미국 남부의 십이지장충병 연구를 위한 위원회(Rockefeller Sanitary Commission for the Eradication for Hookworm Disease)로 이어졌고, 이 기구는 1913년 국제 조직으로 전환하면서 동아시아를 비롯한 해외 지역에서 공중보건 활동을 진행했다. 평상시에 록펠러 재단의 활동은 주로 공중보건 관련 현황을 조사하고 미국식 프로그램을 교육하는 것이었는데, 그 방식은 다양했다. 첫 번째는 해외에 의학교나 간호 학교를 설립하여 의학 전문가를 양

13 당시 육군 소장이자 군의감이었던 윌리엄 고르가스(William C. Gorgas), 대령이었던 헨리 피셔(Henry C. Fisher), 공중보건청의 루퍼트 블루(Rupert Blue) 같은 전문가들이 스트롱에게 미국 위생위원회의 조직과 활동에 대해 개인적으로 조언을 해 주었다고 한다. *Ibid*, p. 91.

14 *Ibid*, p. 91.

성하고 우수 학생을 특별연구원(fellowship) 자격으로 선발, 미국 본토나 해외 관련 기관에서 교육시킨 뒤 다시 자국으로 보내 공중보건 관련 핵심 인력으로 키우는 전략이었다. 두 번째는 해당 지역 정부와의 협력인데, 공중보건 프로그램 초반에는 자신들이 전문가를 파견하고 비용을 감당하는 한편, 1년 혹은 시간이 지나고 성과가 드러날수록 해당 정부에 예산 증액을 요구하거나 사업 전반을 위임하는 전략을 취했다. 그리고 또 다른 방식은 공중보건 프로그램을 수립하고 실행함에 있어 그 성과 및 대비 비용을 일일이 평가하고 이를 차기 계획에 반영하는 전략이었다. 이는 경제적으로 효율적인 질병 통제 프로그램을 만들기 위한 의도도 있었지만, 앞서 말한 해당 국가가 감당할 수 있는 저렴한 프로그램을 개발하기 위한 이중의 목적을 가진 것이었다.[15]

록펠러 재단의 활동은 초기부터 미국의 제국주의적 기획과 밀접하게 관련되어 있었는데, 미개발국의 자연 자원을 개발하고 투자 시장을 개척할 뿐 아니라 우수하고 저렴한 노동력을 확보하기 위함이었다. 즉 인도주의적 색채로 포장되기는 했지만 전체적으로 미개발국에 대한 록펠러 재단의 활동은 개발 프레임 혹은 서구 중심적 시각을 벗어나지 못했는데, 이를 뒷받침해 주는 활동이 각 지역에 대한 면밀한 조사였다. 록펠러 재단은 해외에서 의료 개혁 및 공중보건 프로그램을 시작하기에 앞서 항상 각 지역의 자연 자원, 정부 조직, 역사, 공중보건 정책들, 의료 행위, 전염병의 추이, 의사-환

15 Darwin H. Stapleton, "Malaria Eradication and the Technological Model: the Rockefeller Foundation and Public Health in East Asia," in Ka-Che Yip ed., *Disease, Colonialism and the State: Malaria in Modern East Asian History* (Hong Kong: Hong Kong University Press, 2009), pp. 71-84.

자의 비율, 의료 면허 발부 현황, 외국 의사들에 대한 규제 정책, 교육 제도 등을 철저하게 조사했는데, 이런 조사는 각 지역의 문화와 원주민들에 대한 고정된 관념을 만들어내는 과정이었다. 예를 들어 플랙스너 보고서를 모델로 삼은 록펠러 재단의 의료 개혁 및 공중보건 프로그램은 해당 지역의 고유한 역사적 · 문화적 상황을 무시하는 것이기도 했다.[16]

1914년 발진 티푸스가 유행했을 때 록펠러 재단은 전쟁 구호위원회(War Relief Commission)를 구성하여 세르비아에 파견했고, 민간인들을 구호할 수 있는 효과적인 방책을 찾기 위해 조사 활동을 진행했다. 1915년 4월에 발행된 보고서는 평상시뿐 아니라 전염병이 발발한 위급한 상황에서도 록펠러 재단이 각 지역에 대한 조사를 얼마나 꼼꼼히 진행했는지를 보여주었다. 세르비아의 영토, 인구, 생산품, 생활 방식에 대한 일반적 조사부터 발칸 전쟁 이후의 궁핍한 생활 환경, 각종 전염병 및 발진 티푸스의 발생 및 구호 현황에 대해 록펠러 재단은 면밀하게 조사하고 정리했다. 이런 조사 결과를 바탕으로 록펠러 재단은 환자들을 진단하고 치료할 뛰어난 의료 전문가들, 환자들에게 제공할 깨끗한 구호품들, 위생 조치를 맡아서 도와줄 인력들, 그리고 생활용품을 씻고 소독할 시설들을 갖춘 독립적인 단위가 필요하다고 강조했다.[17]

스트롱을 필두로 한 미국 위생위원회는 록펠러 재단의 제안대로 외국의 구호진과 함께 구호 활동을 진행했지만, 발진 티푸스의 원인이나 감염 경로 혹은 예방 백신을 찾는 학술적인 연구는 활발하게 진행하지 않았다. 이미

16 E. Richard Brown, "Public Health in Imperialism: Early Rockefeller Programs at Home and Abroad," *American Journal of Public Health* 66:9 (1976), pp. 897-903.

17 Rockefeller Foundation, pp. 22-23.

16세기부터 이탈리아를 비롯하여 유럽에서 간헐적으로 유행했던 발진 티푸스는 당시 전문가들에게 생소한 것은 아니었다. 미국과 캐나다에서도 19세기 초 발진 티푸스가 발병했었고, 1846년을 전후하여 아일랜드 이민자들이 대거 유입될 당시에도 유행한 적이 있었다. 때문에 발진 티푸스의 원인과 감염 경로에 대해 여러 연구들이 진행되어 왔었고, 발진 티푸스의 원인균인 리케차(Rickettsia)가 *Pediculus humanus*라는 이(louse)를 매개로 사람들 사이에 전염된다는 사실이 어느 정도 알려져 있던 터였다. 비록 장티푸스나 콜레라처럼 백신 제작법이 알려지지는 않았지만, 미국 위생위원회는 발진 티푸스에 대해 백신을 만들고 시험하려는 연구보다는, 이미 알려진 원인과 감염 경로를 바탕으로 더 이상 확산되지 않도록 구호 활동을 펼치는 데 주력했다.[18] 1915년 1월 정점을 찍으면서 점차 누그러들던 발진 티푸스는 국제위생위원회가 조직된 5월 이후 눈에 띄게 감소하여, 8월에 이르러서는 어느 정도 진화되었다. 5월 초에는 장티푸스와 재귀열을 포함하여 민간인 환자가 50,000명에 이르렀지만, 8월로 접어들어 5,000명 아래로 떨어졌던 것이다.[19]

3. 1917년 미국의 참전과 참호열 연구

1917년 4월 미국은 외견상 중립적이었던 태도를 버리고 직접 전쟁에 참

18 Strong et al., *Typhus Fever*, pp. 38-51.
19 *Ibid*, pp. 87-90.

여하기로 결정했다. 전쟁이 격화되면서 영국은 독일의 잠수함을 격침하기 위해 상선을 무장시키기로 했고, 이에 대해 1917년 1월 31일 독일은 미국을 포함한 연합국 측의 모든 상선을 공격할 것이라고 공언했다. 그리고 2월 5일 독일의 외상 아르트루 짐머만(Arthur Zimmermann)이 멕시코 정부에 보낸 편지가 공개되면서 미국 국내에서는 참전을 요구하는 목소리가 커졌다. 짐머만은 독일과 미국이 전쟁을 할 경우 멕시코가 독일 편에 서서 미국을 공격해 줄 것을 요청했는데, 이 편지를 영국군이 가로채 미국에 전달한 것이었다. 게다가 3월 독일 잠수함이 미국의 상선들을 공격하면서, 윌슨 대통령은 전쟁 참여를 승인해 줄 것을 의회에 요청했다. 4월 4일 의회의 승인을 받아 독일에 대해 선전포고를 한 미국은 6월 프랑스에 군대를 파견, 전투에 참여했다.[20]

참전이 공식화되면서, 연방 정부와 민간 조직들은 미국 전역의 의료 자원을 동원했다. 1917년 4월 17일 국가방위회의(Council of National Defense) 산하에 의료 분과가 조직되었고, 시카고 대학교의 프랭클린 마틴(Franklin Martin)을 위원장으로 한 이 위원회는 전쟁 기간 동안 민간과 군부를 막론하고 의료 자원을 어떻게 동원할 것인지를 논의하고 집행할 임무를 맡았다. 이 위원회에는 당시 육군에 복무하고 있었던 병리학자 고르가스(William Gorgas)를 비롯하여 존스 홉킨스 대학교의 윌리엄 웰치(William Welch), 미시건 대학교의 빅터 본(Victor C. Vaughan), 하버드 대학교 의과대학의 스트롱, 록펠러 재단의 사이먼 플렉스너(Simon Flexner) 등 민간과 군부의 저명한

20 케네스 헤이건, 이안 비커튼 지음, 김성칠 옮김, 『의도하지 않은 결과: 미국과 전쟁 1775-2007』 (삼화, 2013), 182-209쪽.

전문가들이 참여했다.[21] 민간 부문에서는 미국 적십자사가 주된 역할을 맡았는데, 육군 의료 분과와 공동으로 전선에서 전쟁 관련 의료 서비스를 제공할 수 있는 6개의 기지 병원(base hospital)을 선정하고, 해당 기관의 교수들과 의료진들에게 군대식 직위를 부여했다. 특히나 하버드 대학교 의과대학의 교수진들은 육군 의무부대 소속으로 소령(Major), 대위(Captain), 중위(Lieutenant) 등의 직위를 부여받기도 했다.[22]

〈표1〉 미국의 기지 병원과 책임자들

번호	기관명	책임자
No. 2.	뉴욕 장로교 병원 (Presbyterian Hospital in New York)	George E. Brewer
No. 4.	클리블랜드 레이크사이드 병원 (Lakeside Hospital in Cleveland)	George W. Crile
No. 5.	하버드 대학교 의과대학 피터 벤트 브리험 병원 (Peter Bent Brigham Hospital in Boston)	Harvey Cushing
No. 10.	펜실베이니아 병원 (Pennsylvania Hospital in Philadelphia)	Richard H. Harte
No. 21.	노스웨스턴 대학교 의과대학	Frederick A. Beasley
No. 21.	워싱턴 대학교 의과대학	Frederick T. Murphy

출처: "Base Hospital Abroad," *Science, new series* 45:1167 (May 11, 1917), p. 456.

21 "The General Medical Board of the Council of National Defense," *Science, new series* 45:1165 (Apr. 27, 1917), pp. 404-405.

22 "Base Hospital Abroad," *Science, new series* 45:1167 (May 11, 1917), pp. 456-457; John S. Haller, Jr., *Battlefield Medicine: A History of Military Ambulance from Napoleonic Wars through World War I* (Carbondale: Southern Illinois University Press, 2011), pp. 177-179.

이렇게 동원한 의료진들 일부가 유럽 전선으로 직접 파견된 것은, 1915년 봄부터 프랑스에 주둔한 영국군들 사이에서 유행하기 시작한 참호열(trench fever) 때문이었다. 이전 전쟁과 달리 제1차 세계대전 당시에는, 기관총의 기능이 향상되고 대포의 위력이 훨씬 커졌기 때문에 개방된 들판보다는 참호 속에 몸을 숨긴 채 전투를 진행해야 했다. 춥고 습하고 불결한 참호 속에서 벌레들과 함께 생활하며 상한 음식을 먹기도 했던 병사들은 여러 가지 질병에 시달렸는데, 그중 하나가 참호열이었다.[23] 오랫동안 전선의 참호 속에서 생활하던 병사들 사이에서 유행하기 시작한 이 질병은 수 주일 동안 두통과 근육통을 유발했는데, 세르비아에서 유행한 발진 티푸스나 다른 장티푸스, 파라티푸스와는 달리 원인이나 감염 경로가 규명되지 않은 상태였다. 목숨을 앗아 가거나 영구적인 장애를 남기지는 않았지만, 장티푸스나 말라리아만큼 발병율이 높고 병원으로 후송된 후에도 수 주일 동안(6주~8주 정도) 치료를 요구했기 때문에, 참호열은 전투 병력의 손실을 가져오는 중대한 원인으로 인식되었다.[24]

미군이 유럽 전선에 파견되면서 참호열에 대한 의학적 관심도 높아져, 1917년 10월 미국 적십자사의 의학연구위원회(Medical Research Committee)는 참호열의 전파 경로에 대한 과학적 연구가 필요하다고 결론 내렸다. 질병의 원인을 밝히는 연구도 중요했지만, 연합군과 미군에게 직접 영향을 미칠 수 있는 참호열의 전파를 우선 막아야 했기 때문이었다. 11월에 열린 회의에서 위원회는 참호열에 대한 연구를 집중적으로 담당할 수 있는 전문

23 앨런 브링클리 지음, 황혜성 외 옮김, 『있는 그대로의 미국사 3: 미국의 세기 - 제1차 세계대전에서 9.11까지』 (후마니스트, 2004), 23-59쪽.

24 Strong ed., *Trench Fever*, p. 1.

가 위원회를 구성했는데, 하버드 대학교의 쿠싱(Harvey Cushing)과 스위프트(Homer F. Swift), 그리고 스트롱이 이 위원회에 참여했고, 실질적인 연구 책임은 스트롱이 맡았다. 스트롱은 12월 18일 영국에서 열린 영국 해외 파견군 의학연구위원회 회의에 참여하여 참호열 연구를 할 수 있는 절차에 대해 논의했고, 참호열의 초기 단계부터 관찰하기 위해서 전선과 가까운 영국 해외 파견군 주둔 병원에서 연구를 진행하기로 했다.[25]

참호열의 원인과 전파 경로를 확인하는 데 중요한 문제 중 하나는 실험에 참여할 수 있는 자원자를 구하는 것이었다. 참호열은 동물에게 전염될 수 있는 질병이 아니었기 때문에, 인체에서 어떻게 발병하고 다른 사람에게 어떻게 전파되는지 확인하기 위해서는 직접 사람을 대상으로 하는 실험이 필요했던 것이다. 이에 12월 22일 미국 군의무대(Medical Corps) 대장이었던 아일랜드(M. W. Ireland)는 유럽 전선에 파견된 미군들을 대상으로 실험 자원자를 모으기 시작했고, 1918년 1월 영국군 총사령관 헤이그(Douglas Haig)는 참호열 연구팀 구성을 공식적으로 요청하는 서한을 미국 해외 파견군 대장에서 보냈다.[26]

참호열에 대한 본격적인 연구가 시작되기 이전에, 피실험자를 소집하고 그들의 평상시 건강 상태를 확인하는 작업은 1918년 1월 25일부터 시작되었다. 유럽에 파견된 미군을 대상으로 총 82명의 실험 자원자를 모집했고, 우선 이들의 질병 이력에 대한 문진, 그리고 건강할 당시의 생리적 활동, 혈액 · 소변 · 대변 등에 대한 조직학적 검사, 세균학적, 혈청학적 검사가 진행

25 *Ibid*, p. 2.
26 *Ibid*, pp. 4-5.

되었다. 이는 이후 실험에서 참호열에 걸렸는지 여부를 확인하고 질병이 어떻게 진행되는지를 추적하는 데 필요한 비교 데이터였다.[27]

그렇지만 이들 피실험자에 대한 본격적인 실험은 2월 초까지 제대로 시작되지 못했다. 다양한 경로를 통해 병원체를 접한 피실험자들이 증세를 보이는 데까지 시간이 오래 걸렸고, 감염 여부를 확인한 이후 다시 다른 실험자에게 전염되는 과정까지 연쇄적으로 실험을 진행하기에는 턱없이 시간이 모자랐던 것이다. 특히나 3월 독일군의 대공세가 예상되던 시점에서, 전선과 가까운 주둔 병원에서 느긋하게 실험을 진행할 수는 없었다. 따라서 동시다발적으로 짧은 시간 내에 실험을 진행할 필요가 있었고, 다수의 전문가들이 모인 연구팀을 구성할 필요가 있었다. 이에 따라 미국과 영국의 군부, 및 미국 적십자사 주도로 단기간에 집중적으로 참호열을 연구할 위원회가 다음과 같이 구성되었다.

〈표2〉 참호열 연구 위원회 명단

리처드 피어슨 스트롱	미국원정군 소령	열대의학 및 전염병 연구
호머 스위프트(Homer F. Swift)	미국원정군 소령	임상의
유진 오파이(Eugene I. Opie)	영국원정군 소령	병리학자
워드 맥닐(Ward J. MacNeal)	미국원정군 대위	병리학자
월터 배처(Walter Baetjer)	미국원정군 대위	임상실험 담당
A. 파펜하이머(A. M. Pappenheimer)	영국원정군 대위	병리학자
A. 피콕(A. D. Peacock)	영국원정군 대위	곤충학자

출처: Strong ed., *Trench Fever* (1918)

27 *Ibid*, p. 6.

프랑스의 영국군 주둔병원에 도착하여 참호열 연구를 시작한 스트롱이 무엇보다 중요하게 생각한 것은 미지의 질병의 원인과 감염 경로에 대한 과학적인 연구였다. 세르비아의 발진 티푸스처럼 군인과 민간인을 막론하고 널리 유행하고 있던, 그리고 이미 원인과 전파 경로를 알고 있는 전염병에 대한 긴급한 구호활동과는 달랐다.

> 내가 보기에 참호열이 퍼지는 방식을 찾는 것은 일부 연합국에서 목도하고 있는 인적 자원의 상실과 관련해서 연구해야 할 가장 중요한 문제 중 하나이다. 이 질병의 전파 방식에 대해서는 지금까지 알려진 바가 없으며, 이 주제에 대해 추측들이 있기는 했지만 과학적인 연구는 거의 진행되지 않았고 확실한 결론도 나오지 않았다. 더군다나 참호열의 예방과 관련해서는 그 병인보다 전파 경로가 훨씬 더 시급한 연구 주제이다. [중략] 참호열의 전파 경로가 증명되고 관련된 군 당국에게 아주 확실하게 설명될 수만 있다면, 이 질병으로 인한 군대의 엄청난 낭비를 최소한으로 줄일 수 있을 것이다.[28]

연구팀은 우선 참호열을 앓는 환자들로부터 혈액을 채취하여 34명의 피실험자에게 주입, 혈액에 감염성이 있는지 여부를 확인했다. 이들 중 23명이 5~12일 뒤에 참호열 증세를 보인 것을 확인한 연구팀은, 야생에서 참호열 환자의 혈액이 다른 사람에게 전달되는 과정을 실험했다. 쥐를 비롯한 야생동물들, 해충, 그리고 *Pediculus humanus*로 부르는 이(louse)를 대상으

28 *Ibid*, p. 1.

로 참호열을 전달하는 매개체를 찾는 것이었다. 특히 연구팀은 *Pediculus humanus*로 하여금 환자의 혈액을 흡입하게 유도한 뒤, 다시 건강한 피실험자를 물어뜯게 하는 실험을 반복해서 진행했다. 이런 인체 실험은 급박한 전시 상황에서 순차적으로 진행될 수 없었고, 피실험자를 나누어 동시다발적으로 실시했다. 수개월 동안 진행된 인체 실험을 통해 조사팀은 미지의 참호열에 대해 몇 가지 과학적 결론을 내릴 수 있었다. 첫 번째는 바이러스에 의해 감염되는 참호열이 병원체의 형태나 병인학적인 측면에서 장티푸스나 파라티푸스와는 다른 질병이지만 전염성을 지닌다는 것이었고, 두 번째는 야생 환경에서 이 바이러스를 지닌 *Pediculus humanus*에게 물리면 참호열에 걸릴 수 있다는 점이었다. 그리고 이 병원체는 주로 환자의 혈장에서 발견되지만 간헐적으로 대변과 소변에서도 발견되는 경우도 있으며, 환자의 혈장을 다른 건강한 사람에게 주입했을 때 동일한 증상이 나타난다는 점이었다. 결국 연구팀은 참호열의 병원체를 확인했고, 이가 사람을 물면 감염되며, 환자의 혈장을 주입하거나 대소변에 의해서도 전염될 수 있다는 새로운 사실을 밝히게 된 것이다. 따라서 처음부터 참호열에 걸리지 않는 것도 중요하지만, 다른 사람에게로 전염되는 것을 막기 위해서는 증상을 보인 환자에 대해 소독하고 감독해야 한다고 결론내렸다. 이들 환자들은 별도의 병상에 수용되어야 하며 몸에 이가 있는지 매일같이 검사받아야 하고, 감염성을 가진 소변과 타액도 따로 처리되어야 한다고 강조했다.[29]

29 *Ibid*, p. 9.

4. 나가며

제1차 세계대전 이전까지 해외에서 전개된 미국의 의학 연구 및 공중보건 활동은 직간접적으로 제국주의적 팽창과 맞물려 있었다. 1898년 스페인과의 전쟁 이후 본격적으로 해외에 진출하기 시작한 미국은 필리핀처럼 식민지를 통치하는 하나의 방편으로 질병을 연구하거나 위생 조치들을 단행했고, 중남미에 새롭고 안정적인 교역시장을 확보하기 위해 전염병을 조사해야 했다. 이런 연구와 활동의 주체들은 해외 진출 초창기에는 군부의 전문가들이었지만 점차 민간의 연구자들이 대체하기 시작했고, 이들은 정부의 지원을 받거나 교역 회사의 후원에 의지했으며 막 태동하기 시작한 자선기구들의 도움을 받기도 했다. 19세기 말부터 진행되어 온 미국의 해외 진출과 공중보건 활동은 큰 틀에서 제국주의적 기획의 일환이었지만, 시기와 장소에 따라 조금씩 다르게 전개되었던 것이다.

제1차 세계대전은 이전과 같은 방식은 아니었지만 미국이 유럽으로 나아갈 수 있는 하나의 기회였다. 전쟁 초기에는 중립적인 지위에서 연합국과 동맹국 모두와 상업적 교역을 하며 이익을 얻었고, 1917년 4월 직접 참전하여 전쟁에서 승리한 이후에는 국제연맹(League of Nation)의 창설을 주창하는 등 국제 사회에서 더 큰 발언권을 행사할 수 있게 되었다.[30] 필리핀처럼 식민지를 직접 지배하거나 중남미에서처럼 후원 정부의 지원 아래 교역 시장을 확보하는 방식은 아니었지만, 제1차 세계대전은 미국이 국제 사회로 진출할 수 있는 하나의 교두보였던 셈이고, 이런 측면에서 이전 대외 팽창의

30 케네스 헤이건, 이안 비커튼, 앞의 글, 210-221쪽.

연장선상에 있는 것이었다.

그리고 시기와 장소, 그 활동의 목적에 따라 각 지역에서의 공중보건 활동이 다른 양상을 띠었던 것처럼, 제1차 세계대전 당시에도 다루어야 할 질병, 목적, 주체에 따라 상이한 성격의 공중보건 활동이 전개되었다. 전쟁의 참상뿐 아니라 민간인까지 희생시킨 발진 티푸스의 대대적인 확산은 인도주의적 관점에서 전쟁에 참여할 계기를 제공했다. 전선의 한쪽 편에 서서 전황에 직접 영향을 미칠 세르비아의 위기를 해결하기 위해 군부 주도로 의료진을 구성한 영국과 달리, 외견상 중립적이었던 미국은 연방 정부나 군대 혹은 기업보다 적십자사나 록펠러 재단과 같은 민간 자선단체의 역할이 클 수밖에 없었다. 이들이 주도하고 지원한 미국 위생위원회는 이미 원인과 감염 경로가 밝혀진 발진 티푸스의 확산을 막기 위해 격리, 검역, 소독 등 기초적인 공중보건 활동을 전개했다. 그리고 이들 자선단체는 전쟁을 통해 국제적인 구호활동에 더욱 관심을 가지게 되었고, 국제적십자연맹(1919)이나 국제연맹보건국(League of Nation Health Organization, 1923)의 설립을 주도했다.[31]

반면 1917년 유행한 참호열은 미국이 직접 참전한 전선의 승패에 영향을 미칠 수 있었기에, 민간 자선단체뿐 아니라 연방 정부는 국내의 인적, 물적 자원을 동원하면서 공중보건 활동에 좀 더 적극적으로 개입했다. 당시 참호열은 그 원인과 감염 경로를 알 수 없는 미지의 질병이었기에, 발진 티푸스처럼 격리와 검역 같은 전통적인 구호 활동으로는 적절히 대처하기 어려웠

31 록펠러 재단이 제1차 세계대전 전후로 국제 사회의 구호 및 공중보건 활동을 기획하고 지원하는 과정에 대해서는 Josep L. Barona, *The Rockefeller Foundation, Public Health and International Diplomacy, 1920-1945* (London, New York: Routledge, 2015)를 참고하라.

고, 군사력에 직접 영향을 준다는 점에서 신속히 해결해야 할 과제였다. 따라서 군대식으로 구성된 참호열 연구위원회는 전황이 위급한 일선 병원에서 인체 실험을 포함하여 집중적인 연구를 수행했다. 사망에 이르지는 않더라도 전력에 영향을 미치는 미지의 질병에 대해 82명의 군인을 동원하여 인체실험을 진행했다는 사실 자체가, 참호열이 연합국과 미국에게 그만큼 위기로 인식되었음을 방증하는 것이었다. 결국 제1차 세계대전이라는 하나의 전쟁에서도, 다루어야 할 전염병의 성격과 구호 활동의 목적, 전쟁을 대하는 국가의 이해관계 등으로 인해 공중보건 활동의 주체와 활동 방식은 다양할 수밖에 없음을 보여주는 것이다.

제2부 감염병이 남긴 과제

'구조적인 하나의 건강' 개념으로 본 코로나19*

김민정_ 성공회대학교 사회과학연구소

* 이 글은 「'구조적인 하나의 건강' 개념으로 본 코로나19」, 『경제와사회』 129, 비판사회학회, 2021.3 논문을 수정했다.

1. 서론

2019년 신종 코로나바이러스(SARS-CoV-2, Severe acute respiratory syndrome coronavirus 2)가 예고도 없이 어느 날 갑자기 나타난 것이 아니다. 1997년, 바이러스학자 도널드 버크(Donald S. Burke)는 어떤 바이러스가 세계적으로 유행할 가능성이 있는지를 판단하는 세 가지 기준을 제시했다. 첫째로 최근에 전염이 세계적으로 확산되었는가의 여부이다. 여기에 속하는 것은 오르토믹소바이러스(독감)와 레트로바이러스(에이즈) 등이다. 둘째로 인간이 아닌 동물에게 대 유행을 일으킬 수 있는가의 여부이다. 이 기준에 부합되는 바이러스는 오르토믹소바이러스와 파라믹소바이러스(헨드라와 니파), 코로나바이러스 등이다. 셋째로 내재적 진화 가능성, 즉 돌연변이와 재조합이 쉽게 일어나 인간에게 신종 질병으로 등장하여 세계적인 유행병을 일으킬 가능성이 있는가의 여부이다. 그 예로는 레트로바이러스, 오르토믹소바이러스, 코로나바이러스 등이 있다. 그리고 특별히 코로나바이러스를 지목하여, “이들 바이러스 중 일부는 인류 보건에 심각한 위협으로 간주해야 합니다. 진화 가능성이 높고 동물 집단에서 유행성을 일으키는 능력이 입증되어

있습니다"라고 경고했다.[1]

코로나바이러스는 박쥐 등과 같은 동물과 공생하는 바이러스의 한 종류이다. 코로나바이러스는 인간뿐 아니라 포유류, 조류 등 광범위한 동물(개, 고양이, 소, 돼지, 말, 닭, 쥐, 박쥐, 돌고래 등)에게도 전파된다. 20세기 후반부터 인간에게 영향을 준 감기 바이러스에서 4종류(229E, OC43, NL63, HKU1)의 코로나바이러스를 발견했다. 21세기 들어서 2003년 사스(SARS, Severe Acute Respiratory Syndrome, 중증급성호흡기증후군), 2012년 메르스(MERS, Middle East Respiratory Syndrome, 중동호흡기증후군) 같은 새로운 고병원성 바이러스가 나타났다. 돌이켜보면 2003년 사스가 유행하기 6년 전부터 유행병의 가능성이 제시되었고, 사스 유행병 이후에 더 큰 전염병이 감지되었다. 사스 발생 16년 이후인 2019년, 일곱 번째 사스-코로나바이러스2로 인한 코로나바이러스감염증-19(이하 코로나19)가 사회를 강타했다. 사스, 메르스, 코로나19와 같은 인수공통 바이러스의 창궐 시기는 점점 짧아져 4~5년마다 한 번씩 발생하고 있다. 2020년 말 코로나19 3차 유행과 변이 코로나바이러스의 등장으로 제2, 제3의 코로나바이러스 출현이 예고되었고, 조류인플루엔자도 가금류 사육 농가를 통해 확산되고 있는 상황이다.

바이러스학자와 감염학자의 이러한 추세적 예측은 체념이 아니라 과학적 근거에 기초해 대응하자는 의미가 강하다. "과학적 근거란 어떤 바이러스를 주시해야 하는지 알고, 외딴 곳에서 일어난 종간 전파가 한 지역 전체로 번지기 전에 현장에서 즉시 알아차릴 수 있는 능력을 갖추고, 지역적인 유행이 일어났을 때 전 세계적인 유행병으로 번지지 않도록 조직화된 역량

1 강병천 옮김, 데이비드 콰먼, 『인수공통 모든 전염병의 열쇠』, 꿈꿀자유, 2017, 563쪽.

을 키우고, 새로운 바이러스의 특성을 신속히 파악하여 짧은 시간 내에 백신과 치료법을 개발할 수 있는 연구 기술과 도구를 갖추는 것이다."[2] 하지만 인간사회는 바이러스의 위험 경고 신호에 즉각적으로 반응하지 않았다. 생태계 측면에서는 사람과 동물, 환경의 건강이 하나(One Health)이고 세계가 하나(One World)이지만, 사회 차원에서 국제사회는 분열되어 있다. 각국 정부는 장기적 전망보다 세계 시장의 경쟁과 국가 간 경쟁 등을 우선시하느라 초기 대응에 실패한 측면이 강하다.

김창엽은 신종 감염병인 코로나19에서 주목해야 할 것은 인간에게 해를 입히지 않았던 병원체가 감염병이 되는 '생성'에 주목해야 한다고 강조한다.[3] 이는 이전에 인간에게 해롭지 않았지만 새로운 질병의 원인이 되는 사회구조적인 맥락을 주목해야 한다는 의미이다. 또한 바이러스는 운동 기관이 없어 기어 다니지도 못하고 걷지도 못하고 헤엄치지도 못하지만 세계를 돌아다닌다. 바이러스 전파는 인간사회의 활동에 달려 있다.

인수공통 감염병(zoonosis)은 인간이 생태계와 분리할 수 없는 존재라는 사실을 일깨준다는 의미에서 긍정적이다. 특히 생태계의 일원인 인간이라는 점은 도시와 농촌 간의 분리된 공간에 기초한 현대 사회를 성찰할 수 있는 기회를 제공한다. 인간은 생태계의 일원인 동시에 사회 속의 인간이라는 이중의 모습을 지닌 존재다. 환경사회학(environmental sociology)은 인간과 자연 간의 관계 맺는 방식 및 교류 방식에 주목한다. 인간과 자연이 직접 교류하는 것이 아니라 사회적인 노동 방식이 매개되어 관계를 맺는다. 사회

2 같은 책, 563쪽.

3 김창엽, 「新감염병 레짐 … 신자유주의적 코로나19」, 《프레시안》, 2020.3.23.

적 노동 방식은 인류 역사 과정에 따라 다른 방식으로 결합되어 나타난다. 생태계의 일원인 인간과 사회 속의 인간은 유기적으로 연결되어 있다. 이들 간의 물질대사에 문제가 생긴다면 균열로 나타난다. 인간 세계와 생태계 사이의 모순(갈등 및 충돌)의 사회구조적 기제를 밝히는 작업은 코로나19의 원인과 해결 방향을 모색하는 과정의 일환이다. 무엇보다 현행 인간과 자연 간의 관계 방식에 대한 비판적 고찰을 통해 지속할 수 있는 인간과 자연 간의 관계를 지향하는 실천이 필요한 상황이다.

사회과학적으로 인간과 자연 관계에 대한 의미 있는 성찰을 위해서는 이론이 필요하다. 이 글에서는 마르크스가 제시한 '물질대사 균열(metabolism rift)'의 관점과 환경사회학이 제시한 '환경 불평등(environmental inequity)' 관점, 역사유물론(historical materialism)적 토대에서 구성된 '구조적인 하나의 건강(structural one health)'[4] 접근법을 주목한다. 기존 논의의 일면적 측면을 보완한 종합적인 접근 방식의 필요성은 선행 연구의 한계를 드러내는 방식으로 입증한다.

2. 생태계와 사회의 모순

과학저술가 데이비드 쾀먼(David Quammen)은 "우리는 오래된 질병의 재

4 일반적으로 'One Health'를 한국어로 번역하지 않고 영어 그대로 사용하고 있지만, 이 글에서는 인간과 동물, 환경 등의 통합적 관점에서 건강에 접근해야 한다는 'One Health' 개념의 취지를 살려서 '하나의 건강'이라고 번역한다. 'Structural One Health'는 '구조적인 하나의 건강'이라고 쓴다.

유행과 확산은 물론 새로 출현한 인수공통 감염병의 유행이 더 큰 경향의 일부이며, 그런 경향을 만든 책임은 바로 우리 인류에게 있다는 사실을 인정해야 한다"[5]고 주장한다. 그가 언급한 인류가 행한 일은 급속한 인구 증가, 밀집된 도시환경, 열대우림 파괴, 야생동물 포획 및 거래, 생물종 다양성 파괴, 더 많은 돈벌이, 공장식 축산업, 야생동물과의 접촉 기회 증가, 빠른 도시화와 세계적으로 연계된 운송망, 세계 여행의 증가, 기후변화 등이다.

2020년 7월, 유엔환경계획(UNEP)의 「다가올 팬데믹 예방하기: 인수공통 감염병과 전파 사슬 끊는 법(Preventing the next pandemic: Zoonotic diseases and how to break the chain of transmission)」 보고서에서도 위와 비슷한 항목으로 생태적으로 지속 불가능한 인간의 활동으로 인하여 병원성 미생물이 다른 동물에서 사람으로 전파하는 빈도가 증가하고 있다고 설명한다.[6] 인수공통 감염병을 발생시킨 인간 매개 요인은 일곱 가지로, 동물성 단백질에 대한 인간의 수요 증가, 지속 불가능한 농업 시스템 확대, 야생동물의 사용과 수탈 증가, 도시화와 토지 이용 변화 및 채굴 산업으로 가속화된 지속가능하지 않는 방식으로 천연 자원의 이용, 여행 및 교통 증가, 식량 공급의 변화, 기후 변화 등이다. 이러한 요인들은 복잡하게 얽혀 있다. 서로 연결되어 있다는 점 때문에 인과관계를 도출할 수 없는 것은 아니다. 데이비드 콰먼의 설명과 유엔환경계획(UNEP) 보고서(2020)에서는 관련 항목만 언급되어 있을 뿐 이에 대한 인과분석이 빠져있다.

인간의 사회적 노동방식은 먹거리인 식물과 동물이 자라는 방식을 좌우

5 강병천 옮김, 앞의 책, 565쪽.

6 United Nations Environment Programme, *Preventing the next pandemic-Zoonotic diseases and how to break the chain of transmission*, 2020.7.6.

한다. 동물 및 식물을 기르는 방식이 질병 발생에 중요한 요인이다. 인간과 병원균의 공진화 과정에서 역사적으로 중요한 변화가 세 차례 있었는데, 즉 신석기(농촌-도시)혁명, 고대 유라시아 세계의 탄생, 16세기 근대 세계 체제의 형성이 그것이다. 우선 유목생활에서 농경사회로 정착을 하면서 인류는 야생동물을 가축화했으며, 이로 인해 동물과 인간 간의 상호 전염병은 빈번하게 발생하였다. 다음으로 활발해진 문명 및 제국 간 전염병의 교류, 대항해 시대의 전염병 확산 등은 인간사회에 큰 영향을 끼쳤다. 유엔환경계획(UNEP) 보고서(2020)는 20세기 인간 감염병의 60% 정도는 동물에서 유래했고, 특히 새롭게 나타난 인간 전염병 중 약 75%가 동물에서 사람으로 전파되고 있다고 지적하면서, 이러한 현상의 대세적인 역학적인 기제가 농축산산업 등 먹거리체계에서 비롯된다고 설명한다.

바이러스는 바이러스학, 계통발생학, 유전학, 병인, 숙주 생물학, 분자구조, 전염 방식, 임상 과정, 치료 등에 따라 정의된다. 이런 요인에 국한한 연구 및 조사는 정치생태 구조의 중요한 작동 원리를 간과하고, 누가 어떠한 방식으로 농축산을 조직하고 먹거리를 상품화하는 지를 파악하지 못한다. 진화생물학자 롭 월러스(Rob Wallace, 2016)는 『팬더믹의 현재적 기원(*Big Farms Make Big Flu*)』에서 공업화된 농업, 거대 농식품업체, 공장식 축산업, 신자유주의 정책과 바이러스성 전염병 사이의 관계를 분석한다.[7] 그는 이를 요약해서 다음과 같이 설명한다.

새로운 바이러스의 증대는 식량 생산, 다국적기업의 수익성과 밀접하게 관

7 Rob Wallace, 2016, *Big Farms Make Big Flu*, Monthly Review Press, 2016.

> 련돼 있습니다. 바이러스가 갈수록 위험해지는 이유를 이해하려면 산업화된 농업, 특히 산업화된 축산업을 조사해야 합니다. … 저는 공업화된 농업을 지목했지만, 더 큰 구조적 원인이 있습니다. 자본은 전 세계에서 마지막 남은 원시림과 소농 경작지까지 남김없이 정복하려 합니다. 이들의 투자는 삼림 파괴와 개간을 추동하면서 새로운 질병이 생겨날 조건을 만들어 냅니다. 다양하고 복잡한 기능을 하는 대규모 토지를 일률적으로 개간하면서 이전까지는 한 곳에 갇혀 있던 병원체가 그 지역의 가축과 주민들에게 전염됩니다. 요컨대 런던, 뉴욕, 홍콩 같은 국제 자본의 중심지인 거대 도시를 질병의 주요 온상으로 간주해야 한다는 것입니다. … 현재 자본과 무관한 병원체는 없습니다. 아주 오지에 있는 병원체도 비록 멀리서이긴 하지만 자본에 영향을 받습니다. 에볼라바이러스, 지카바이러스, 코로나바이러스, 황열병, 조류인플루엔자의 여러 변종들, 아프리카돼지열병 등 많은 전염병이 오지에서 발병해 교외로, 지역의 중심지로 번졌고, 결국에는 세계 교통망을 타고 번졌습니다.[8]

롭 월러스는 이러한 분석을 위해서 기존 논의 방식인 '하나의 건강(one health)' 개념의 한계를 지적하면서, '구조적인 하나의 건강(structural one health)'을 제시한다. 하나의 건강 접근방식은 그간 종별로 연구를 분리해온 전통에서 벗어나 야생 동물, 가축, 농작물, 인간 등 생명 전체에 걸친 건강 조사를 통합한 측면에서 긍정적이다. 하지만 하나의 건강은 건강이 붕괴되

8 롭 월러스, 「진화생물학자 롭 월라스 인터뷰: 코로나19위기의 구조적 원인은 무엇인가」, 『코로나19: 자본주의의 모순이 낳은 재난』, 책갈피, 2020, 42-43쪽.

는 근본적인 사회 원인을 다루지 않는다.

이상윤(2017)은 하나의 건강이 제시한 각 영역의 질병의 규정 및 대응 방안에는 사회구조적 한계를 내포하고 있다고 비판한다.[9]

> 조류독감 유행 기간에 주된 질병 내러티브는 '동물 건강' 내러티브, '공중보건' 내러티브, '전지구적 준비' 내러티브 등이었는데, 이 모두 감염원과 감염경로 차단에 관심을 집중하는 '유행병' 내러티브의 일종으로, 숙주요인과 환경에 관심을 돌리는 '사회맥락적', '사회구성적'내러티브와는 일정한 거리가 있다는 것이다. 조류독감을 조류의 질환으로 정의하고, 축산업과 축산업자의 생계문제로 인식하는 '동물 건강' 내러티브 내에서는 축산업의 안전성, 현대화, 구조조정, 제3세계 가축 생산 및 교환의 비공식성, 야생동물 교환의 문제 등만이 거론되었을 뿐, 이와 같은 생산과 교환 관계의 배후에 존재하는 공장식 축산의 근본 문제, 제1세계 거대 축산기업의 문제는 은폐되었다. 조류독감의 인간 감염 혹은 인간 간 감염에 관심을 집중한 '공중보건' 내러티브 내에서는 이에 대한 대응책으로 치료제 개발, 백신 생산, 손 씻기 습관화 등의 행태 개선 논의는 활성화되었지만, 치료제와 백신 생산 유통기업의 이윤 문제, 더 취약한 인구 집단의 사회경제적 불평등 문제, 공중보건 대응의 인프라 문제 등 사회구조적 요인들은 은폐되었다. 조류독감의 전지

9 '하나의 건강'을 실현하기 위한 방안으로 개인 실천을 홍보하는 행사가 있다. 이는 '하나의 건강' 개념에 사회구조적 접근이 배제된 결과물이기도 하다. 팟캐스트 '듣다보면 똑똑해지는 라이프(듣똑라)'에서 진행하는 '하나의 건강 프로젝트(One-Health Project)'가 대표적인 예이다. 이 프로젝트는 실천 목록을 공유하고, 매주 과제를 공개하며 구독자의 참여를 독려한다. 실천 과제는 텀블러 가지고 다니기, 에코백으로 장보기, 한 끼 채식하기 등 개인이 실행할 수 있는 것들이다.

구적 확산 저지 논의가 활성화된 '전지구적 준비'내러티브 내에서는 시민 비상사태 대비, 기업 안정성 확보 방안, 봉쇄책 등이 논의되는 가운데, 이러한 대응이 내포한 인권 침해나 공권력 남용의 문제 뿐 아니라, '감시 사회' 혹은 '관리 사회'에 대한 논의를 봉쇄하는 효과를 낳았다.[10]

'구조적인 하나의 건강'은 '하나의 건강'의 과학과 정치경제학 사이의 관계를 통합하여 제시한다.[11] 이 접근법은 신종 감염병, 신종 바이러스가 자본의 순환과 어떤 연관이 있는지를 밝히는 데에 초점을 맞춘다. '구조적인 하나의 건강'은 동물 건강과 인간의 건강, 환경을 생태계적 맥락에서 통합할 뿐 아니라 사회경제학적 맥락, 건강을 위협하는 지형 변화에 숨은 구조적, 문화적 요인을 결합한다. 이는 병균이 새로운 숙주를 찾아내는 것과 야생동물의 서식지를 파괴하는 경제적 모델과의 관련성을 분석한다. 야생동물의 질병이 사람에게 흘러들어오는 것은 축산업 모델들과 연관되며, 무역 또는 토

10 이상윤, 「하나의 건강(One Health) 개념 비판」, 『의료와사회』 (7), 연구공동체 건강과대안, 2017, 43-44쪽.

11 구조적 하나의 건강은 주류적인 하나의 건강의 접근법과 다음과 같은 부분에서 구분된다(존 벨라미 포스터, 인탄 수완디, 「코로나19와 재앙 자본주의: 상품사슬과 생태적-역학적-경제적 위기」, 『마르크스주의연구』 18(2), 경상대학교 사회과학연구원, 2021, 52-53쪽). ① 팬데믹의 추진 요인으로서 상품사슬에 초점을 맞춘 것, ② 새로운 바이러스가 발생하는 특정 지역에 초점을 맞추며 전염의 전달자 역할을 하는 세계 경제를 인식하지 못하는 일반적인 "절대적 지리학"적 접근에 주의 깊게 관심을 두지 않는 것, ③ 전염병을 단편적인 문제 혹은 무작위적인 "블랙스완(검은 백조)" 사건으로 보지 않고, 이스트반 메스자로스(Istvain Mészairos)가 「자본을 넘어」에서 설명한 방식처럼 자본의 보편적인 구조적 문제로 고려하는 것, ④ 하버드 생물학자 리차드 레빈스(Richard Levins)와 리차드 레원틴(Richard Lewontin)의 「변증법적 생물학자」와 연관된 변증법적 생물학의 접근을 적용하는 것, ⑤ 지속가능한 "지구적 물질대사"를 촉진시킬 수 있는 사회 전반의 급진적 재구성을 주장하는 것 등이다.

지 이용변화나 기후변화와도 관련성이 있다. 마지막으로 이전에 감염시키지 못했던 종에게로 병원균이 도약(species jump)하거나, 내성을 진화시킨 병원균이 출현하는 것은 집중 사육과 가축 항생제 투여 관행과도 연관된다.

〈그림 1〉은 태국의 고병원성 조류인플루엔자(H5N1) 사례로 전염병에 대한 접근 단계를 도식화한 것이다. 인수공통감염의 발생은 응급의학(치료, 도축, 백신)과 예방의학(백신, 위생 측정, 식단 조절 등) 등이 개입된다. 인간 환경과 생태계, 농업 사이에 영향을 주고받으면서 특정 감염이 선택된다. 이 과정에서 하나의 건강은 인간 건강, 동물 건강, 환경에 통합적인 접근과 개입을 촉진시킨다. 구조적 위기와 근본적인 지속불가능성, 현행 자연과 사회의 지구적 시스템의 불균형으로 새로운 감염병이 출현한다. 이 과정에서 구조적인 하나의 건강은 장시간의 역사 및 문화적 인프라와 자본 순환을 포함한 법인(기업)의 광범위한 구조적 압력 등을 통합한 사회적인 개입을 요구한다.

이 접근법을 태국 조류인플루엔자(H5N1) 사례에 적용하면, 응급의학 차원에서는 태국은 가금류 백신 접종을 포기하고 조기 발견과 검역을 선택했다. 높은 인구 밀도와 관습 형태의 오리 방목은 위험 요소로 지목되었다. 예방의학 차원에서 방목 오리들은 축산농과 계약한 투자자와 다국적 기업의 소유라는 점과 방목 사육과 대규모 밀집 사육, 그 사이 중간 규모 축산업 등 여러 유형의 생산이 공존하고 있다는 점을 발견할 수 있다. 하나의 건강 차원에서 태국은 가금류를 산 채로 사고파는 시장은 적은 대신 수출이 큰 비중을 치지하고, 이는 외국으로 감염을 확산시키는 요인으로 작용한다. 구조적인 하나의 건강 접근으로 H5N1 전파의 가치사슬(value chain)은 농축산업 분야와 거의 관련이 없는 분야로 이어진 세계 자본 순환으로 확장할 수 있음을 분석한다.

〈그림 1〉 '구조적인 하나의 건강' 접근에 대한 예시

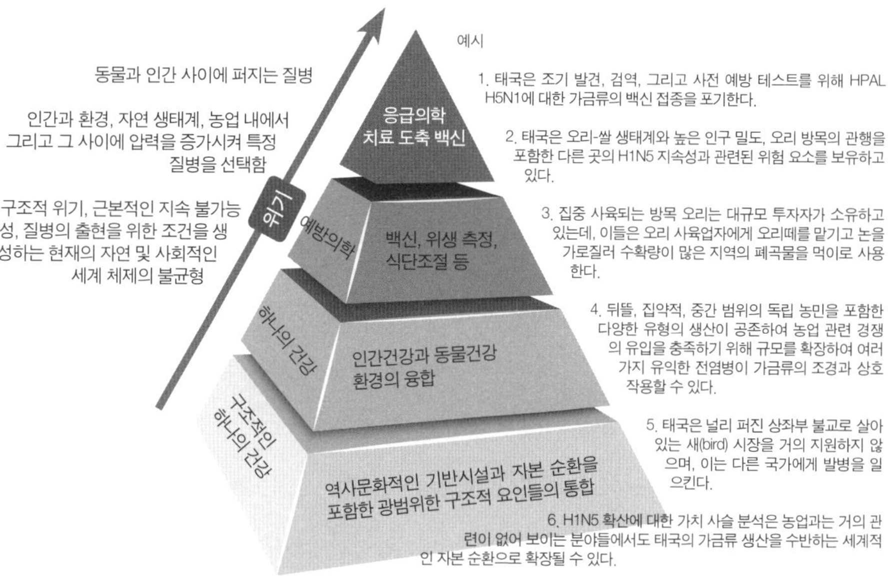

출처: Wallace, Robert G. · Luke Bergmann · Richard Kock · Marius Gilbert · Lenny Hogerwerf · Rodrick Wallace · Mollie Holmberg, "The dawn of Structural One Health: A new science tracking disease emergence along circuits of capital", *Social Science & Medicine* 129, 2015, p. 72.

결국 구조적인 하나의 건강 접근법은 자본의 순환 경로에 따라 감염이 전파되고 있다는 사실을 제시한다. 2020년 1월 중반, 코로나19는 이미 특정 지역에서만 유행하는 풍토병(endemic)에서 국가 차원의 유행병(epidemic) 단계를 지났다. 여러 대륙에 전염되는 세계 대유행 단계인 범 유행(pandemic) 상황에 도달했다. 2000년도 초반 사스가 발병한 이래로 코로나바이러스의 발생과 확산 주기는 짧아지고 빨라졌다. 이는 생태계의 운영 원리와 자본주의 사회의 운영 원리 사이의 균열이 발생했다는 것을 의미한다.

마르크스는 인간과 자연의 물질대사가 노동을 통해 역사적으로 진행된다는 점을 설명한다. 인간은 생명을 유지하기 위해서는 집단적인 노동을 매

개로 자연을 변형시키지 않을 수 없다. 핵심은 사회적 노동을 어떻게 조직하느냐에 따라서 자연에게 영향을 끼치는 정도가 달라진다는 점이다. 자본주의 사회에서 인간이 자연을 변형하는 생산 방식은 자본 축적을 목표로 진행된다. 더 많은 이윤을 추구하는 자본 간 경쟁은 생태계의 순환 원리를 고려하지 않은 채 진행된다. 마르크스는 『자본론』에서 대규모 산업과 대규모 농업이 어떻게 결합해서 토양의 비옥도가 고갈되며 노동자를 착취하는가를 설명한다. 또한 자본주의의 생산 방식이 토지의 구성요소를 수탈한 결과가 인간과 토지 사이의 물질대사 균열이라는 점에서, 자본주의는 생명의 자연법칙에 기초한 사회적 물질대사의 균열을 낳는다.[12]

오늘날 인간과 자연의 물질대사 균열의 대표적 사례는 빠른 시기 내에 전파되는 신종 인수공통 감염병의 등장이다. 이러한 현상에서 주목해야 할 것은 식량 생산 방식에서 자연의 순환과 자본의 순환 간에 어떠한 방식으로 균열이 발생하고 확산하는가의 사회적 구조이다. 이것이 바로 구조적인 하나의 건강 접근법이다.

2020년 12월까지의 조사에 따르면, 신종 바이러스의 발현지로 지목되고 있는 중국 광둥성과 윈난성은 세계적인 국제시장으로 물류 및 운송의 요충지이자 축산업 지대이다. 1997년 홍콩에서 발생한 조류인플루엔자(H5N1)은 광둥성에서 발생했고, 사스-코로나바이러스2의 가까운 조상은 윈난성에 살던 말발굽박쥐에서 발견되었다. 1980년대 덩샤오핑은 특별경제구역 설립(광저우시와 광둥시의 잔장항 등 포함)을 기초로 국제교역의 활성화 정책을

12 김민정 · 황정규 옮김, 존 벨라미 포스터, 『마르크스의 생태학: 유물론과 자연』, 인간사랑, 2016.

추진했고, 이 과정에서 해외 자본(대표적으로 2008년 골드만삭스는 후난성과 푸젠성의 가금류 농장을 인수)이 대량 유입되면서 기존 농축산업의 생산 방식은 공장식 축산업으로 전환되었다. 1980년대 이래로 윈난성 주변의 토지 이용 변화 지도(1974~2008)을 보면 빠른 시기 내의 도시화와 농지의 집약도가 높아졌다는 것을 확인할 수 있다.[13] 박쥐의 서식지가 빠르게 파괴되면서 박쥐와 가축 또는 야생동물과 접촉할 가능성이 높아졌다. 윈난성은 말레이 천산갑 유통 중심지이다. 다국적 농축기업이 중국 시장을 장악할수록 관행적(전통적)인 생산방식으로 가축을 생산하던 소농 등은 경쟁에서 밀려날 수밖에 없다. 중국 정부는 자본 경쟁에서 밀린 소규모 기업과 소농을 위해 야생동물을 가축화하는 정책을 지원했다. 윈난성과 가까운 버마, 베트남, 라오스 등에서 잡은 천산갑은 해를 거듭할수록 증가했으며, 2019년 3월 광둥성에서 밀매되던 천산갑에서 박쥐에서 볼 수 있는 사스-코로나바이러스(1) 균주가 발견됐다.[14]

이러한 정치경제적 환경을 신자유주의적 전염병 등장에 대한 일반적인 이론으로 정립하면 다음과 같다.

- 자본의 세계적 순환

13 Yaolong Zhao, Ke Zhang, Yingchun Fu and Hong Zhang, "Examining Land-Use/Land-Cover Change in the Lake Dianchi Watershed of the Yunnan-Guizhou Plateau of Southwest China with Remote Sensing and GIS Techniques: 1974-2008", *International Journal of Environmental Research and Public Health* 9(11), 2012.

14 Rob Wallace, *Dead Epidemiologists: On the Origins of COVID-19*, Monthly Review Press, 2020; Drew Pendergrass, Troy Vettese, "The Climate Crisis and COVID-19 Are Inseparable", *JACOBIN*. 2020.5.31.; 장호종, 「코로나19 발병 1년, 자본주의 체제의 혼란상을 보여주다」, 『마르크스21』 36, 책갈피, 2020.

- 악성 병원균의 성장을 막아주는 지역의 생태 복잡성을 파괴하는 자본의 투자
- 이러한 결과로 등장한 감염 병원균 발생 비율과 분류학적 증폭
- 가축과 노동자에게 새롭게 등장한 병원균을 오지에서 지역 중심지로 운송하는 도시근교 상품순환의 확장
- 해당 도시에서 세계로 병원균을 전달하는 국제 여행(및 가축 거래) 연결망 증가
- 가축과 사람 모두에게 병원균의 치명성을 높이는 방향으로 진화를 선택하면서 이러한 연결망이 전염성 저항을 낮추는 방식들
- 그리고 많은 폐해 중에서 무엇보다 실시간으로(그리고 거의 무료로) 질병을 예방할 수 있는 생태계 서비스로서의 자연적인 선택을 도태시키는 산업적인 가축의 번식 부족[15]

요약하면 중국의 식량 생산이 각 지방이 자급자족으로 공급하던 방식에서 벗어나 세계 시장으로 개방되면서 농축 산업에 투자하는 자본의 축적 경로에 따라 신종 바이러스의 창궐과 식품의 판매 경로 등의 자본의 유통 경로에 따라 바이러스의 전염은 확산되었다. 또한 다국적 농축산 기업의 확장이 야생 동물의 산업화 및 야생 동물의 밀렵을 촉진한다. 농축 산업이 원시림으로 확대될수록 야생 동물 판매자는 야생 동물을 사냥하기 위해 더 깊은 밀림으로 들어가게 되면서, 결국 사스-코로나바이러스2와 같은 신종 바이러스와 접촉면이 넓어졌고, 사회에 그런 바이러스가 전파되는 기회를 더 늘렸다. 희귀 동물 거래에 대한 협소한 비판은 산업형 농업에 의해 피폐해진 소농의 삶

15 롭 월러스, 「코로나19와 자본의 순환: 뉴욕에서 중국 그리고 다시 뉴욕」, 『마르크스주의 연구』 18-2, 경상대학교사회과학연구원, 2021, 34-35쪽.

이 어떻게 연결되는 지를 간과한다. 따라서 야생동물을 보호하려면 공장식 농축산업의 생산 방식을 비판하지 않을 수 없다. 살아 있는 유기체를 상품으로 만드는 자본화된 농업, 동물과 축산농과 가공업자와 소매업자로 이어지는 생산 체계 전체가 어떻게 질병을 만드는 지를 주목해야 한다.

생물학자 최재천은 화학백신보다 생태백신, 행동백신의 중요성을 설명한다.

> 코로나19 바이러스는 2m만 거리를 유지하면 감염률이 낮습니다. 방역수칙을 지키는 행동백신으로도 감염을 충분히 막아낼 수 있습니다. 그보다 더 원천적인 백신은 생태백신입니다. 모르는 사람들은 함부로 숲을 훼손하고 야생동물들을 괴롭힙니다. 저 같은 사람처럼 다루는 방법을 모른다면 야생동물을 건드리지 말아야 하고, 더 나아가 자연을 무작위로 훼손하지 말아야 합니다. 자연과 적절한 거리두기만 한다면 원천적으로 이런 일이 잘 벌어지지 않습니다. 저는 이것을 생태백신이라고 부릅니다. 그동안 생태학자들은 많은 시간 동안 자연을 훼손하지 말자고 목소리를 높여왔습니다. 이번 기회에 자연은 자연답게, 인간은 인간답게 살아보면 어떨까요?[16]

최재천이 제시하는 생태백신은 하나의 건강 관점에서 인간과 야생동물, 가축, 식물 등의 건강이 하나로 연결되어 있기에 자연과의 '적절한' 거리를 두고 무분별하게 훼손하지 않는 방법이다. 이는 유엔환경계획(UNEP) 보고

16 최재천, 「생태학자의 눈으로 코로나19 바이러스를 보다」, 대한민국 행정안전부, 2020.7.15.

서(2020)에서 제시하는 대응 차원의 열 가지 정책[17] 내용 중에도 포함되어 있다. 두 가지 해결 방안에서 주목하지 못하는 것은 구조적인 하나의 건강 접근에서 제시하는 자본주의가 작동하는 원리에 대한 근본적인 비판이다. 과학적 · 공학적 · 기술적 · 행정 체계적 측면에서만 접근하는 것은 근본적인 문제 해결이 될 수 없다. 현재의 감염 상황을 완화하기 위해서 화학백신[18]은 필요하다. 하지만 신종 감염병 및 전염병을 사후에 대응하거나 사전적으로 예상되는 백신을 준비하는 것에서 더 나아가 인간과 다른 생물종, 생태계의 건강을 가로막고 있는 자본에 저항하기 위한 사회적 동력을 구축해야 한다. 자본주의를 유지하면서 동시에 백신, 항생제 등으로 감염병에 대응하는 것은 생의공학(Biomedical engineering)의 자본 투자를 증가시킬 뿐이다. 신종 바이러스를 창궐하게 만든 자본주의적 사회 환경을 놔둔 채 생태계와 사회 사이의 모순을 극복할 수 없다.

17 ① 건강 및 환경 위험과 예방에 대한 인식 개선, ② 환경 이해 관계자 참여 포함, 보건 협치 행정 개선, ③ 인수공통 감염병의 환경적 차원에 대한 과학적 연구 확대, ④ 질병의 사회적 영향에 대한 경제적 보상, ⑤ 위험 기반 접근법을 활용한 먹거리체계의 모니터링 및 규제 강화, ⑥ 지속 불가능한 농업 관행의 단계적 폐지, ⑦ 더 강력한 생물 보안 조치의 개발 및 시행, ⑧ 야생 동물의 건강 서비스를 포함한 동물 건강 강화, ⑨ 건강의 환경적 차원을 통합하기 위한 건강 이해 관계자의 역량 구축, ⑩ 주류적 접근 및 하나의 건강 방식 구현

18 기존 백신이 10~20년 내에 출시되었다면 이번 백신 개발은 1년 내에 진행되었다. 백신은 연구, 전임상(비임상), 임상1상, 임상2상, 임상3상 등의 단계를 거쳐 시판되는데, 이번에는 임상 단계가 대폭 완화되어 진행되었다. 임상 단계가 보통은 4년 이상이 소요되는데 이번에는 수개월로 축소되었다. 그래서 이번 백신의 안전성과 효능이 충분히 검토하지 않은 상황에서 출시되었다. 무엇보다 국제사회 차원에서 신속하게 공동 대응을 진행해야 하는 팬더믹 상황에서도 경쟁하는 다국적 제약회사와 국가들은 각기 다른 백신을 만들면서 협력적인 안전한 백신 개발이 더욱 요원해졌다. 또한 부국은 백신 자국우선주의를 강화하고 있다. 이러한 경향은 코로나19 대응에서 세계적 차원의 사회적 불평등을 더욱 심화시킬 것이다.

3. '구조적인 하나의 건강' 접근법과 그 보완점

2000년대 초반부터 백신과 치료제를 구비하지 못한 상황에서 감염력이 높고 더 치명적인 신종 인수공통 감염병이 유행하면서 국제적 대응력을 높이기 위한 논의에서 질병 특성상 인간, 동물, 환경을 통합적으로 파악하여 인간, 동물, 환경 간 접촉에 대한 관리와 개입이 필요하다는 흐름이 주목을 받았다. 이는 "하나의 의료, 하나의 건강(One Medicine, One Health)" 혹은 "하나의 세계, 하나의 건강(One World, One Health)"을 전제하면서 야생동물, 가축, 인간에 대한 공통의 공중보건학적, 수의학적, 의학적, 생태학적 접근법이다. 하나의 건강 접근법은 동물과 인간, 그리고 그들이 공유하는 생태계 사이에서 상호 공진화하는 관계를 수용한다. 인간과 동물, 생태계의 건강이 여러 측면에서 연계돼 있고, 원활히 기능하고 있는 생태계를 토대로 한 생태계의 원리를 전제한 것이 '하나의 건강' 접근이다.[19] 이 방법을 사회에 적용하기 위해서는 논의해야 할 점이 존재한다. 사회과학적 방법론으로 구조적인 하나의 건강 접근법을 발전시키기 위해서는 역사유물론에 바탕을 둔 총체적 세계관, 환경불평등, 인간 소외론 등이 필요하다.

이상윤(2017)과 Steve Hinchliffe(2015)[20]는 '하나의 건강' 개념의 세계관 및 인식론의 문제점을 다음과 같이 지적한다.

19 B. R. Evans, F.A. Leighton, "A history of One Health", *Revue Scientifique et Technique 33-2*, 2014; 대한예방의학회, 『국민건강 확보를 위한 한국형 원헬스 추진방안 연구』, 보건복지부, 2018.

20 Steve Hinchliffe, "More than one world, more than one health: re-configuring interspecies health", *Social Science & Medicine* 129, 2015.

> 첫째, '하나의 건강' 개념은 세계를 '표면, 질량, 충돌'의 세계로 가정하는 유클리드 기하학에 기반하고 있다. 이는 세계를 관계로 보기보다는 독립적인 객체로 파악한다. 이러한 세계관에 따르면 건강과 질병은 서로 다른 독립적 공간에 속한 것이 되고, 좋은 삶과 나쁜 삶은 서로 관련 없이 독자적으로 존재하는 그 무엇이 된다. 둘째, '하나의 건강' 개념은 특정한 '현실주의'에 기반한 '자연주의'를 전제로 한다. 여기서 '자연'이란 말 그대로 '스스로 그러한 것'이어서 너무나 자명한 존재다. 이러한 자연으로부터 벗어난 지식은 이데올로기, 미신, 나쁜 지식으로 공격받는다. 특정한 조건 하에서 이러한 자연은 '숙명'이 되기도 한다. 여기에 정치가 개입할 여지는 없다. 셋째, 보편주의적 언설에도 불구하고 이는 명백히 제1세계의 과학과 경험에 기반해 있는 세계이고, 근대과학의 예외주의와 근대성의 승리에 기대어 제3세계에 이식을 정당화하는 이질적 세계관이다.[21]

'하나의 건강' 개념에는 다양성을 거부한 존재론적 일원론이 강한 세계관, 질병과 건강에 대한 획일화되고 고정된 이분법적 사고, 감염원의 발생에 대한 사회구조적 환경을 고려하지 않은 채 감염원과 감염경로 파악을 우선시하는 대증요법, 전통적인 바이러스 박멸(퇴치) 모델에 기운 접근 방식이라는 점을 비판할 수 있다. 이러한 비판과 인식 틀을 현실에 적용하기 위해서는 생명체의 다양성을 실현시킬 수 있는 사회적 환경을 만드는 것이 무엇보다 중요하다. 하나의 건강 접근은 다학제간 협력을 강조하고 있으나 의학과 수의학 등에 집중되어 있다. 국가 간, 학제 간, 정부 행정 간 상호 협력이 필

21 이상윤, 앞의 논문, 45-46쪽.

요한 하나의 건강 접근에서 중요한 것은 신뢰 사회 구축을 통한 연대이다. 사회과학은 사회가 해결할 문제를 찾아내고 과학적으로 사회관계를 분석하는 작업이다. '하나의 건강' 개념을 실행하고 적용하기 위해서는 사회경제와 문화・역사를 고려하여 '하나의 건강' 개념의 내용과 핵심을 풍부하게 만드는 작업이 필요하다. 사회 구성원이 건강과 보건 문제를 어떻게 인간과 동물, 환경과의 관계 속에서 설정하느냐에 따라서 사회의 모습을 달리 구성할 수 있다.

수의학자 천명선(2020)[22]은 인간과 자연 간의 관계를 통합적으로 모색하기 위해 제시된 하나의 건강 접근이 지닌 한계를 다음과 같이 정리한다.

인간 건강과 동물 건강, 환경 건강을 통합적으로 고려해야 한다는 목표는 현실에서 윤리 차원의 질문을 남긴다. 생태윤리와 동물 윤리의 경계선에서는 생태에서 개체의 질병과 치료란 무엇인가, 어떻게 진단하고 치료할 것인가 등의 질문이 있다. 인간 윤리와 동물 윤리의 경계선에서는 인간의 경제적 이득은 동물 생명의 가치를 우선하는가, 살처분은 동물 질병 제어의 가장 좋은 전략인가 등의 질문이 있다. 인간 윤리와 생태윤리의 경계선에서는 생태 내 질병에 인간은 어디까지 관여해야 하는가, 종 간 감염의 위험을 어떻게 측정하는가, 인간 개입의 성과를 어떻게 측정하는가 등의 질문이 있다. 이러한 질문의 주류적 답변은 인간 중심주의를 극복하여 생태 중심주의로 전환되지 않는다면 이 문제는 해결할 수 없다는 것이다.[23] 생태 중심주의

22 천명선, 「One Health, 모두를 위한 보건 전략」, 제38회 가톨릭 에코포럼, 2020.11.25.
23 생태중심주의의 최근 버전은 제러미 리프킨(Jeremy Rifki)식의 주장이다. 그는 "생물종처럼 사고하라"는 장에서 "인류의 존재에 직접적인 영향력을 행사하는 지구의 상호작용 권역들에 대한 인식은 우리를 겸손하게 만드는 경험이자 기후변화가 우리에게 주는 핵

의 전환은 선언으로 실현되는 것이 아니다. 생태를 고려하는 일이 진행되지 못하도록 하는 현실적 장애물을 파악해야 한다. 인간 중심주의와 생태 중심주의가 왜 충돌하며 무엇보다 어떤 계급의 경제적 이해를 동물 생명의 가치보다 우선시하는가에 대한 사회적 질문을 통해 인간 건강과 동물 건강, 환경 건강의 균열이 발생하는 원인을 찾아내야 한다. 이러한 분석에 필요한 것은 환경불평등적 접근이다.

모든 사회 구성원이 환경오염과 건강 위험을 평등하게 분담하는 환경평등(environmental equity)과 인종, 소득, 문화 또는 사회계급과 무관하게 환경적 위험과 건강 위험으로부터 모든 사람이 평등하게 보호 받는 것을 뜻하는 환경정의(environmental justice)(박재묵, 2015)[24]의 실현이 인간과 동물 및 자연 관계를 지속가능하고 평등하게 유지하는 길이다. 인간과 인간 간의 관계 맺는 방식이 자연과 인간 간의 관계를 규정한다. 머레이 북친(Murray Bookchin)은 인간의 자연 지배는 인간의 인간 지배에서 비롯되었기 때문에 사회의 위계적 지배 구조를 지양해야지만 자연에 대한 평등한 관계가 가능하다고 설명한다. 마르크스와 엥겔스는 인간과 자연의 관계에서 인간이 일방적으로 자연을 지배하는 과정이 아니라 인간과 자연 간의 상호 교류 관계로 인간이 자연을 합리적으로 규제하는 과정에서 인간 자신과 자연이 함께

심적 교훈이다. 그런 지구의 상호작용 권역들을 지배하는 것이 아니라 그 속에서 어울려 살아가는 법을 터득하는 것은 인류가 지배자에서 관리자로, 인간 중심적인 분리주의자에서 살아 숨 쉬는 지구와 함께하는 진정한 참여자로 바뀔 수 있는 기회다. 이것이 바로 우리에게 생물권적 의식을 갖도록 만든 시간적 · 공간적 지향성의 대전환이다"(안진환 옮김, 제러미 리프킨, 『글로벌 그린 뉴딜』, 민음사, 2020, 236쪽).

24 박재묵, 「사회적 불평등과 환경」, 『환경사회학: 자연과 사회의 만남』, 한울아카데미, 2015, 298-330쪽.

변화된다는 점을 강조한다.

1991년 다국 유색인종 지도자 정상회의(Multinational People of Color Leadership Summit)에서 '환경정의 원칙'을 채택했고, 2004년 야생동물보호협회(Wildlife Conservation Society)가 '세계화된 세상에서 건강을 위한 학제 간 교량 건설(Building Interdisciplinary Bridges to Health in a Globalized World)'을 목표로 '하나의 건강, 하나의 세계(One Health, One World)'의 이념을 담은 '맨해튼 원칙'을 발표했다. 두 원칙이 발표한 시기는 차이가 있으나, 환경문제를 정의적 시각으로 공식화한 문서를 통해서 하나의 건강에는 불평등적 시각이 얼마나 반영되어 있는 가를 파악할 수 있다. 두 가지 원칙의 항목을 생태, 동물, 인간 영역으로 구분해서 정리하면 〈표 1〉과 같다.

〈표 1〉 '하나의 건강' 원칙과 '환경정의' 원칙 비교

구분	생태	동물	인간
하나의 건강 원칙	①사람・가축・야생 동물 건강, 식량 공급과 경제에 미치는 위협적인 질병, 그리고 우리 모두가 필요로 하는 건강한 환경을 유지하고 생태계를 작동시키는 데 필수적인 생물다양성 사이의 본질적인 관련성을 인식 ②토지 및 물 사용에 관한 결정이 건강에 실질적인 영향을 미친다는 것을 인식 ⑤종들 간의 복잡한 상호 연결을 고려하는 신흥 및 부활하는 질병의 예방, 감시, 감시, 통제 및 완화에 대한 적응적・총체적, 그리고 전향적 접근방식(forward-looking)을 개발 ⑥감염성 질병 위협에 대한 해결책을 개발할 때 생물다양성 보존 관점과 인간의 필요를 통합적으로 고려	③지구적 질병의 예방, 감시, 감시, 통제 및 완화의 필수 요소로 야생동물 건강 고려 ⑦야생동물 개체수를 보호뿐 아니라 질병 이동, 이종 간 전염, 새로운 병원체와 호스트 관계의 개발의 위험을 줄이기 위해 야생동물과 야생동물 고기 거래에 대한 수요를 줄이고 규제 ⑧야생동물의 개체수가 인간의 건강, 식량 안보 또는 야생동물의 건강에 긴급하고 중대한 위협을 가한다는 다원적이고 국제적인 합의가 있는 상황에서 질병 통제를 위한 야생동물의 대량 도살을 제한	④인간의 건강 프로그램이 환경보존 노력에 크게 기여함을 인식 ⑨세계 인간과 동물의 보건 인프라에 대한 투자를 증가 ⑩세계 보건 및 생물 다양성 보존의 과제를 해결하기 위해 정부, 지역 주민, 민간 및 공공 부문 간의 협력 관계를 형성 ⑪질병 위협의 출현과 재발을 위한 조기 경보 시스템의 일환으로 질병 정보를 공중보건 및 농업 동물 보건 커뮤니티와 지구차원의 야생 동물 건강 감시 네트워크를 지원 ⑫건강한 지구를 만들기 위해 교육을 강화

	생태	인간
환경정의 원칙	①어머니 대지의 신성함, 모든 종들의 생태적 조화와 상호 의존, 그리고 생태계 파괴가 없는 지구를 선언 ③인류와 다른 생명체들을 위한 지구의 지속가능을 위하여 토지와 재생 가능한 자원을 도덕적이고 균형 있게, 그리고 책임 있게 사용할 권리를 요구	②어떠한 차별이나 편견 없이 모든 사람을 위한 상호 존중과 정의를 바탕으로 한 공공 정책이 필요 ④깨끗한 공기, 토양, 물, 식품에 대한 기본권을 위협하고 있는 독성 유해 폐기물과 유독 물질의 추출, 생산, 폐기와 핵실험으로부터의 철저한 보호를 요구 ⑤모든 사람이 정치, 경제, 문화, 환경에 대해 스스로 결정할 기본권을 선언 ⑥모든 독성 물질과 유해 폐기물, 방사성 물질의 생산을 중단해야 하며, 과거와 현재의 생산자들이 생산 과정에서 중독을 예방하고 (중독된) 사람들의 해독에 대해 철저히 책임져야 한다고 주장 ⑦필요도 평가, 계획, 구현, 시행과 평가를 포함한 모든 차원의 의사결정에 동등한 상대로서 참여할 권리를 요구 ⑧노동자가 안전하지 않은 생활과 실업 가운데 하나를 택하도록 강요받지 않고, 안전하고 건강한 노동 환경에서 일할 권리를 선언. 집에서 일하는 이들도 환경상의 유해 요인들로부터 자유로울 권리 ⑨피해자들이 양질의 건강관리는 물론, 완전한 보상과 피해배상을 받을 권리를 옹호 ⑩정부가 환경 불의(environmental injustice)를 행하는 것은 국제법과 세계인권선언, 학살에 관한 유엔 협약을 어긴 것으로 간주 ⑪(아메리카) 선주민들의 주권과 자기결정권을 확인하는 조약, 협정, 맹약, 서약을 통해 이들이 미국 정부와 맺고 있는 특별한 법적 · 자연적 관계를 인지 ⑫자연과의 균형 속에서 우리의 모든 공동체들이 보전해 온 문화를 존중하면서, 모든 사람들에게 모든 자원에 대한 정당한 접근성을 제공하면서 도시와 시골을 정화하고 재건하기 위한 생태적 정책이 필요함을 주장 ⑬사전 고시에 입각한 동의 원칙을 엄격히 시행하고 유색인종을 대상으로 한 생식, 의료 기술이나 백신 실험을 중단할 것을 요구 ⑭ 다국적 기업들의 파괴적인 경영에 반대 ⑮토지, 사람, 문화, 그리고 다른 생명체들에 대한 군사적 점유, 억압, 착취에 반대 ⑯현세대와 미래의 세대에게 우리의 경험과 다양한 문화적 관점에 대한 존중을 바탕으로 사회적 환경적 이슈들을 강조하는 교육을 요구 ⑰우리 각 개인들은 어머니 대지의 자원을 가능한 적게 소모하고, 쓰레기를 가능한 적게 만드는 소비자로서의 선택을 해야 하며, 현재와 미래 세대를 위해 건강한 자연을 확보하기 위한 방식으로 우리의 생활양식을 바꾸고 재정립 요구

출처: "Multinational People of Color Leadership Summit", https://cwfnc.org/about-us/principles-of-environmental-justice/(2021.9.1. 접속); "Wildlife Conservation Society", http://www.oneworldonehealth.org(2021.9.1. 접속)

〈표1〉을 통해 발견할 수 있는 사실은 하나의 건강 개념에 불평등 관점이 부족하다는 점이다. 사회 불평등 관점을 적극적으로 수용해서 불평등 해소를 고려한 통합적인 건강한 사회 구축의 방안이 제시되어야 한다. 코로나19 시기, 사회적으로 취약계층이 감염에 쉽게 노출되고 경제 고통이 노동계급과 인민(people)으로 전가되는 상황에서 불평등적 관점은 시대적인 요청사

안이다.

일반적으로 한국형 방역은 검사(Test), 추적(Trace), 치료(Treat)에 기초해서 선제적 · 적극적으로 대응하고, 관련 정보를 투명하고 신속하게 공개한 것이 특징이라고 설명한다. 2020년 5월, 세계보건총회에서 기조연설을 한 문재인은 개방성, 투명성, 민주성이라는 한국 정부의 방역 3원칙을 소개했다. 방역에 대한 평가는 비교의 대상에 따라 달라진다. 미국과 영국 등 부국에서 국가차원의 전방위에 걸친 방역을 하지 않은 상황에서 한국형 방역이 부각될 수 있다. 하지만 한 사회가 활용할 수 있는 재정과 인력 동원 등 물질적 및 인적 자원을 충분하고 신속히 구축했고, 방역 효과는 실질적으로 유의미한 결과를 가져왔는가에 대한 객관적인 평가가 필요하다. 또한 한국형 방역의 대상자인 인민과 노동자는 어떻게 평가하고 있는가를 살펴볼 필요가 있다. 그간의 상황을 돌이켜 보자. 마스크 사용 여부를 둘러싼 혼란, 마스크 대란, 과도한 확진자의 동선 공개로 확진자를 마녀 사냥하는 사회적 분위기, 일부 종교 단체와 다중시설 이용자에 대한 책임 전가하기, 각자도생의 방역, 공공병원의 응급실 병상 부족으로 청소년 사망, 부족한 음압병실과 열악한 보호 장비 및 의료 인력, "바이러스보다 과로사가 더 두렵다"는 병원 노동자, 공공병원 의료 대응 컨트롤 타워의 부재 및 늦장 대응, 정부의 느슨한 방역규제, 한쪽에선 장기간 노동으로 고통 받는 노동자가 있다면, 다른 쪽에서는 생계를 잃어서 고통 받는 노동자가 존재, 물리적 거리두기에서 제외된 공장과 회사, 물리적 거리두기가 불가능한 대중교통, 용돈 수준의 재난지원금, 기업 살리기엔 200조 대(vs) 노동자 및 인민 지원금엔 2조, '아프면 집에서 쉬라'는 지침을 지키지 못하는 노동자, 무급휴직 노동자와 해고자에 대한 지원책 미비, 집회 규제 등이다. 이렇듯 한국형 방역은 기존 계급 불평등을 완화시키는 방향으로 수행된 것이 아니다. 코로나19는 감염의 계급적 불평등을 폭로하는 계기가 되었다.[25]

다른 한편 '구조적인 하나의 건강' 접근법에 충분히 고려되지 않은 점은 전염병에 관한 사회심리적인 요인이다. 보건학자 김창엽은 "新감염병 레짐 … 신자유주의적 코로나19"에서 감염병에 대응하는 불안한 주체를 다음과 같이 설명한다.

> 불안과 공포는 바이러스, 질병, 건강 또는 지식 그 어느 것에 대한 것도 아니다. 추상적이고 모호한 것이 아니라 체화된 경험과 기억, 더 구체적으로는 삶의 파탄과 고통에 대한 것이다. 만약 감염자가 되고 병에 걸리면 나는, 내 가족은, 그리고 직장과 내 장래는 어떻게 될까? 나와 내 가족의 미래가 불확실한 것이 핵심이다. 병에 걸리더라도 (치명률이 낮으므로) 큰 부담 없이 좋은 치료를 받고, 경제적 타격도 별로 없으며, 사회적 차별이나 오명이 붙지 않고 일상생활로 복귀할 수 있으면? 불확실성은 크게 줄어들고 나는 내 삶에 대한 통제권을 잃지 않는다. 따라서 불안과 공포는 개인 속성이라기보다 구조적이면서 역사적이다. 감염병에 국한된 현상이 아니라 삶의 조건으로서의 현존 사회경제 구조, 특히 신자유주의적 자본주의 체제에 내재해 있다. 감염병 유행으로 갑자기 나타난 것이 아니라 경험과 학습을 통해 불확실성에 적응한 '불안 체제'가 점점 더 공고해진 결과이기도 하다. … 결국, 불안은 신자유주의 체제를 지탱하는 핵심 기제이며 각 개인은 '불안 전염병

25 김민정 외, 「한국환경사회학회 좌담회: 코로나19시대 환경사회학의 과제」, 『ECO』 24-2, 한국환경사학회, 2020, 171-209쪽.

(anxiety epidemic)'을 피할 수 없다.[26]

자본주의가 부단하게 인간에게 떠안기는 좌절감과 소외감, 고립감 등의 원천과 무엇보다 시장 우호적인 신자유주의 정책으로 인간의 심리에서 불안이 더욱 증폭되는 기제를 찾아내는 일이 필요하다. 심리학자 김태형(2010)은 『불안증폭사회: 벼랑 끝에 선 한국인의 새로운 희망 찾기』에서 IMF 경제위기라는 정신적 외상과 신자유주의 정책을 체감한 한국인의 심리는 과거 어느 때보다 불안하고 우울하며 무기력하고 분노하는 상태라고 설명한다. 이러한 심리상태와 각자도생 사회가 결합된 한국 사회에서 코로나19 상황은 개인에게 불안 증폭을 더욱 촉발시킨다. 한국과 중국은 코로나19에도 불구하고 자동차 판매량이 증가한 나라이다(전년 대비 기아차와 한국지엠은 14~15%, 르노삼성은 무려 51.3%가 증가). 세계에서 한국의 자동차공장만 정상 가동했고, 무엇보다 정부가 대중교통 확충에 미온적인 상황에서 "자가용이 가장 안전한 교통수단"이라는 각자도생의 방역을 부추긴 결과이다. 김태형은 일그러진 한국사회야말로 한국인의 마음을 병들게 만든 최대의 병인(病因)이라는 점을 강조한다. 개인은 통제할 없는 문제를 만났을 때 위험을 느낀다. 식량의 생산과 가공 및 유통은 이미 개인이 통제할 수 있는 범위를 벗어났다. 사회적 분업을 바탕으로 이뤄지는 생산에도 불구하고 여전한 생산수단의 사적 소유와 생산에서 자본에 의한 결정 방식은 식품의 소비와 섭취에서도 공포를 확산시키는 데 결정적인 역할을 한다. 자본주의적 생산방식은 먹을거리에 대한 대중의 공포를 개선할 수 없다. 또한 자본은 그 자신

26 김창엽, 앞의 글.

이 이뤄낸 발전의 장애물이 된다. 공장식 축산업을 중심으로 한 대규모 가축 질병의 발생은 이를 현실에서 증명한다.[27]

4. 결론: 모순 해결의 단초

코로나19를 1년 넘게 겪으면서 인간과 인간 간의 관계, 인간과 자연 간의 관계에서 발견한 사실을 정리해 보자. 첫째로 코로나19는 '자연적'인 위협이 아니다. 20세기 초부터 신종 바이러스로 인한 전염병 및 감염병에 대한 위험을 예고했다. 화석연료에 기초한 생산 방식에서 비롯된 기후위기, 열대우림의 파괴를 토대로 성장하는 다국적 농업기업과 야생 식품(wild food)의 상업화로 인한 생물 다양성의 파괴 및 신종 바이러스의 접촉면의 확대, 공장식 축산업이 일반화된 가축화 형태(밀폐-밀집-밀접)가 초래한 바이러스 전염병의 증폭 등이 결합되면서 코로나19는 사회에 등장했다. 인수공통 감염병은 야생으로부터 가축으로 병원체가 이동해서 생겨난다. 그러나 이 둘의 경계는 고정된 것이 아니고 동물과의 관계방식에 따라 각 사회마다 다르게 나타난다. 그렇기 때문에 인간과 야생동물, 가축 등이 어떻게 관계를 맺고 있는가에 대한 사회구조적 분석이 필요하다.

둘째로 코로나19로 계급사회의 실체가 폭로되었다. 감염은 인간사회의 계급 층위에 따라 다른 형태의 발자국을 남긴다. 사회적으로 면역력이 약한

27 김민정, 「물질대사 균열 관점에서 본 인간과 자연 간의 관계: 가축의 사육과 질병에 대한 사례를 중심으로」, 『사회과학연구』 20-1, 2012; 마이크 데이비스, 정병선 옮김, 『조류독감: 전염병의 사회적 생산』, 돌베개, 2008.

집단과 노동자에게 더 많은 고통을 전달한다. 하위 계층의 노인, 열악한 사립 요양 병원 입원자, 사회 소외로 정신적으로 고통 받는 이, 성소수자, 물리적 거리 두기에 직접적으로 영향을 받은 소규모 자영업자, 하청 노동자, 비정규직, 아르바이트, 노동자의 무급 휴가 및 임금 삭감, 저소득층 아동 및 청소년, 장애인(사회적 취약계층), 이주민, 이주노동자 등이다.

사회를 운영하는 방식에 대한 문제의 원인을 찾고 이를 통해 해결 방안을 모색하는 데 역사유물론적 관점에서 인류의 역사를 개괄한 엥겔스의 지적 토대를 활용해보자. 엥겔스는 인간과 자연의 공진화 관점(역사유물론)에서 인류의 역사를 개괄하고 향후 사회에 대한 방향성을 제시한다. 유인원에서 진화한 인간(類的存在, species being)은 역사를 만든다.

> 인간과 함께 우리는 역사에 들어간다. 동물도 하나의 역사, 즉 자신의 계통과 오늘의 상태에 이르기까지의 점차적인 발전을 갖는다. 그러나 이 역사는 동물에게는 만들어지는 것이며, 그리고 동물 자신이 역사에 참가한다고 하더라고 그들의 지식이나 의욕 없이 일어난다. 이와 반대로, 인간이 좁은 의미에서의 동물로부터 멀어지면 멀어질수록, 인간은 의식을 갖고 자신의 역사를 더욱더 스스로 만들며, 예견하지 못한 작용과 통제되지 않는 힘이 역사에 미치는 영향은 더욱더 적어지며, 역사적 결과는 이전에 확장된 목적에 더욱더 정확하게 일치하게 된다.[28]

28 최인호 외 옮김, 프리드리히 엥겔스, 「『자연 변증법』 서설」, 『칼 맑스 프리드리히 엥겔스 저작선집』, 박종철출판사, 2003, 372쪽.

동물과 다른 인간은 사회적 존재로서 인간의 역사를 운영한다. 인간의 역사는 사회적 노동을 통해 생태계의 운영 원리를 적확히 파악하면서 합리적으로 인간이 자연을 변형시키는 과정이다. 하지만 현실 사회는 계급사회로 인간이 합리적으로 자연을 통제할 수 있는 사회적 활동이 가로막혀 있다.

> 그러나 우리가 이러한 척도를 인류의 역사에, 심지어 현재 가장 발전된 민족의 역사에 갖다 댄다면, 우리는 사전에 세운 목적과 도달한 결과 사이에 엄청난 불일치가 존재한다는 것, 통제되지 않은 힘이 계획적으로 움직이는 힘보다 더 강력하다는 것 등을 알게 된다. 그리고 인간의 가장 본질적인 역사적 활동, 즉 인간을 동물 상태에서 인간 상태로 높이고 인간의 그 밖의 모든 활동의 물질적 기초를 형성하는 활동, 인간의 삶의 욕구의 생산, 즉 오늘날의 사회적 생산이 처음으로 통제되지 않은 힘들의 의도하지 않은 작용의 상호 작용에 복종하여 그 생산이 의도했던 목적을 예외적인 방식으로만 실현하고 더 나아가 그와 정반대되는 것을 실현하는 한, 그럴 수밖에 없다. 가장 발전된 산업 국가에서 우리는 자연의 힘을 제어하여 인간에게 복무하도록 해왔다; 그렇게 함으로써 우리는 생산을 무한히 증가시켰고, 그리하여 이제 한 어린이는 이전의 백 명의 어른보다 더 많이 산출한다. 그렇다면 결과는 무엇인가? 증가하는 과잉 노동과 대중의 증가하는 빈곤과 십 년마다의 공황, 경제학자가 최고의 역사적 성과라고 찬미하는 자유 경쟁, 즉 생존을 위한 투쟁이 동물계의 정상 상태임을 다윈이 증명했을 때, 그는 자신이 인간에게 그리고 특히 자기 나라의 국민에게 얼마나 신랄한 풍자문을 썼는

> 지 알지 못했다.[29]

생산수단의 사적 소유로 노동 방식이 조직되고 잉여생산물을 사적으로 소유하는 방식은 계급을 발생시켰다. 특히 자본주의에서 생산력은 비약적으로 발전하지만 생산수단이 사적으로 소유되어 있어서 직접 생산자인 노동자가 생산을 통제하지 못하는 상황이 발생하고, 이는 인간과 자연 간의 지속가능하고 합리적인 관계를 형성하는 장애물로 작용하고 있다.

> 생산 일반이 특유한 맥락에서 인간에게 그랬던 바와 마찬가지로, 계획적으로 생산되고 분배되는 사회적 생산의 의식적 조직이야말로 비로소 사회적 맥락에서도 인간을 다른 동물계로 끌어올릴 수 있다. 역사적 발전은 이러한 조직을 날이 갈수록 불가피한 것으로 만들고 있지만, 또한 날이 갈수록 가능한 것으로도 만들고 있다. 이로부터 하나의 새로운 역사적 시대가 시작되는바, 이 시대에는 인간 자신이 그리고 인간과 더불어 인간의 모든 분야들이, 특히 자연과학도 지금까지의 모든 것을 완전히 무색하게 만드는 비약을 맞이할 것이다.[30]

현행 방식에서 벗어나 인간과 자연의 새로운 관계 맺기는 생산관계의 전환을 통해 실현의 가능성 여부가 판명난다. 자연의 자본화 속에서 지속가능한 인간과 자연 간의 관계를 구축하는 자연의 인간화는 현실적인 요구이고

29 같은 글, 372-373쪽.
30 같은 글, 373쪽.

그 실행의 물질적 힘이 자본주의에 내재한다.

자본주의의 동학을 토대로 경제 위기와 코로나19 위기(및 기후위기), 사회 불평등 등을 해결할 대안의 방향성은 '적대적 분배'를 벗어나 '인간적 분배'를 위한 사회 환경의 조성이다. 노동계급이 이윤을 창출하는 집단으로 이윤 생산 고리를 끊을 수 있는 실질적 힘은 집단적인 노동계급의 실천에 달려 있다.

마크 멀홀랜드(Marc Mulholland)은 노동계급의 역사적 책무를 다음과 같이 설명한다. "인간은 자기 자신과 주변 환경을 통제하고자 하는 본능을 지닌다. 이 본능이 종래 계급에겐 본질적으로 각자의 생계와 부의 창출 수단을 완벽하게 사적으로 통제하려는 충동을 의미했다면, 노동계급에겐 생산수단을 집단적으로 통제하고 소유하려는 욕망으로 전환되었다."[31] 이전 사회의 피지배계급과 달리 노동계급은 생산수단(예를 들면 기계, 공장 등)을 분할하여 사적으로 소유할 수 없는 물질적 토대에 선 계급이다. 에티엔 발리바르(Étienne Balibar, 2015)[32]는 통합된 생산수단(대규모 기계제 공장체계)과 연관되어 있는 집단 노동자가 상이하고 다양한 노동수단과 결합된 장인 · 수공업 노동을 수행하는 이들과는 완전히 다른 특징을 지녔다고 설명한다. 다시 말하면, 죄르지 루카치(György Lukács)는 「블룸 테제(Blum-Thesen)」(1928)에서 노동계급을 노동계급의 사회 생산에서 자신이 차지하는 위치와 자신의 객관적 이해관계에 부여된 보편성 때문에, 경제적 전망을 조망하고 자본

31 Marc Mulholland, "Marx. the Proletariat, and the 'Will to Socialism'", *Critique* 37-3, 2000, pp.339-340.

32 Étienne Balibar, "On the Basic Concepts of Historical Materialism". *Reading Capital*, Verso, 2015.

의 명백한 자기운동의 신비를 간파하는 우월한 '인식론적 능력'을 보유한 집단이라고 정리한다.

집단적인 노동자의 사회화된 노동의 이러한 특징은 사회 변화의 주체로 설 수 있는 물질적 토대이다. 마이크 데이비스(Mike Davis, 2020)[33]는 노동자의 경험적 삶은 경제적 불만의 문제를 정치적 권리의 문제로부터 분리되지 않다는 점을 보여주고, 이는 자본주의가 대위기를 겪을 때마다 정치 민주주의의 경제민주주의로의(그 역도 성립), 그리고 경제적 계급투쟁은 국가권력 문제로의 확장은 반복적으로 등장하는 주제라고 설명한다.

평등하고 풍요로운 사회 전환의 핵심은 직접 생산자가 생산수단에 대한 통제권을 어떻게 획득할 것인가에 있다. 이는 무엇을 얼마나 어떤 방식으로 생산하고 소비할 것인가에 관한 생산 방식에 대한 노동자 통제(workers' control)와 연결되어 있다. 팬더믹 대응에는 타이밍이 있다. 세계 노동계급의 능동성이 팬더믹 시대에 발휘되어야 한다. 이는 이윤 체제에 정면으로 도전하는 것이고 이것이 바로 인간과 자연의 물질대사 균열을 극복한 진정한 인간의 모습을 띤 팬더믹 대응의 길이다.

33 안민석 옮김, 마이크 데이비스, 『인류세 시대의 맑스: 불평등과 생태위기에 관하여』, 창비, 2020.

인간과 바이러스의 동일시를 통한 혐오와 배제의 형상화*

—좀비 서사의 클리셰와 변주를 중심으로

박성호_ 경희대학교 인문학연구원

* 이 글은 경희대학교 HK+통합의료인문학연구단 제1차 국제학술대회 〈Epidemic Disease, Then and Now〉의 발표문 "'21st century popular narrative, infectious diseases and hatred - Focusing on zombie movies and Alien series'"와 학술논문 「좀비 서사의 변주와 감염병의 상상력 - 신종감염병에 대한 공포와 혐오의 형상화를 중심으로」(『현대소설연구』 83, 현대소설학회, 2021.9)를 바탕으로 수정 · 보완을 거쳐서 작성되었다.

1. 들어가며: 팬데믹의 시대, 어째서 좀비 서사인가?

대중서사에서 좀비(Zombie)는 자주 사용되는 소재 중 하나이다. 서구에서는 이미 1930년대부터 좀비를 소재로 한 대중서사가 등장하기 시작했고, 1968년 〈살아 있는 시체들의 밤〉을 기점으로 좀비는 대중서사에서 각광받는 소재로 자리매김하였다. 이후 2000년대에 접어들면서 좀비 서사는 영화, 게임, 드라마 등 다양한 매체에서 폭넓게 등장하게 되었다.

동양에서 좀비는 다소 낯선 개념이기는 했지만, 서구의 대중서사를 통해서 조금씩 일반에 알려지기 시작하다가 2000년대에 접어들면서 주요한 소재로 각광받게 된다. 이러한 단초를 제공한 것은 게임제작사인 캡콤(CAPCOM)이 1996년 발매한 〈바이오하자드 Biohazard〉 시리즈였다. 이 게임이 상업적으로 큰 성공을 거두자 헐리우드에서 이를 〈레지던트 이블〉(2002)로 영화화하였고,[1] 이는 좀비 서사의 확대에 중요한 전기를 마련했다.

흥미로운 점은 좀비 서사가 2000년대 이후 큰 폭의 확장을 겪게 되는 데

1 정확하게 따지자면 게임 〈바이오하자드〉의 북미판 타이틀이 〈레지던트 이블〉이었고, 영화는 이 북미판 타이틀을 그대로 가져온 것이었다. 이 영화가 일본에서 개봉되었을 때에는 〈레지던트 이블〉 대신 원제인 〈바이오하자드〉를 사용했다.

큰 기여를 한 것이 감염병이라는 사실이다. 원래 좀비는 부두교의 주술에서 비롯된 결과물이었고, 서구에서 대중서사의 소재로 채용되던 시점에도 상당 부분은 흡혈귀와 같은 서구의 주술적 요소와 결합하는 경향이 강했다. 반면 2000년대부터 대두되기 시작한 좀비 서사에서는 공통적으로 '바이러스'에 의한 감염병으로서의 좀비라는 요소가 추가된다. 즉 좀비는 미지의 주술적, 신화적 요인에 의해 발생하는 공포의 대상에서 좀비 바이러스라는 구체적인 병원체를 기반으로 한 팬데믹(pandemic)의 상징적인 존재로 변천되었다는 것이다.

공교롭게도 이러한 변화는 신종 바이러스에 의한 현실 속 팬데믹에 대한 우려와 공포가 대중들에게 확산되는 시점과 맞물려 있었다. 1989년 11월 미국 버지니아주의 레스턴에서 100여 마리의 수입된 게잡이원숭이를 통해서 레스턴 에볼라(Reston Ebola)가 발견되었고, 이 당시의 충격은 영화 〈아웃브레이크〉(1995)를 통해 고스란히 서사화되었다. 레스턴 에볼라 자체는 인간 감염을 일으키지 않은 채 지나갔지만, 영화에서 묘사된 에볼라는 배경이 되었던 '시더 크릭' 자체를 폭격으로 소각하기 직전의 위기까지 치닫게 만든다.

이러한 팬데믹에 대한 공포는 대중서사에서 아포칼립스(Apocalypse)를 일으키는 주된 원인의 하나로서 신종 바이러스 혹은 그로 인해 기인하는 신종 감염병을 지목하게 만들었고, 2003년의 중증급성호흡기증후군(SARS)이나 2012년 중동호흡기증후군(MERS)의 대유행은 이러한 공포를 구체화하는 데 적잖은 기여를 했다. 2019년 12월 중국에서부터 시작되어 2021년 하반기까지도 맹위를 떨치고 있는 COVID-19은 말할 필요도 없을 것이다.

하지만 왜 하필이면 좀비 서사인가? 좀비 서사는 감염병의 상상력을 채택하면서 성장했음에도 불구하고 여전히 '좀비'라는 개념을 유지하고 있다.

좀비 서사의 신호탄을 쏘아올렸던 〈살아 있는 시체들의 밤〉 이후로 좀비는 인간과 별개의 존재로 간주되었으며, 대부분의 좀비 서사는 '이전에는 인간이었지만 이제는 더 이상 인간이 아닌 존재'로서의 좀비를 강조한다. 이러한 설정이 그대로 유지되었다는 것은, 2000년대 이후의 좀비 서사에서조차도 한번 좀비 감염증을 일으킨 사람은 더 이상 사람이 아니라는 점을 의미한다. 좀비 바이러스로 촉발된 팬데믹, 나아가서는 아포칼립스 상황 속에서 좀비는 소수의 생존자를 위협하는 존재, 즉 가시화된 바이러스와 같은 존재로 인식된다. 좀비의 출발점이 바이러스에 의한 감염이라고 한다면 그 이전의 상태는 감염 이전의 인간, 즉 '살아 있는' 사람임에도 불구하고 일단 감염을 일으키고 나면 좀비는 자연스럽게 인간과는 별개의 종(種)으로 간주된다는 것이다.

이러한 요소는 오늘날 COVID-19 팬데믹에서도 나타나는 감염자에 대한 배제와 혐오의 현상에서도 확인된다. COVID-19 확진자들이 겪는 코로나 블루(Corona Blue)나 서구권 국가에서 종종 벌어지고는 하는 동양인 혐오 범죄 등에서 공통적으로 나타나는 바는 SARS-CoV-2와 COVID-19 환자를 동일시한다는 데 있다. 즉 병원체와 감염증, 감염된 환자 사이의 구분이 사라지고 이를 모두 하나의 '감염병'으로 인식한다는 데에서 COVID-19 환자에 대한 혐오와 배제의 매커니즘이 시작된다는 것이다.

이 글에서는 좀비 서사가 2000년대에 접어들면서 어떤 방식으로 감염병의 상상력을 채용하였으며, 이 과정에서 감염병에 대한 대중의 공포가 어떻게 혐오와 배제의 양태로 구체화되는지의 문제를 감염병과 환자에 대한 동일시라는 측면에서 접근해 보고자 하였다.

2. 감염병 이전의 좀비 서사—주술에서 핵전쟁까지

기존 연구에서도 지적하고 있듯이 좀비라는 개념은 아이티 지역의 민담에서 파생되었다. 부두교의 사제인 '보커(bokor)'가 주술을 통해 인간의 영혼을 사로잡은 뒤에, 피주술자를 자신의 명령에 따라 행동하게 만든 것이 바로 좀비다. 이는 아이티 지역 민담의 원형 그대로를 가져온 것이라기보다는 오랜 시간 유럽 열강의 식민지였던 아이티에서 자행되었던 노예제도와 더불어 이와 연결될 수 있는 흑마술의 민담, 그리고 죽은 자를 소환하는 부두교의 주술의식이 결합되어 탄생한 개념이다.[2]

대중서사에서 좀비가 처음 채용된 것은 1932년 미국에서 제작된 영화 〈화이트 좀비 White Zombie〉에서였다. 여기에 등장하는 좀비는 상술한 부두교 주술에서의 그것과 흡사한 존재로 묘사된다. 아이티로 신혼여행을 온 부부가 사악한 부두교 주술사의 음모로 인해 위기에 처하는 내용을 다루고 있는데, 이때 이 주술사의 명령에 따라 주인공 부부를 가로막는 것이 바로 좀비다. 여기에는 질병이나 전염에 대한 요소는 포함되지 않았다. 사람을 좀비로 만드는 물약(potion)이 등장하지만, 이것을 복용하고 좀비로 변하더라도 주술사가 사망하면 다시 원래 상태로 되돌아올 수 있는 것으로 묘사되었다.

〈화이트 좀비〉가 제작되던 1930년대만 해도 좀비는 대중서사의 소재로 채택되는 일이 거의 없었으며, 좀비는 하이티나 아프리카 지역의 민담에서 영화로 바로 옮겨진 유일한 존재였다. 즉 〈드라큘라〉(1931)나 〈프랑켄슈타

2 김민오, 「좀비와 뱀파이어의 영화 속 시기별 의미변화 연구: 공포의 속성을 중심으로」, 『한국영상학회논문집』 12-1, 한국영상학회, 2014.6, 75쪽.

인〉(1931)과 같은 고딕 공포영화들이 18~19세기의 고딕소설에 뿌리를 두고 있는 것과 달리, 좀비는 영화를 통해 급작스럽게 대중서사에 채용된 캐릭터였다는 것이다.[3] 흡혈귀나 프랑켄슈타인과 같은 존재들이 서구 문화에서 비교적 오랜 시간 동안 저변을 확보해왔던 데 반해 좀비는 아직 낯선 것이었고, 기존의 주술적 맥락을 차용해서 사용하는 것 이상의 변용이나 확장을 기대하기는 힘든 상황이었다.

좀비가 부두교 주술의 맥락에서 벗어나 대중서사 내에서 독자적인 의미망을 획득하는 계기를 마련한 것은 1968년 영화 〈살아 있는 시체들의 밤 Night of the Living Dead〉에서부터였다. 〈살아 있는 시체들의 밤〉에서는 알 수 없는 원인으로 인해 갑자기 시체들이 살아나서 사람들을 공격하는 것으로 묘사된다. 이 영화는 이후 현대 좀비 영화의 효시가 된 작품으로 손꼽히게 되었으며,[4] 베트남전을 둘러싼 반전(反戰) 문제나 미국 내에서 벌어지는 인종 차별 등 다양한 사회적 이슈를 풍자했다는 평가를 받기도 했다. 살아 있는 사람을 공격하여 살을 먹는다는 카니발리즘(cannibalism)의 요소를 정면으로 다루면서 좀비 서사의 하위 장르로서 좀비 아포칼립스를 형성하게 된 것도 이 영화를 위시한 조지 로메로의 좀비 3부작이었다.[5]

하지만 이 영화 내에서는 '좀비'를 직접적으로 지칭하지 않는다. 일단 표제에서도 나타나듯이 '살아 있는 시체'라는 구문으로만 표현되었을 뿐, 이를

3 김민오 · 이준희, 「밀레니엄 좀비영화와 사이버 공간의 폭력성 비교 연구」, 『한국영상학회논문집』 11-4, 한국영상학회, 2013.12, 24쪽.

4 Darryl Jones, *Horror: a thematic history in fiction and film*, London: Arnold, 2002, p. 161.

5 권혜경, 「좀비, 서구 문화의 전복적 자기반영성」, 『문학과영상』 10-3, 문학과영상학회, 2009.12, 537쪽.

지칭하는 별도의 고유명사가 뚜렷하게 제시되지는 않는다. 아마도 1930년대 고딕 영화에서 등장하던 좀비, 즉 부두교 주술의 산물이라는 기존의 맥락으로부터 일정한 거리를 두기 위한 포석이 아니었을까 싶다. 사실 〈살아 있는 시체들의 밤〉에서의 좀비는 기존의 좀비 개념과는 상당한 거리가 있는 것으로 오히려 구울(ghoul)에 가까웠다. 구울은 원래 아랍 지방의 미신에서는 사람처럼 생긴 괴물로 불빛 등을 이용하여 여행자들을 유인하여 죽이는 존재였지만, 18세기 무렵 서구로 번역 · 소개되는 과정에서 공포스러운 요소를 더욱 과장하기 위해 무덤을 파헤쳐서 시체를 먹는다는 설정이 부가되었다.[6] 〈살아 있는 시체들의 밤〉의 좀비 역시 인간과 유사하지만 좀 더 괴기스러운 외형을 한 채 인간을 공격해서 잡아먹는 카니발리즘의 요소를 채택하고 있었으며, 이는 기존의 좀비 서사에서는 등장한 적이 없는 특징이기도 했다.

실제로 감독인 조지 로메로 자신도 2005년 언론과의 인터뷰에서 자신은 한번도 이들을 좀비로 칭한 적이 없으며, 구울에 가깝다고 생각했다고 진술하기도 했다.[7] 그러나 정작 영화에서 사용된 구울이라는 명칭보다 평론에서 제기되었던 '좀비'가 〈살아 있는 시체들의 밤〉을 대변하는 개념으로 자리잡게 되었다. 동시에 〈화이트 좀비〉와 같은 고딕 영화에서의 좀비 개념을 뒤집는 전기를 마련하기도 했다.

이 영화를 통해서 형성된 좀비의 개념은 일단 부두교의 주술과는 무관하

6 Ahmed K. Al-Rawi, The Arabic Ghoul and its Western Transformation, *Folklore* vol.120, London: The Folklore Society, 2009.11, p. 291.

7 George A Romero: 'I never called our zombies. We thought of them as ghouls', *The Irish Times*, 2005.9.23.

며, 알 수 없는 원인에 의해 되살아난 시체(undead)로 수렴된다. 〈살아 있는 시체들의 밤〉에서는 명확하게 설명되지는 않지만 폐기된 인공위성으로부터 방출되는 방사능 물질이 일종의 변이를 일으켰으리라는 암시가 등장한다. 로메로는 후속작인 〈시체들의 새벽〉에서도 비슷한 설정을 택했는데, 결국 명료하게 드러나는 건 죽은 사람이 다시 살아났다는 사실 그 자체였을 뿐 정작 그 원인이 무엇인지는 구체적으로 확인되지 않는다. 영화 속에서 방사능을 언급했던 것은 1960년 쿠바 핵미사일 위기 이후로 구체화되었던 핵전쟁에 대한 공포를 상기하는 장치이기도 했겠지만, 방사능이 구체적으로 어떤 영향을 주어서 변이를 일으켰는지를 묘사했던 것은 아니다. 좀비는 기원을 알 수 없는, 갑작스럽게 출현한 존재였으며 등장인물들은 이러한 좀비들로부터 살아남기 위해 몸부림을 칠 뿐이다.

리처드 매드슨의 소설 『나는 전설이다』(I am Legend, 1954)를 원작으로 하여 제작된 영화 〈지상 최후의 남자〉(The Last Man On Earth, 1964)에서는 사람을 흡혈귀로 변하게 하는 바이러스가 퍼져서 아포칼립스가 발생했으며, 일부 사람들만 항체를 갖게 되어 살아남았다는 설정을 택했다. 〈지상 최후의 남자〉는 바이러스와 감염이라는 개념을 꽤 명확하게 설정하고 있지만 좀비와는 큰 관계가 없었다. 오히려 이 영화에서 두드러지는 것은 흡혈귀와 관련된 요소들이었다. 팬데믹 초창기의 연구에서 감염자들이 낮에는 기력을 잃으며 거울과 마늘을 두려워하는 증상을 보인다는 분석이 제시되기도 했고, 감염자들은 사람의 피에 대한 강한 집착을 보이기도 했다. 이러한 수많은 요소들은 기존의 고딕 서사에서 다뤄온 흡혈귀로 수렴되는 것이었지만, 정작 〈지상 최후의 남자〉가 영향을 끼친 것은 좀비 서사 쪽이었다.

공교롭게도 좀비 서사에 큰 영향을 끼친 영화들은 오히려 좀비를 전면에 내세우지 않았다. 〈살아 있는 시체들의 밤〉에서는 구울이, 〈지상 최후의 남자〉에서는 흡혈귀가 중심이었고 이것이 기존의 〈화이트 좀비〉와 같은 고딕 영화에서의 좀비와 연결되어 있지는 않았다. 이는 거꾸로 말한다면 좀비 서사의 중추를 형성하는 데 큰 영향을 끼친 것은 부두교 전승으로부터 비롯된 본래의 맥락보다 구울이나 흡혈귀처럼 기존의 대중들에게 비교적 익숙했던 다른 언데드(undead)물에서 파생된 의미였다는 뜻이다. 사실 〈살아 있는 시체들의 밤〉은 〈지상 최후의 남자〉의 원작 소설이기도 했던 리처드슨의 I Am Legend로부터 적잖은 영향을 받았던 만큼, 이 두 편의 영화는 기존의 좀비 개념과는 어느 정도 거리를 두고 있었다.

〈살아 있는 시체들의 밤〉에서는 작중에서 좀비의 공격을 받고 죽었던 등장인물들이 좀비의 형태로 다시 나타나서 다른 사람들을 공격하기도 하지만, 이는 어디까지나 한번 죽은 이후에 되살아났다는 전제를 깔고 있을 뿐이지 살아 있는 상태에서 좀비로 감염되었다는 뜻이 아니다. 다르게 표현하자면 좀비는 사람에게 전염되지 않는다. 오직 시체만이 좀비로 변할 뿐이다. 좀비에게 공격을 받아 등장인물이 사망하는 사건과, 그렇게 사망한 인물이 다시 좀비로 부활하는 것은 별개의 사건이다. 좀비에게 물려서 죽었기 때문에 좀비가 되는 것이 아니라, 모종의 원인으로부터 영향을 받는 범위 내에 있는 시체이기 때문에 좀비로 변하는 것이다.

살아 있는 사람을 감염시킨다는 개념은 〈드라큘라〉와 같은 흡혈귀 서사에서 더 두드러지는 현상이었고, 이는 〈지상 최후의 남자〉에서 원인 불명의 감염병으로 인해 사람들이 흡혈귀와 유사한 돌연변이를 일으켰다는 설정으로 전환되었다. 이 영화에서는 감염증의 진행을 억제해주는 일종의 백신이 있고, 이를 계속해서 혈관에 주입함으로써 바이러스에 감염된 상태에서도 돌연변이를 일으키는 것을 억제해준다는 설정이 채택되었다. 하지만 이 영화에서조차도 본격적인 감염증을 일으키게 되면 환자는 사망하며, 이렇게 사망했던 사람이 돌연변이를 일으킨 변종인류(흡혈귀)로 되살아난다는 전제를 깔고 있었다. 즉 인간과 변종인류 사이에는 죽음이라는 중간 단계가 필요했다. 다만 모든 감염자가 죽어서 변종인류로 부활하는 것은 아니며, 일부 감염자는 백신을 지속적으로 주입하면서 인간의 상태를 유지하되 일부 특성은 변종인류와 공유하는 상태를 유지하기도 했다.[8]

이처럼 좀비 서사는 부두교의 주술과 관련된 민담으로부터 출발하여 〈드라큘라〉와 같은 기존의 고딕영화나 우주방사능과 같은 1960~1970년대의 당대적 공포와 맞물려서 독자적인 영역을 구축하게 되었다. 1990년대에 접어들면서 좀비 서사는 상당부분 축소되지만, 2000년대에 이르면서 새로운 상상력을 채용함으로써 다시금 유행하게 된다. 그리고 이렇게 재유행하게 된 좀비 서사는 과거의 그것과는 사뭇 다른 양상을 보여주게 되었다.

3. 좀비 바이러스의 탄생과 광견병

헐리우드의 호러(horror)물로서 각광을 받았던 좀비 영화는 1990년대에

8 이런 점 때문에 『나는 전설이다』는 기존의 고딕 서사와 판이하다는 평가를 받기도 한다. 고딕 서사에서는 '괴물'로 통칭되는 악의 세력 혹은 외부 침입자에 의해 위협받고 와해되는 '정상적인 질서'를 보여주면서 그 원인이 되는 괴물을 처단함으로써 질서가 회복되는 듯한 모습을 보여주는 데 주력하지만, 『나는 전설이다』의 전개 양상은 정반대의 상황을 제시하기 때문이다. 김일영, 「스토커의 흡혈귀 드라큘라에 대한 (재)해석으로서의 매티슨의 『나는 전설이다』」, 『근대영미소설』 22-1, 한국근대영미소설학회, 2015.4, 44쪽.

접어들면서 소강상태를 겪는다. 1990년대의 좀비는 괴수 또는 괴물로서의 우스꽝스러운 소품으로 전락하게 된다.[9] 대규모 전쟁과 같은 사회적 이슈가 뚜렷하지 않았던 상황 속에서 대중의 집단적 공포를 이끌어내기는 어려웠기 때문이었다. 마이클 잭슨의 뮤직비디오 〈스릴러〉(1984)에서 브레이킹 댄스를 추는 희화화된 모습의 좀비를 등장시켰던 것이 그 대표적인 사례였다.[10]

영화에서 좀비가 다시 재조명되는 것은 2000년대에 접어들면서의 일이었다. 2002년 작인 〈28일 후 28 Days Later〉나 〈레지던트 이블 Resident Evil〉이 등장하면서 좀비 서사는 다시 각광을 받기 시작한다. 이러한 흐름은 냉전 종식과 더불어 세기말이라는 시대적 배경 속에서 새로운 시대에 대한 기대와 불안감을 바탕으로 하여 테크노 컨셉과 SF를 필두로 한 디스토피아적 성격의 콘텐츠가 인기를 끌던 상황과 맞물려 있었다.[11]

2000년대 이후 좀비 서사의 특징은 감염병을 소재로 한 아포칼립스를 전면에 내세웠다는 점이었다. 〈28일 후〉에서 영국의 좀비 사태를 불러온 것은 분노 바이러스(Rage Virus)의 만연이었고, 〈레지던트 이블〉에서는 작중 가상의 기업인 엄브렐라(Umbrella)의 연구실에서 유출된 바이러스 때문이었다. 〈28일 후〉에서는 아예 포스터에서부터 생물재해를 나타내는 표지를 전

9 김성범, 「21세기 왜 다시 좀비 영화인가?」, 『씨네포럼』 18, 동국대학교 영상미디어센터, 2014.5, 129쪽.

10 김민오 · 이준희, 「밀레니엄 좀비영화와 사이버 공간의 폭력성 비교 연구」, 『CONTETNS PLUS』 11-4, 한국영상학회, 2013.12, 26쪽.

11 옥선영, 「게임 속의 세계는 세기말을 어떤 방식으로 드러내는가? - 게임 속 세기말의 구현 방식에 관한 분석: Resedent Evil 3, Parasite Eve 2, Silent Hill 3 중심으로」, 『한국게임학회 논문지』 21-1, 한국게임학회, 2021.2, 6-7쪽.

면에 내세웠을 정도였다.

〈레지던트 이블〉에서는 세포 재생 능력을 통해 신체적 불구를 치료하기 위한 연구 실험 과정에서 파생되어 군사용 생물학 병기로 개발된 T-바이러스가 좀비 팬데믹의 원인으로 지목되었다. 한번 감염되면 정상적인 세포를 망가뜨려서 장기의 기능 등을 정지시킴으로써 마치 죽은 것과 비슷한 상태를 만들지만, 대신 일부 신경 계통의 기능만 유지시켜서 인간에 대한 식욕만 증폭된다는 설정을 택했다. 〈살아 있는 시체들의 밤〉에서부터 본격화된 카니발리즘의 요소를 감염병의 기전으로 재해석한 셈이었는데, 물이나 공기를 통해서도 전염 가능한 바이러스로 묘사되었기 때문에 빠른 시간에 확산되어 팬데믹에 의한 아포칼립스를 일으키게 된다.

〈28일 후〉에서는 동물 해방을 주장하는 사람들이 한 생물학 연구실을 습격하는 과정에서 바이러스에 감염된 침팬지를 풀어주는 데에서 팬데믹의 원인을 짚어낸다. 활동가 중 한 여성이 침팬지에게 물리자 이내 강렬한 공격성을 드러내면서 연구실 내의 모든 사람들을 공격하기 시작한다. 유인원을 이환동물로 제시하는 인수공통 감염병으로서의 분노 바이러스라는 설정은 에볼라나 AIDS를 연상시키기도 하지만, 감염된 사람이 강렬한 공격성을 드러낸다는 점은 이러한 감염병과는 다소 거리가 있었다. 분노의 정서는 〈살아 있는 시체들의 밤〉에서부터 좀비와 긴밀하게 연결된 것으로 이해되었지만,[12] 2000년대의 좀비 서사에 이르러서는 기존의 감염병과 연관된 지

12 조지 로메로 영화의 좀비는 시대가 낳은 정념을 은유하는 괴물로서 사회적 불안, 공포, 분노, 혐오들을 실어나르고 재조직하는 상징의 다의적 운반체로 해석된다. 복도훈, 「살아 있는 좀비대왕의 귀환 - 조지 A. 로메로를 추모하며」, 『문학동네』 24-3, (주)문학동네, 2017.9, 4쪽.

식을 대거 채용하면서 신종 감염병의 한 형태로 재해석되기에 이른다.

좀비 바이러스의 감염은 주로 감염자(좀비)가 비감염자(사람)을 무는 행위를 통해서 이루어지는 것으로 설명된다. 좀비 팬데믹을 처음으로 묘사했던 〈레지던트 이블〉에서는 영화 초반에 마치 바이러스의 공기 중 감염을 연상케 하는 장면이 등장하기도 하지만, 이러한 설정은 보편화되지 못했다. 〈레지던트 이블〉 내에서조차도 영화 초반에는 좀비 감염증을 일으키는 T-바이러스가 공기 중에 누출되어 시설 내의 인원들을 전부 좀비로 감염시켰음을 암시하는 장면들이 등장하기는 하지만, 이후에는 이런 설정은 약화되고 좀비에게 물리거나 몸에 난 상처를 통해 바이러스가 침입했을 경우에 감염을 일으킨다는 설정이 보편화된다. 공기 중 감염과 같은 요소는 T-바이러스가 어떻게 그토록 짧은 시간에 팬데믹을 일으킬 수 있었는가를 설명하기 위한 근거로만 제시될 뿐, 영화 내에서는 체액을 통한 전염이 가장 주요한 원인으로 채택되었다.

이러한 현상이 나타난 데에는 일단 공기 중 전염이나 식수원 오염 등을 통한 팬데믹을 시각적으로 표현하기는 효과적이지 않다는 이유도 작용했을 것이다. 물론 여기에 대한 시각적 표현이 시도되지 않았던 것은 아니다. 에볼라 바이러스를 소재로 삼았던 영화 〈브레이크아웃〉(1995)에서는 공기 중에 떠도는 미세한 입자를 클로즈업해서 보여주는 방식으로 환풍구를 통해 바이러스가 퍼져나가는 것을 묘사했다. 〈레지던트 이블〉에서도 T-바이러스를 담은 용기가 파열되면서 환풍구를 통해 연구소 전체로 퍼져나갔다는 걸 암시하는 장면이 등장한다. 하지만 이런 방식은 가능한 묘사 방식이 한정되어 있었고, 자극적인 연출을 이끌어내기도 어려웠다. 감염자에게 물린다는 행위와 그 결과로 나타나게 되는 감염증을 연출하는 쪽이 더 수월했으며, 대중들에게도 좀 더 익숙한 방식이었다. 『드라큘라』와 같은 기존 고딕 서사의 전통과도 맞닿아있기 때문이다.

『드라큘라』를 비롯한 고딕 서사에서 묘사되는 흡혈귀는 '살아 있는 죽은 자(Un-Dead)'로서 삶과 죽음, 남성과 여성, 과학과 미신, 인간과 자연, 주인과 노예의 경계를 오가는 유동적 존재다.[13] 『드라큘라』의 흡혈귀는 금기를 어긴 여성들이 드라큘라 백작에 의해 변하게 된 결과물로 나타나며, 이는 비문명 세계를 대변하는 존재로서 당대 유럽인들의 과학적 합리주의와 대립하는 것으로 그려진다.[14] 흡혈귀는 인간의 혈액을 통해 영생을 얻으며, 그 희생자들 역시 언데드 상태가 되어 인간을 노리게 된다. 흡혈귀는 합리주의적 이성과 대결하는 강력한 비이성적 존재이자 그 영향력을 확장하는 존재로서 빅토리아 시대부터 공포의 대상으로 여겨졌다.[15]

흡혈귀는 인간과 대결하는 존재이자 인간을 희생양으로 삼아 자신의 영향력을 확대하고자 한다는 점에서는 많은 부분에서 좀비와 유사성을 발견할 수 있다. 흡혈귀에 대한 재해석을 바탕으로 한 『나는 전설이다』가 조지 로메로의 좀비 3부작에도 적잖은 영향을 끼쳤다는 점을 생각한다면 이런 유사성은 자연스러운 것일지도 모른다. 하지만 초자연적이고 불가해한 존재로서의 흡혈귀라는 설정은 2000년대의 좀비 서사에서는 영향력을 발휘

13 한혜정, 「주체의 흡혈귀 되기 - 브램 스토커의 드라큘라」, 『19세기 영어권 문학』 12-2, 19세기영어권문학회, 2008.3, 2쪽.

14 박광자, 「두 편의 독일 흡혈귀 영화: 무르나우와 헤어초크의 〈노스페라투〉」, 『헤세연구』 19, 한국헤세학회, 2008.5, 324-325쪽.

15 박상익 · 우정권, 「브램 스토커 드라큘라와 최근 미국 영화 속 뱀파이어 이미지 변화 양상 연구 - 트와일라잇: 뉴문, 트와일라잇: 이클립스, 나는 전설이다를 중심으로」, 『인문콘텐츠』 28, 인문콘텐츠학회, 2013.3, 152-153쪽.

하기 힘들었다. 이미 『나는 전설이다』에서부터 흡혈귀와 감염병의 연계가 시도되었거니와, 〈레지던트 이블〉이나 〈28일 후〉와 같은 좀비 서사에서는 초월적 존재로서의 괴물은 나타나지 않는다. 바이러스에 의해 변이를 일으킨 변종 좀비나, 기존의 좀비에 대한 개념에서 다소 벗어난 '달리는 좀비'를 등장시키기는 했어도 이것이 드라큘라 백작과 같은 초월자를 뜻하지는 않았다. 하물며 〈트와일라잇〉 시리즈와 같은 최근의 흡혈귀 영화에서 "호러도 테러도 존재하지 않는 … 따분한 일상에서 탈출하고자 하는 욕망"[16]으로 대변되는 흡혈귀와는 더욱 거리를 두고 있었다.

이러한 시대에 신종 감염병은 대중들의 공포를 자극하기에 충분한 소재로 각광받기 시작했다. 대표적인 사례가 에볼라에 대한 과장된 묘사였다. 리처드 프레스턴(Richard Preston)의 저서 『핫존: 에볼라 바이러스 전쟁의 시작』에서 에볼라는 사실상 신체의 모든 부분을 집어삼켜 소화된 점액처럼 만들어 버리는 병으로 묘사되었다. 혹은 사망한 환자가 과도한 출혈로 인해 온몸의 피가 빠져나간 상태였다고 진술되기도 했다.[17] 에볼라에 대한 이와 같은 묘사가 던진 공포는 영화 〈아웃브레이크〉(1996)에서도 잘 표현되어 있다. 이 영화에서는 에볼라 대신 '모타바 바이러스(Motaba Virus)'라는 가상의 바이러스 변종을 소재로 채택하기는 했지만, 이 바이러스의 명칭이 자이르(현 콩고)의 모타바 계곡[18]에서 따왔다는 점, 그리고 바이러스가 원숭이를 통

16 위의 글, 159쪽.

17 데이비드 콰먼, 강병철 역, 『인수공통 모든 전염병의 열쇠』, 꿈꿀자유, 2013, 115-116쪽.

18 모타바 바이러스는 가상의 명칭이지만 모타바는 실제로 존재하는 지명이다. 모타바 강은 콩고 강의 지류로 현 콩고 공화국과 콩고 민주공화국의 국경선을 형성하는 우방기 강을 거쳐 콩고 강으로 흘러들어 간다.

해 미국으로 건너온다는 설정은 에볼라를 참고로 했음이 분명했다. 이 신종 감염병의 위력은 순식간에 마을 하나를 집어삼키고, 정부는 이에 대응하여 마을 전체를 소각시킬 결정을 내린다. 물론 결론에서는 극적으로 백신을 발견하고 간발의 차이로 폭격을 저지하게 되지만, 신종 감염병이 야기하는 공포에 대한 묘사로서는 더할 나위 없었다.

하지만 좀비 서사에서는 에볼라나 SARS와 같은 신종 감염병으로부터 상상력을 차용하지는 않았다. 공포의 요소는 이미 좀비를 통해 충족되기 때문이기도 했지만, 에볼라와 같은 병으로는 '감염병으로서의 좀비'를 설명하기에 적절하지 않았다. 프레스턴의 표현을 빌리자면 '신체의 모든 장기가 녹아내릴 정도'의 참혹함은 감염된 환자가 겪을 비극과 이에 대한 공포를 자극하기에는 충분했지만, 정작 환자가 좀비로서 다른 사람을 공격하여 감염시킬 수 있다는 또다른 공포로 연결하기는 쉽지 않았다. 기존 좀비 서사가 클리셰로 삼았던 요소들, 즉 카리발리즘으로 연결되는 공격성을 해명하려면 조금 다른 접근법이 필요했다.

이 과정에서 채택된 것이 광견병이었다. 물론 좀비 서사가 감염병의 상상력을 채택하게 만든 계기는 에볼라나 사스, 신종플루와 같은 신종 감염병에 대한 공포였지만, 정작 좀비 서사에서 채택한 상상력의 구체적인 내용은 이러한 종류의 감염병들과는 다소 거리가 있었다. 직접적인 접촉이 없어도 전염이 가능한 인플루엔자나 코로나 바이러스의 특성을 채택한 좀비 서사는 사실상 존재하지 않기 때문이다.[19] 오히려 채액을 통해서만 감염이 가능하

19 〈레지던트 이블〉을 비롯한 몇몇 영화에서는 공기 중 감염이나 수원의 오염을 통한 감염 등이 제기되기는 하지만 영화 내에서 이런 것들이 직접적으로 묘사되지는 않는다. 다만 〈워킹 데드〉에서는 좀비로 인해 수원이 오염되었기 때문에 식수로 사용할 수 없다고 지

며, 그것도 좀비가 사람을 물어뜯음으로써 바이러스를 전염시키는 방식이 대부분이다. 그리고 감염병 가운데 이와 가장 유사한 기전을 갖고 있는 것이 바로 광견병이었다.

좀비 바이러스의 기전은 기본적으로 살아 있는 인간을 감염시켜서 좀비로 만든다는 것이었고, 여기에는 인간으로서의 자의식을 상실하게 만든다는 전제가 깔려 있었다. 감염을 일으킨 인간은 이미 자신이 인간이라는 점을 인식하지 못하고 본능적인 욕구를 좇아 행동하는데, 이는 주로 주변의 생명체에 대한 폭력성으로 형상화되었다. 좀비 바이러스에 감염된 사람은 좀비로 변해서 주위의 다른 사람들을 물어뜯음으로써 바이러스를 전염시킨다는 것이다. 자의식을 상실하고 스스로를 통제하지 못하며 극도의 폭력성을 드러내게 된다는 점, 특히 '뇌'를 감염증의 핵심에 두고 있다는 점은 좀비 서사에서 공통적으로 드러나는 특징들이다. 그리고 이러한 특징은 고스란히 광견병으로부터 차용된 상상력이라고 보아도 좋을 정도였다.

사실 광견병의 영문 명칭인 'Rabies'도 그 어원은 광기(狂氣)를 의미하는 라틴어 'rave'에서 기인한 것이다.[20] 영화 〈28일 후〉에서 거론된 바이러스의 이름은 분노(Rage), 그리고 〈레지던트 이블〉에서 거론된 T-바이러스는 Tyrant(폭군)의 이니셜에서 이름을 따 왔다. 좀비 바이러스의 증상을 대표하는 분노나 폭력성은 바이러스를 명명하는 방법에도 영향을 끼쳤는데, 이는

적하는 장면이 나오기는 한다. 다만 이것이 좀비 감염을 상정에 둔 것인지, 아니면 단순히 물의 오염으로 인한 것인지는 정확하게 설명되지 않는다.

20 그리스어에서는 광폭하다는 뜻의 lyssa, 프랑스어에서는 분노를 뜻하는 le rage, 독일어에서는 현저한 격노를 뜻하는 Tollwut로 불린다. 이러한 명칭들은 모두 '분노'와 연관되어 있다. 황의경, 「광견병 진단법 및 예방법의 발전」, 『한국수의공중보건학회지』 19-3, 한국수의공중보건학회, 1995.10, 296쪽.

광견병이 대표하는 증상인 '광기'와도 밀접하게 연결되는 것이었다. 즉 광견병은 좀비 서사와 감염병의 상상력을 연결하는 데 가장 적합한 성질을 지닌 감염병이었다.

한편 광견병은 여러 감염병 중에서도 가장 오랜 역사를 가지고 있으며, 인류가 이에 대응해온 역사도 상당히 오래된 편이다. 서양에서는 히포크라테스나 아리스토텔레스의 저서 『히스토리아 아니말리움(Historia animalium)』, 동양에서는 기원전 3세기 중국의 응급의학서 『주후비급방(肘後備急方)』에서 이미 광견병과 관련된 기록들이 발견되고 있다.[21] 병원체인 광견병 바이러스 자체는 20세기 중반 무렵에야 발견되었지만, 정작 광견병 백신은 이미 파스퇴르에 의해 19세기 후반에 개발된 상태였다.[22] 광견병의 이러한 특성은 감염병의 기전이라는 다소 복잡한 요소를 채택하더라도 대중들에게 폭넓은 저변을 확보할 수 있었다. 미친개에게 물리면 사람 또한 비슷한 병에 걸리게 된다는 것은 광견병 혹은 공수병[23]이라는 병의 정체가 밝혀지기 전부터 사람들에게 익히 알려진 사실이었다. 병원체에 대한 지식은 없더라도 본격적인 광견병 감염증을 일으킨 개에게서 나타나는 외형적인 특징이나 난폭한 행동 등은 손쉽게 식별 가능한 것이었고, 이런 개에게 물린 사람 중에서 개처럼 짖는다거나 자신의 살점을 물어뜯는 등의 이상행

21 천명선, 「일제강점기 광견병의 발생과 방역」, 『의사학』 27-3, 대한의사학회, 2018.12, 324쪽.

22 위의 글, 327쪽.

23 광견병과 공수병은 동일한 질병이지만 누가 감염된 것인가에 따라서 병명이 달라진다. 개를 비롯한 동물에게서 발생하는 것은 광견병, 사람에게서 발생하는 것은 공수병으로 칭한다. 박준선 · 한명국, 「공수병의 일반적 특징과 교상 후 치료」, 『Infecton and Chemotherapy』 42-1, 대한감염학회, 2010.2, 6쪽.

동을 보이다가 사망에 이르는 경우 역시 드물지 않게 목격되었던 까닭이다.

예컨대 1906년 7월에는 후동(后洞)에 사는 장주현(張周鉉)의 9살 아들이 미친개에게 얼굴을 물려서 약을 써서 치료하고자 했으나 결국 죽었다고도 했다.[24] 그런데 아이가 사망할 무렵에 "자신의 피부를 물어뜯으면서 마치 개처럼 짖는 모습을 보였"으며, 따라서 미친개를 조심해야 한다면서 마치 광견병을 암시하는 듯한 설명이 부가되기도 했다. 김윤식(金允植)이 남긴 기록에도 유사한 사례가 발견된다. 『속음청사(續陰晴史)』에 따르면 광무3년(1899년) 연초에 제주도 지방에서 미친개에게 물렸던 사람이 4월 무렵 그 독이 몸에 퍼져서 개처럼 짖고 다른 사람을 물어서 인심이 흉흉해졌다고 한다.[25] 사람을 물어뜯는 미친개의 존재는 그 특유의 공격성뿐만이 아니라 전염성, 이를테면 일종의 독기(毒氣)를 전파하여 물린 사람 역시 미친개처럼 만든다는 인식은 광견병의 구체적인 실체가 밝혀지기 전부터 사람들 사이에서 널리 통용되고 있었다.

광견병의 특성은 여러 측면에서 좀비 바이러스의 상상력에 영향을 끼쳤다. 일단 광견병 바이러스는 체액이나 혈액을 통해서만 전염될 수 있다. 광견병 바이러스는 뇌에 영향을 주어 감염된 동물이 극심한 공격성을 드러내면서 주변의 생명체를 공격하게 만든다. 그래서 광견병의 숙주는 대체로 개, 여우, 스컹크 등 날카로운 이빨을 가진 동물이며, 바이러스는 뇌뿐만 아니라 침샘으로도 이동하여 숙주가 미쳐 날뛰는 사이에 침을 통해서 새로운

24 「狗咬致斃」, 『大韓每日申報』, 1906.7.28.

25 金允植, 《續陰晴史 上》(『한국사료총서』 제11집, 1960). http://db.history.go.kr/id/sa_013_0090_0020_0040 (accesed 2021.7.8.)

희생자의 몸 속으로 들어간다.[26] 사람이 광견병 이환동물에게 물렸다고 해도 빠른 시기에 백신을 접종하면 공수병 발병을 예방할 수 있다. 하지만 이를 인지하지 못한 채 방치했다가 본격적인 감염증을 일으키게 되면 100%에 근접하는 치명률을 보인다는 점도 특징적이다. 극심한 공격성을 바탕으로 다른 생물체에게 교상을 입힘으로써 체액을 통해 전파되며, 발병 이후에는 치료가 사실상 불가능하다는 점 등은 대중서사에서 공포를 자극하기에는 충분한 요소들이다. 게다가 다른 생명체를 공격하는 행위가 전염의 중심에 있다는 점은 기존의 좀비 서사와 연계를 마련하기에도 좋았다.

무엇보다도 광견병 바이러스는 신경계통, 즉 '뇌'에 영향을 끼친다는 점에서 좀비 서사에 중요한 전기를 제공했다. 광견병 바이러스는 비신경세포에서도 일정 기간 증식할 수 있지만 면역반응을 유도하지는 않으며, 잠복기를 거친 뒤 말초신경에 침입하여 중추신경계를 따라 뇌로 이행한 후 증식한다. 증상이 발현되는 것은 이 시기인데, 개의 경우에는 과도한 흥분이나 과민과 더불어 주변에 대한 무차별적인 공격성을 드러내거나 이물(異物)을 먹기도 한다. 이후 급격한 운동장애와 경련 및 마비 증상을 일으키며, 최종적으로는 호흡기 근육 마비로 인해 폐사한다.[27] 사람의 경우에는 척수의 운동신경과 배근 신경절에서 바이러스가 증식하여 뇌로 이동하며, 뇌신경세포에 감염되어 신경장애를 일으킨다.[28] 광견병의 주된 증상으로 거론되는 광폭(狂暴)성과 마비성, 그리고 뇌를 중심으로 한 신경계통에 감염증을 일으

26 데이비드 콰먼, 앞의 책, 372쪽.
27 문운경, 「우리나라 광견병 발생 동향과 대책」, 『대한수의학회지 학술대회발표집』, 대한수의학회, 2013.4, 72-73쪽.
28 박준선 · 한명국, 앞의 글, 8쪽.

키는 광견병-공수병의 기전은 2000년대의 좀비 서사가 감염병의 요소들을 수용하는 과정에서 '뇌'를 상상력의 중심에 배치하게 만드는 데 적잖은 영향을 끼쳤다.

〈지상 최후의 사나이〉나 〈살아 있는 시체들의 밤〉에서부터 좀비가 사람을 공격해서 잡아먹는다는 설정은 이미 정착되어 있었고, 여기에 광견병을 중심으로 한 다양한 감염병의 상상력이 부가되기 시작했다. 2000년대의 좀비 서사들은 일단 좀비가 사람을 '물어서' 바이러스를 전염시킨다는 기전을 채택했다. 좀비가 된 사람은 주위의 다른 생명체에 대한 극도의 공격성을 보이는데, 이는 교상(咬傷)을 통해 바이러스를 전염시키는 장치로 작동한다. 좀비 바이러스는 주로 뇌를 중심으로 한 신경계통에 문제를 일으켜서 분노를 자극하거나 사람에 대한 식욕을 극도로 강화하는 방식으로 주변에 대한 무차별적인 공격성을 띠게 만든다.

무엇보다도 2000년대의 좀비 서사는 '뇌'에 대한 각인을 더욱 명료하게 했다. 감염증의 출발점에서부터 좀비의 행동 양태, 나아가서는 서사 내에서 제시되는 좀비에 대한 대응책에 이르기까지 그중심에는 항상 '뇌'가 있었다. 이미 〈레지던트 이블〉에서부터 심장을 비롯한 대부분의 장기는 정상적인 동작을 멈춘 상태이며, 오로지 뇌와 신경계통만이 일부 기능을 유지한 채로 식욕에 의해서만 움직인다는 설정을 택하고 있었다. 좀비 바이러스는 신경계통에 변이를 일으키는 것으로 설명되는 것이 일반적이었으며, 따라서 좀비를 멈추는 데에도 가장 효과적인 방법은 머리 즉 '뇌'를 파괴하는 것이라는 설정 역시 보편화되었다.

사실 이런 설정은 이전의 좀비 서사에서는 반영되지 않았던 요소였다. 다만 좀비 서사의 출발점이 타히티 지역의 부두교 관련 전승에서 비롯된 만큼 시체를 움직이게 만드는 모종의 초자연적인 영향력이 작동한다는 막연한 공통분모는 있었다. 좀비를 뇌와 연결시키기 시작한 것은 1980년대 희화화된 좀비 서사에서부터였는데, 〈바탈리언 The Return of the Living Dead〉(1985)에서 인간의 뇌를 탐닉하는 것으로 묘사한 사례가 대표적이었다. 하지만 이것은 카니발리즘의 과장과 희화화를 통해 나타난 설정일 뿐 좀비가 발생하는 원인을 지목하는 것은 아니었다. 좀비의 발생을 뇌와 신경계통에 발생하는 감염증의 일환으로 삼게 된 것은 2000년대부터의 일이었다.

〈28일 후〉는 특히 광견병과 관련된 요소들이 잘 드러난 영화다. 이 영화에서의 분노 바이러스는 극도의 공격성을 유발하기는 하지만 기존의 좀비 서사가 클리쉐로 택했던 카니발리즘의 요소는 채택하지 않았다. 바이러스는 체액을 통해서 전염되는데, 광견병과는 달리 단 한 방울의 체액이 체내에 침투하기만 해도 수십 초 내에 감염증을 일으킨다. 〈레지던트 이블〉의 원작인 〈바이오하자드〉에서는 T-바이러스가 감염자의 뇌에 침투해서 뇌세포를 점진적으로 파괴하면서 최종적으로는 신체의 각종 기관을 모두 정지시키되 자율신경계만 남겨서 좀비 상태로 만드는 것으로 설명되었다. 공교롭게도 〈레지던트 이블〉에서는 T-바이러스에 감염된 도베르만이 등장하는데, 반쯤 부패된 외형과 더불어 무차별적인 공격성을 띤 것으로 묘사되고 있다.[29] 이 외에도 웹툰 〈극야〉(2018-2020)에서는 남극에서 발견된 좀비 바이러스를 광견병으로 의심해서 HDCV 백신을 투여하기도 하고, 게임 〈다잉라이트〉(2015)에서는 하란(Harran)이라는 가상의 도시에 광견병 변종 바이

29 게임 〈바이오하자드〉에서는 '케르베로스(Cerberus)'로 명명되어 있지만 〈레지던트 이블〉에서는 별도의 명칭은 등장하지 않는다.

러스가 만연하여 도시 자체가 봉쇄되었다는 설정을 택했다.

광견병은 기존의 좀비 서사가 형성한 클리셰를 활용하면서도 신종 감염병에 대한 공포라는 21세기의 새로운 정서를 포섭하는 데 효과적이었다. 다만 광견병은 잠복기도 길고 감염력도 그다지 강하지 않다는 점에서 팬데믹을 묘사하기에는 문제가 많았으므로, 인위적으로 개량된 병원체라든가 모종의 이유로 변이를 일으킨 바이러스라는 설정이 추가되는 것이 보통이었다. 그리고 이는 팬데믹에 의한 아포칼립스라는 새로운 클리셰를 성립해 나갔다.

2000년대의 좀비 서사에서 바이러스는 100%의 치명률과 더불어 높은 감염력으로 살아 있는 인간을 잠식해 가고 나아가서는 인간사회를 무너뜨리는 병원체로 등장한다. 이는 『나는 전설이다』와 〈살아 있는 시체들의 밤〉으로부터 이어받은 전통이기도 했다. 특히 『나는 전설이다』에서 네빌 박사의 기억을 통해 보여주는 바이러스의 발견 과정과 감염자의 특성 등은 2000년대의 좀비 서사가 감염병의 상상력을 채용하는 데 많은 영향을 주었다. 다만 『나는 전설이다』의 감염병은 흡혈귀를 가리키고 있었고, 발생 원인 역시 흡혈귀의 기원만큼이나 불명확했다. 이 부분이 명확해진 것은 신종 감염병에 대한 공포와 더불어 동시대의 감염병에 대한 지식을 적극적으로 채택하기 시작한 2000년대 이후의 좀비 서사에서부터였다.

감염병이 직접적으로 아포칼립스에 대한 공포를 환기한다고 생각하기는 어렵다. 감염병이 주는 공포는 문명 자체에 대한 위협보다는 자기 자신도 언제 감염될지 모른다는 데에서 기인하는 바가 크다. 최근 COVID-19 팬데믹과 더불어 좀비 서사가 대중적인 인기를 구가하고 있는 것도 감염의 가능성에 대한 공포가 문화적 상상력을 자극하는 중요한 요소가 되었기 때문이다.[30] 아포칼립스에 대한 공포는 미-소 냉전이 격화되던 1970~1980년대 무렵에는 핵전쟁, 냉전이 종식된 1990년대 이후에는 환경오염이나 기후변화가 주된 소재로 각광받았다.[31] 좀비 서사는 이러한 흐름을 좇아서 변천해 온 결과 신종 감염병과 관련된 대중의 공포를 새로운 '숙주'로 삼아서 2000년대부터 다시금 각광받는 장르로 성장했던 것이다.

4. 비가역적 질병으로서의 좀비 감염증과 타자화되는 '환자'

2000년대의 좀비 서사에서 좀비는 비가역적인 존재로 묘사된다. 한번 바이러스에 감염되어 좀비로 변하면 다시 사람으로 돌아온다는 것은 불가능하다. 좀비의 원형이었던 부두교 주술과 관련된 전승 민담에서는 주술사의 의지에 따라, 혹은 주술사의 소멸에 의해서 좀비 상태로부터 벗어나는 것도 가능한 것으로 설명되고 있으며, 이런 묘사는 초창기 좀비 영화 〈화이트 좀비〉에서도 고스란히 반영되었지만, 좀비 서사가 본격화되면서부터는 이러한 설정은 사실상 폐기되었다.

이러한 비가역성은 〈살아 있는 시체들의 밤〉에서부터 비롯된 것으로, 이는 대중서사 속 좀비의 출발점이 언데드(Undead) 즉 "되살아난 시체"였기 때문이었다. 되살아난 시체로서의 좀비가 사태의 정상화를 통해 도달할 수 있는 회귀점은 살아 있는 사람이 아니라 죽은 인간, 즉 시체의 상태로 되돌아

30 송은주, 「『스테이션 일레븐』: 포스트-아포칼립스 장르는 팬데믹 이후의 세계를 상상할 수 있는가」, 『영미연구』 52, 한국외국어대학교 영미연구소, 2021.6, 26쪽.
31 위의 글, 28쪽.

가는 것이다. 좀비는 원래부터 생명이 없는 존재이고, 어디까지나 초현실적인 현상에 의해 일시적으로 활동성을 부여받았을 뿐으로, 살아 있는 인간과는 명확하게 구분되었다.

원래 〈화이트 좀비〉에서는 좀비를 가역적인 상태로 묘사했다. 좀비가 되려면 주술사가 만든 물약을 복용함으로써 일단 죽은 상태가 되었다가 다시 좀비로서 부활한다. 이 상태에서는 주술사의 명령에 따르는데, 외형적으로는 살아있을 때의 상태와 거의 구분이 되지 않는다. 게다가 주술사가 죽게 되면 좀비 상태에서 벗어나 다시 정상적인 사람으로 되돌아올 수도 있다. 이러한 설정은 좀비를 주술의 결과물, 즉 모종의 이유로 인해 건강한 사람이 주술에 걸려서 주술사의 명령에 따르게 된 것으로 묘사한 데에서 기인한 것이었다. 따라서 좀비의 원인이 되는 주술의 영향력만 제거하면, 좀비는 다시 원래 상태로 돌아올 수 있었다.

하지만 〈살아 있는 시체들의 밤〉에서는 좀비를 만들어낸 원인 자체가 불명확한 것으로 간주되었기에, 등장인물들은 단지 좀비와의 대결을 통해서 살아남는 것만이 유일한 선택지가 되었다. 작중에 잠시 언급되는 우주 방사능이 설령 좀비 사태의 원인이라고 해도, 이를 제거하고 좀비 사태를 멈추는 것은 불가능했다. 그러므로 좀비 역시 다시 예전의 상태로 돌아갈 수 없었다. 좀비와는 대립만이 가능했으며, 인간이 할 수 있는 일은 좀비로부터 살아남는 것뿐이었다. 좀비는 회피와 퇴치, 즉 대결의 대상이었으며 좀비는 어떤 과정을 거쳐도 사람이 될 수 없었다.

이러한 차이는 좀비에 대한 외형 묘사에서도 두드러졌다. 〈화이트좀비〉에서 약물을 마시고 좀비가 된 메델라인(Madeleine)의 모습은 인간이었던 때와 큰 차이가 없다. 반면 〈살아 있는 시체들의 밤〉에 등장하는 좀비들은 헤진 옷, 절뚝거리는 걸음걸이, 과장되게 비틀려 있거나 곳곳에 상처가 난 얼굴 등 사람과는 명확하게 차이를 보이는 모습으로 묘사된다. 후속작인 〈시체들의 새벽〉(1978)은 컬러로 촬영되었기에 전편인 〈살아 있는 시체들의 밤〉보다 더욱 신체훼손을 두드러지게 보여주었다.[32]

사람을 공격하여 인육을 먹는 행동 양태 역시 사람과는 판이하게 구분되는 지점이었다. 〈살아 있는 시체들의 밤〉에서의 좀비는 인간과 구분되는 특징들을 외형적으로 드러내는 데에 초점을 맞추고 있었다. 그리고 이러한 특징들은 구울과 같은 언데드, 즉 '살아 움직이는 시체'로서 인간과 뚜렷하게 구분되는 별개의 존재이자 인간을 공격하여 잡아먹는 괴물로서의 좀비 이미지를 형성해나갔다.

〈지상 최후의 남자〉의 변종인류 역시 이러한 좀비의 특성을 강화하는 데 기여했다. 흡혈귀를 연상시키는 변종인류는 인간의 생존을 위협하는 요소로서 말뚝으로 퇴치되어야 할 대상이었다. 작중에서는 수혈을 통해서 감염병을 치료하는 내용이 등장하기도 하지만, 이는 어디까지나 감염은 되었지만 본격적인 증상을 일으켜서 언데드 상태에까지 도달하지 않은 경우에 한해서였다. 변종인류는 감염증을 일으켜서 사망한 후 되살아난 시체로 구분되었으며, 바이러스에 면역이 있는 피를 수혈받음으로써 완치되는 것은 일종의 돌연변이를 일으켜서 백신을 통해 생명을 유지할 수 있는 감염자에 한해서였다.

그런데 2000년대의 좀비 서사가 감염병의 상상력을 채용하면서 좀비는

32 안창현, 「살아 있는 시체 좀비와 강시 캐릭터 비교 연구」, 『동아시아문화연구』 68, 한양대학교 동아시아문화연구소, 2017.2, 191쪽.

더 이상 언데드를 전제하지 않게 되었다. 〈레지던트 이블〉에서부터 명확하게 드러나는 요소는 '살아 있는 사람'이 바이러스에 감염된 결과로 좀비가 된다는 설정이다. 이는 감염병의 관점에서 본다면 당연한 과정일 것이겠지만, 좀비 서사라는 관점에서 본다면 기존과는 뚜렷하게 변별되는 부분이다.

〈살아 있는 시체들의 밤〉과 비교해보더라도 이러한 차이는 잘 드러난다. 이 영화에서 좀비 사태를 유발한 원인은 우주 방사능으로 인해 발생한 이상현상이었는데, 이것이 영향을 끼치는 건 살아 있는 사람들이 아니라 이미 죽은 사람, 즉 시체였다. 방사능은 시체들을 좀비로 만들기는 했지만 등장인물들까지 좀비로 변하게 하지는 않았다. 좀비 역시 살아 있는 사람을 공격하기는 했어도 희생자를 감염시키거나 돌연변이를 일으키게 해서 좀비로 만들 수는 없었다. 좀비에게 공격당해서 죽었던 사람이 다시 좀비로 되살아나는 경우는 있었지만, 이 또한 방사능에 영향을 받은 시체의 변이로 설명될 수 있을 터였다. 〈지상 최후의 남자〉 역시 변종인류가 되는 것은 정체불명의 감염병으로 인해 이미 사망한 사람에 한해서였으며, 면역을 획득했거나 혹은 감염 상태라도 지속적으로 백신을 맞은 사람은 변종인류로 변하지 않았다.

반면 〈레지던트 이블〉, 〈28일 후〉로부터 시작된 2000년대의 좀비 서사는 명확하게 감염증으로서의 좀비라는 설정을 채택했다. 즉 좀비는 살아 있는 사람을 공격하여 잡아먹는데, 이 과정에서 좀비로부터 살아남는다 하더라도 좀비의 체액으로 인해 바이러스가 전염된 결과 감염증을 일으켜서 좀비로 변하게 된다는 식이었다. 물론 기존의 상상력, 즉 언데드의 개념도 여전히 남아 있었다. 드라마 〈워킹 데드〉(2010-)에서 등장한 '되살아난 시체'로서의 좀비들은 신체 일부가 없거나 내장기관이 겉으로 드러나 있는 등의 자극적인 형상으로 묘사되고는 했는데, 이는 좀비에 대한 공포를 강화하기 위한 장치였던 것으로 보인다. 하지만 여전히 중심이 되는 것은 감염된 사람, 즉 살아있던 사람이 바이러스로 인해 좀비로 변한다는 설정이었다.

감염병의 관점에서 본다면 좀비는 진단과 치료의 대상이어야 했다. 살아있는 사람이 감염증을 일으킨 결과가 좀비이므로, 치료제를 통해 감염증을 완화시키거나 백신으로 감염증의 가능성을 줄여나가는 방식으로 대응해야 했다. 이미 〈레지던트 이블〉에서도 항바이러스제의 존재가 언급된 바 있으며, 이후의 여러 좀비 서사에서도 백신이나 치료제에 관련된 내용은 자주 등장한다. 하지만 이런 영화 중에서 실제로 백신이나 치료제가 효과를 발휘하여 감염증을 치료한다는 설정을 채택한 경우는 없었다.

〈지상 최후의 사나이〉를 리메이크한 2007년작 〈나는 전설이다〉에서는 이미 감염증을 일으킨 좀비를 대상으로 백신을 실험해서 모종의 효과를 거두는 장면이 나오기도 하지만, 이는 가능성만 보여주었을 뿐 본격적인 치료로 이어지지는 않았다. 〈월드 워 Z〉에서도 역시 백신에 대한 가능성이 제시되기는 하였지만 실제로 백신이 개발·투여되어 감염증을 치료한다는 설정은 제시되지 않았다.

이처럼 몇몇 영화에서는 좀비 바이러스에 대응하는 백신이 언급되거나, 혹은 실제로 백신 투여를 통해서 감염증을 완화하는 장면이 나오기도 한다. 하지만 이러한 영화에서조차도 이미 좀비 바이러스 감염증을 일으킨 환자가 건강을 회복하는 것, 즉 좀비가 다시 사람으로 되돌아오는 것은 묘사하지 않는다. 좀비는 살아 있는 인간과 별개의 존재로 간주되기 때문이다. 이러한 개념의 출발점은 전대의 좀비 서사가 채택한 언데드로서의 좀비를 계승한 데에 있는 것으로 보이지만, 다른 한편으로는 정체불명의 신종 감염병에 대한 당대의 공포를 자극함으로써 2000년대의 좀비 서사가 확산될 수 있는 기반을 확보하기 위한 전략이기도 했을 것이다.

감염병의 상상력을 적극적으로 채용하기는 했어도, 여전히 좀비는 〈아웃브레이크〉(1995), 〈컨테이젼〉(2011)에서 등장하는 감염병 환자라기보다는 〈괴물〉(2006)에서 등장하는 돌연변이 괴생물체나 〈에이리언: 커버넌트〉(2017)에서 인간에 의해 생물학 병기로 재탄생한 외계 생명체 제노모프(Xenomorph) 쪽에 가까운 존재였다. 즉 인간과는 다른 이질적인 존재로서 인간을 위협하고 나아가서는 문명 전체의 붕괴를 유발하는 외부자로 간주되었다는 것이다. 〈괴물〉이나 〈에이리언: 커버넌트〉의 괴물이 인간의 과오로 인해 탄생한 존재임에도 인간과의 이질성이 강조되었던 것처럼, 좀비는 감염증의 일환으로 재해석되는 과정을 거치면서도 여전히 괴물로서의 이질성을 유지한 존재로 남게 되었다.

2000년대의 좀비 서사는 감염병의 요소들을 채용하면서 기존의 좀비 서사가 초자연적인 영역 내지는 불가해한 부분으로 남겨둔 영역을 구체화함으로써 좀비 바이러스에 의한 팬데믹이라는 새로운 맥락을 형성했다. 다만 이는 기존의 좀비 서사에서 채택한 요소들을 폐기하고 새로운 장르를 탄생시키는 방향보다는 〈살아 있는 시체들의 밤〉에서부터 채택된 설정들을 재해석하고 강화하는 방향으로 나아갔다. 물론 일부 설정들은 달라지기는 했지만, 좀비를 인간과 구분되는 별개의 존재로 설정하고 이러한 좀비의 위협으로부터 살아남기 위한 인간의 모습에 초점을 맞춘다는 기본적인 틀은 상당 부분 계승되었다. 다만 인간과 좀비 사이에 감염병이라는 매개체가 끼어들면서 과거에는 적용되지 않았던 공포, 즉 '자신도 감염될 수 있다'는 감각이 부가될 수 있었다.

이런 작업은 마치 『나는 전설이다』에서 주인공인 네빌 박사가 흡혈귀의 다양한 속성을 과학적인 입장에서 재접근하여 그 타당성을 면밀하게 따지는 과정과도 흡사하다. 이는 『나는 전설이다』가 흡혈귀에 대한 현대적 해석 혹은 새로운 해석의 산물이라는 점을 강력하게 시사하기도 하는데,[33] 2000년대의 좀비 서사 역시 감염병이라는 과학적 '도구'를 이용하여 좀비에 대한 현대적 해석을 시도한 셈이다.

하지만 이러한 계승과 변용은 예기치 않은 난제를 만들어냈다. 좀비 바이러스로 인하여 팬데믹이 발생한다면 이 바이러스에 감염된 존재를 인간으로 간주할 수 있는가 하는 문제이다. 감염병의 결과라면 좀비는 감염된 환자, 즉 인간으로 간주되어야 하겠지만 좀비 서사가 채택해 온 클리셰를 따른다면 좀비는 인간과 구분되는 별개의 존재로 남을 수밖에 없다. 그리고 2000년대의 좀비 서사는 대체로 후자를 선택했다. 그 결과 비가역적인 신종 감염병으로서의 좀비가 탄생했고, 인간은 이러한 좀비 팬데믹과 대결하여 살아남는 것이 좀비 서사의 주된 이야기로 자리 잡게 되었다. 결국 좀비는 숙주인 인간보다는 병원체인 좀비 바이러스에 더욱 근접한, 혹은 병원체 그 자체와 '동일한' 존재로 여겨지게 되었다.

5. 환자와 바이러스의 동일시가 낳은 혐오와 대립

사실 이러한 모순은 이미 2000년대 좀비 서사의 대두 이후 인터넷 공간에

33 김일영, 앞의 글, 27쪽.

서 벌어지는 폭력과의 비교 고찰을 통해서도 확인되었던 바이다. 좀비 서사 내에서 나타나는 인간 캐릭터들의 행동 양태와 디지털 네이티브의 유사성은 외부의 위협으로부터 자신을 보호하면서 동시에 더 나은 환경을 향유하기 위해 서로를 경계하고 불신하며 필요할 경우에는 상대를 죽이기까지 하는 극단적인 대립의 양상으로 구체화되었다.[34] 그리고 이러한 대립은 생존을 위한 불가피한 선택으로 합리화되는 것이 일반적이었고, 반대로 상대방에 대한 신뢰나 의존은 결국 감염병의 확산이라는 비극적인 결말로 이어지는 경우가 많았다.

감염병을 중심으로 형성된 좀비의 속성은 서사에서 등장하는 감염병 환자에 대한 극단적인 타자화와 더불어 인간과의 대립 구도 설정을 가능하게 했다. 좀비의 출발점인 '언데드'를 '죽음을 넘어서 살아 돌아온 것'이라고 설명한다면 이는 뱀파이어와 같은 초월적-초자연적 존재로 이해될 수 있겠지만, 좀비는 뱀파이어와 같은 능력이나 지략, 인간적 욕망이나 감정이 없는 '걸어다니는 시체'로서 이미 외부인이자 타자의 속성을 내포한 상태였다.[35] 2000년대 이후 언데드에게 부여되었던 초자연적 속성이 감염병의 상상력으로 대체되면서 좀비는 감염병 환자의 연장선상에 놓이게 되었지만, 정작 좀비에게 부여되었던 타자의 속성은 그대로 유지되었다.

배제와 혐오의 작동은 감염병 환자를 별개의 존재로 인식함으로써 더욱 강화된다. 2000년대의 좀비 서사는 감염병의 상상력을 채택하는 과정에서 감염병 환자에 대한 배제와 혐오의 상상력까지도 함께 채택한 셈이다. 좀

34 김민오 · 이준희, 앞의 글, 2013.12, 30-32쪽.
35 김민오, 앞의 글, 2014.6, 80쪽.

비는 감염병에 걸린 환자이지만, 치료를 통한 회복의 대상이 아니라 구분과 배제를 통해 처분되어야 할 대상으로 간주되었다. 좀비는 인간이라기보다는 병원체에 가까웠다. 감염으로부터의 치료를 꾀하는 의료의 측면보다는 인간으로의 전염을 차단해야 하는 방역의 측면이 강조되었다. 좀비는 인간으로부터 분리되어 병원체와 동일시되었다.

이런 양상은 광견병 방역에 대한 근대 초기의 대응 양상에서도 확인된다. 광견병 이환동물로 지목되었던 것은 바로 '개'였는데,[36] 광견병 확산을 방지한다는 차원에서 개에 대한 대규모의 선제적 살처분을 행하는 경우가 많았다. 이러한 살처분이 가능했던 것은 '미친개'라는 존재가 보여주는 가시적인 변별성 탓도 컸다. 병원체인 광견병 바이러스가 확인된 것은 전자현미경이 발견된 이후의 일이지만, 상술했듯이 증상을 일으킨 개를 식별하는 것은 어렵지 않았다. 주위 사람들에 대한 공격성을 띠는 개라면 일단 광견병을 의심해야 하며, 실제로 사람을 공격한 개는 광견병 감염 여부와 관계 없이 살처분하는 것이 보통이었다.

하지만 살처분은 미친개 혹은 광폭한 행동을 보이는 개에게만 국한되지 않았다. 개들의 소유주를 명확하게 정리하고 여기에 해당하지 않는 개들은 '야견(野犬)', 즉 들개로 간주하여 일괄적으로 살처분하는 정책까지도 수행되었기 때문이다. 한국의 경우 1909년 대한제국 경시청령에 의거하여 축견단속규칙(畜犬團束規則)이 제정되면서 이러한 작업이 시작되었고, 한일합병 이후인 1912년에도 역시 조선총독부 경무총감부령으로 축견취체규칙(畜犬

36 현재는 너구리와 같은 야생동물이 주된 감염원이고, 개의 경우에는 야생동물과 접촉할 가능성이 없다면 광견병에 감염될 가능성 또한 극히 낮은 것으로 알려져 있다.

取締規則)이 발효되어 들개에 대한 살처분이 수행되었다. 이런 작업들은 대체로 광견병 확산을 방지하기 위한 선제적 방역조치로 해석되었고, 광견병에 대한 진단과 치료가 광범하게 보급되기 이전 시대에는 사실상 유일하게 실현 가능한 방역 조치이기도 했다. 물론 이 방법은 그리 큰 효과가 없어서 1909년이나 1912년 이후에도 광견병은 여러 지역에서 산발적으로 유행했으며, 광견병에 대한 효과적인 대응이 가능해진 것은 이환동물에 대응하는 백신이 개발된 이후였다.

좀비 서사에서 감염증에 대처하는 방식은 광견병에 대응하기 위해 이환동물에 대한 대단위 살처분을 감행했던 방식과 크게 다르지 않았다. 다만 차이가 있다면 좀비 서사에서는 백신의 존재가 아예 언급되지 않거나, 혹은 존재하더라도 실질적인 효력을 발휘하지 못했다는 점이다. 항바이러스제의 존재를 언급했던 〈레지던트 이블〉이나 백신 개발 가능성을 시사했던 〈월드 워 Z〉 등에서도 실제 영화 내에서 좀비에 대해 유일하게 효과적인 대처 방식은 사살인 것으로 묘사된다. 특히 〈월드 워 Z〉에서는 영화 후반부에 백신을 개발하여 대규모로 생산할 수 있다는 사실이 암시되었음에도 불구하고, 영화의 결말을 차지한 것은 좀비를 상대로 대규모 교전을 벌여서 승리했다는 설명과 장면들이다. 야구장에 좀비들을 유인한 뒤에 미사일로 전멸시킨다든가, 기름을 부은 후 화염방사기로 태워 버리는 등의 장면을 통해 인류가 좀비와의 싸움에서 유리한 고지에 올라섰다는 메시지를 전달하는 데 치중했다. '모스크바 전투'라는 명명법에서도 엿보이지만, 좀비에 대응하는 인간의 생존 행위는 전투, 즉 승리 획득을 목적으로 하는 대결이었다.

2000년대의 좀비 서사에서 강조된 것은 좀비와 좀비 바이러스 사이의 동질성이다. 좀비 바이러스라는 병원체와 그로 인한 감염증으로서의 좀비라는 증상은 대체로 구분되지 않았다. 좀비 바이러스로부터 인간을 보호하는 '방역'은 바이러스에 대한 치료제와 백신을 투여하고 병원체나 기전과 관련된 구체적인 대응책을 마련하는 방식 대신 감염증의 결과물인 좀비 그 자체를 '퇴치'하는 행위로 수렴되었다. 감염자는 비록 인간의 형상과 흡사하기는 하지만 인간은 아닌, 죽여서 물리쳐야 하는 '괴물'로 취급되었다.[37] 바이러스는 눈에 보이지 않지만 그 결과물인 좀비는 명백하고 현존하는 위협(clear and present danger)으로서 대결을 통해 물리쳐야 하는 대상이었다. 좀비는 곧 바이러스이자 감염병이었다.

좀비 서사가 채택한 감염병의 상상력은 21세기의 사회가 겪는 불안과 공포를 반영한 결과물이기도 했지만,[38] 다른 한편으로는 감염병에 대한 공포로부터 촉발되는 배제와 혐오의 감정을 우회적으로 구체화한 결과물이기도 했다. 이런 점은 신종감염병을 전면에 내세운 〈컨테이젼〉(2011)이나 〈감기〉(2013)와 같은 서사와의 차이에서도 잘 드러난다. 〈감기〉에서 바이러스에 감염된 분당 주민들은 한국 정부와 미국이라는 제국에 의해 이중적으로 고통받고 살육당하는 무고한 시민으로 묘사된다.[39] 〈컨테이션〉에서는 신종 감염병에 맞서기 위해 고군분투하는 사람들의 모습과 더불어 팬데믹으로 인해 발생하는 다양한 사건들을 조망하면서 팬데믹이 불러올 수 있는 암울한 현실을 경고한다.[40] '사상 최악', '치사율 100%'와 같은 무시무시한 신종

37 옥선영, 위의 글, 8-9쪽.

38 안창현, 앞의 글, 200쪽.

39 이윤종, 「바이러스의 살육성: 〈괴물〉과 〈감기〉의 기생체」, 『영화연구』 87, 한국영화학회, 2021.3, 275쪽.

40 김언상 · 원도연, 「〈컨테이젼〉과 코로나19의 위험사회론 연구」, 『영상문화콘텐츠연구』 21, 동국대학교 영상문화콘텐츠연구원, 2020.10, 164쪽.

감염병이 나타난다는 점은 좀비 서사의 그것과 크게 차이가 없지만, 이들 영화가 주목하는 것은 신종 감염병을 극복하기 위한 초월적 존재의 등장과 이를 중심으로 형성되는 감동의 정서다. 이는 재난을 소재로 하는 상업영화가 채택하는 일반적인 클리셰이기도 하다.[41]

그러나 좀비 서사에서는 사뭇 다른 양상이 나타난다. 강력한 위력을 지닌 신종 감염병의 출현이라는 점은 동일하지만, 서사는 감염병에 대응하는 인간의 모습을 보여주는 대신 감염병 환자인 좀비와 대결하는 비감염자를 보여주는 데 주력한다. 〈월드 워 Z〉에서 백신의 가능성을 발견하는 장면은 이러한 구도를 단적으로 보여준다. 좀비는 인간을 감염 대상으로 인식하기 때문에 건강하지 않은 숙주로 판단되는 인간은 감염시킬 가치가 없다고 판단하고 공격하지 않는다는 기전을 내세웠는데, 이는 좀비가 감염증 환자라기보다는 감염증의 원인인 병원체로서 어떻게 기능하는지를 '인간의 형상을 한 괴물'을 통해서 시각적으로 보여준 것이라고 할 수 있다. 좀비는 이미 환자의 단계를 넘어선, 그저 살아서 움직이는 시체나 인간과는 전혀 다른 괴물로서 바이러스라는 눈에 보이지 않는 병원체를 대신하여 감염증의 존재를 시각적으로 드러내기 위한 장치로 활용되었다.

물론 여기에는 서사 내부의 여러 전제들이 작동한다. 팬데믹이 아포칼립스로 이어지면서 감염병을 통제할 수 있는 시스템이 붕괴되었기 때문에 바이러스에 대한 방역을 전제로 좀비에 대처하는 것은 불가능하다는 설정이

41 〈컨테이전〉은 이 맥락에서 다소 벗어나 있는 영화이기는 하지만, 이에 대한 논의는 본 논문에서는 따로 다루지 않는다. 채민석, 「어쩌면 바이러스보다 더 무서운 것 = 영화 '컨테이젼(Contagion)'으로 읽는 메르스」, 『의료와사회』 1, 연구공동체 건강과대안, 2015.9, 184쪽.

대표적이다. 예컨대 〈월드 워 Z〉에서는 이미 세계보건기구(WHO)마저 팬데믹의 영향을 받아서 제 기능을 하지 못하는 것으로 묘사되고, 〈레지던트 이블〉에서는 행정당국의 영향력을 압도하는 기업인 엄브렐라의 실수로 인해 팬데믹이 발생하는 것으로 그려진다. 방역을 행해야 할 주체인 국가나 행정당국은 이미 붕괴되었거나 혹은 잔존한 상태라 할지라도 무력할 뿐이다. 살아남은 개인들에게는 생존이 우선시되므로 좀비 바이러스에 대처하는 근본적인 방역 대책보다는 직면한 좀비의 위협으로부터 자신을 보호하는 것이 최우선으로 간주된다.

이 과정에서 감염증의 결과물인 좀비를 그 원인이 되는 좀비 바이러스와 동일시하는 시선은 자연스럽게 합리화된다. 감염증의 확산을 억제하는 행위와 자신의 생존을 도모하는 행위는 모두 좀비에 대한 물리적 공격이라는 대응책으로 구현되고, 좀비는 비가역적인 감염증 환자의 차원을 넘어서 감염증 내지는 병원체를 대변하면서 인간과 대립적인 구도 속에 놓인다. 이러한 대립 구도 속에서 바이러스에 감염된 사람은 의료 대상으로서의 환자라는 지위를 확보하지 못한다. 본격적인 감염증을 일으키기 전에 스스로 목숨을 끊거나, 혹은 감염증이 발생할 때까지 감염 사실을 숨긴 채 지내게 된다. 그리고 후자의 경우에는 서사 내에서 감염의 윤리를 받아들이지 못하고 이기적인 행위를 통해 다른 사람을 감염시키는 비윤리적 인물로 묘사되기도 한다.[42]

42 대표적인 것이 〈부산행〉에서의 '용석'이다. 용석은 자신이 감염되었음을 알면서도 끝까지 살아남겠다면서 이기적인 선택을 하며, 이는 자신의 딸을 위해 스스로를 희생하는 주인공 석우와 대비되어 그의 윤리성을 강조한다. 이동신, 「좀비 반, 사람 반: 좀비서사의 한계와 감염의 윤리」, 『문학과영상』 18-1, 문학과영상학회, 2017.4, 45쪽.

결국 이러한 서사는 자연스럽게 감염병 환자를 인간보다는 병원체 혹은 그로 인해 유발되는 감염증 그 자체로 수렴시키는 체계를 만들어냈다. 물론 이는 2000년대의 좀비 서사가 구축한 구조라기보다는 사람들의 내면에 존재하는 공포와 더불어 그로 인해 야기되는 배제와 혐오의 감정을 구체화한 결과물이라고 봐야 할 것이다. 그러나 이처럼 좀비라는 안타고니스트로 수렴된 감염병 환자의 존재는 비단 대중서사에서뿐만 아니라 현실 속에서도 비슷한 형태의 배제와 혐오에 직면하고 있다는 점은 유의해야 한다. 최근 벌어진 COVID-19 팬데믹의 양상 속에서 나타나는 다양한 혐오 사건들의 출발점은 감염병과 환자를 동일시하거나 나아가서는 특정 집단, 인종, 국가에 소속된 사람들을 감염병과 관련된 의제와 접목시켜 팬데믹의 원인으로 지목하는 데에서 비롯되고 있기 때문이다.

감염병이 유행하는 과정에서 희생양을 찾게 되는 것은 비단 COVID-19만이 아니라 인류 역사상 유구하게 벌어져 온 일이기는 하다. 그리고 여태껏 그러했듯이 COVID-19에 대해서도 전 세계적으로 소수자와 이민자가 주된 희생양으로 지목되고 있다. 서구에서 아시아인들에 대한 혐오와 공격이 벌어지고 있다는 소식은 이미 여러 매체를 통해서 전파되고 있다. 심지어 프랑스에서는 이러한 양상을 견디다 못한 아시아인들이 소셜미디어에 "#Jenesuispasunvirus"(나는 바이러스가 아닙니다)라는 해시태그를 달기도 했다.[43] 전 세계적으로 중국인을 포함한 아시아인에 대해 비난과 모욕, 인종차별 및 혐오 범죄가 나타나는 등 사회적 낙인이 심각한 문제로 대두되었다는

43 김기홍, 「전염병 희생양과 보건 선전영화, 그리고 공공성」, 『월간 공공정책』 174, 한국자치학회, 2020.4, 104쪽.

분석도 있었다.[44]

이는 한국 내에서도 마찬가지였다. 2020년 1월 팬데믹 초창기에는 서울의 대림동 일대에 거주하는 중국인들에 대한 혐오와 차별의 문제가 대두되었다. 이들은 장기간 한국에 영주하는 사람들이었음에도 단지 국적이 중국이라는 이유로 코로나 바이러스 보유자와 동일시되고는 했다.[45] 대구 지역에서 신천지발 집단감염이 확산되었을 당시 특정 종교나 지역에 대한 비난과 혐오가 노골적으로 나타나기도 했고, 이태원 클럽발 집단감염이 확산되었을 당시에는 성소수자가 비난의 대상이 되어 감염에 대한 책임론은 물론 이려니와 성소수자 자체에 대한 혐오로 전화되기도 했다.[46]

물론 이러한 혐오는 단지 윤리적 차원에서만 해석할 문제는 아니다. 팬데믹 상황은 사람들을 감염에 취약한 상태로 노출시키며, 이러한 상황에 대한 인식은 감염을 회피하기 위한 폐쇄적 행위로 귀결되어 사회적 교류를 감소시키고 외국인을 배척하며 친숙한 집단에 집중하는 현상을 만들어낸다. 그러나 이는 진화심리학의 관점에서 감염병에 대한 배제와 혐오의 사태에 대한 납득할 만한 설명을 제공한 것에 불과하다.[47]

그리고 좀비 서사가 채택한 감염병의 상상력은 이러한 진화심리학의 관점을 극대화시킨 것이었다. 이를 위해 좀비 감염증은 치명률 100%에 엄청

44 장이츠 · 김민아, 「코로나바이러스감염증-19 대유행 이후 한국 거주 중국인 유학생의 사회적 낙인 경험」, 『보건사회연구』 41-1, 한국보건사회연구원, 2021.2, 23쪽.

45 이장희, 「2002년 코로나19 상황과 인권 문제의 조망」, 『인권법평론』 26, 전남대학교 법학연구소 공익인권법센터, 2021.2, 58쪽.

46 문소현, 「어느 코로나19 확진 환자의 하소연」, 『관훈저널』 62-2, 관훈클럽, 2020.6, 13-14쪽.

47 조태구, 「코로나19와 혐오의 시대 - '올드 노멀(old normal)'을 꿈꾸며」, 『인문학연구』 40, 조선대학교 인문학연구원, 2020.8, 15-16쪽.

난 감염력을 보이면서도 대응할 백신조차 없는 극악의 감염병으로 설정되어야 했고, 좀비는 그 위력을 시현(示顯)하는 존재로서 감염증과 동일시되어 작중의 인간과는 대립적인 위치에 놓이게 되었다. 좀비는 감염된 인간이라는 속성보다는 뇌와 신경계통의 감염으로 인해 인간으로서의 정체성을 이미 상실한 상태임이 강조되었으며, 광견병이 그러하듯이 한번 감염증을 일으킨 이후에는 치료가 불가능한 상태에서 주변을 공격하여 바이러스를 전파하는 존재로 각인되었다.

이러한 설정은 좀비를 마치 바퀴벌레나 구더기, 배설물, 분비물처럼 바이러스나 세균과 같은 병원체를 옮김으로써 혐오감을 일으키는 존재들[48]과 동일한 선상에 놓인 것으로 인식하게 만들었다. 그리고 이것은 팬데믹 상황 속에서 감염병 환자를 바라보는 대중 일반의 상상력과도 맞닿아 있었다. 앞서 언급한 해시태그 운동, 즉 "나는 바이러스가 아닙니다"라는 문구에서도 드러나듯이, COVID-19 확진자에 대한 혐오와 배제의 매커니즘 내에는 확진자를 바이러스와 동일시하는 낙인의 과정이 수반되었다.

언론이 확진자의 동선에 관한 보도를 제시하는 방식도 이와 무관하지 않았다. "이태원 유명 클럽에 코로나19 확진자 다녀갔다"와 같은 헤드라인은 확진자의 동선을 공개하여 감염병과 관련된 정보를 공유한다는 점을 명분으로 삼고 있었지만, 이 과정에서 확진자는 자연스럽게 COVID-19와 동일시되었다. 위의 헤드라인에서 '확진자'라는 단어를 빼놓고 쓰더라도 전달되는 메시지는 사실상 차이가 없었다. 확진자는 감염병에 걸린 환자라기보다

48 강양구, 「혐오를 이해하기, 바이러스를 이겨내기」, 『인문학연구』 46, 경희대학교 인문학연구원, 2021.2, 290-291쪽.

는 감염병을 옮기는 존재에 가깝게 다루어지고는 했으며, 이는 확진자와 관련된 각종 혐오와 배제를 더욱 부추기는 결과로 이어지기도 했다.[49]

'슈퍼전파자', '코로나 숙주', '바이러스의 온상'과 같은 표현들 역시 확진자를 감염병 환자보다는 병원체에 가까운 것으로 규정하는 언어들이다.[50] 이러한 언론매체의 언어들은 감염병의 확산에 대한 객관적인 정보를 전달한다기보다는 감염병 확산에 대한 '책임'을 확진자에게 전가함으로써 확진자에 대한 혐오와 배제를 정당화하는 데 기여했다.

공교롭게도 이러한 일련의 현상들은 이미 2000년대의 좀비 서사가 감염병의 상상력을 채택하는 과정에서 같이 구현되었던 것들이었다. 2003년의 SARS나 2009년의 신종플루 등이 세계적으로 충격을 주기는 했어도 2021년 현 시점에서 겪고 있는 COVID-19 팬데믹과 같은 대규모의 신종 감염병은 아직 경험하기 이전의 일이었다. 감염병으로서의 좀비와 그로 인한 아포칼립스를 구현하기 위해 좀비 바이러스는 당시까지 존재했던 그 어떤 감염병보다도 치명적인 것으로 설정되었고, 그 결과 좀비 서사는 대규모의 신종 감염병 앞에서 인간이 어떤 방식으로 감염병과 환자를 동일시하고 이를 바탕으로 혐오와 배제를 감행할 수 있는지를 앞질러서 보여준 셈이었다.

물론 이는 좀비 서사가 의도적으로 채택한 요소는 아니었을 것이다. 좀비를 비가역적인 존재로 설정하고 인간과 좀비 사이의 대립을 보여줌으로써 공포를 자극하는 방식은 이미 감염병의 상상력을 채택하기 이전부터 좀비 서사의 클리셰로 자리 잡았던 것이고, 여기에 감염병이 개입하면서 '감염

49 강양구, 앞의 글, 306쪽.

50 손달임, 「코로나19 관련 뉴스 보도의 언어 분석 - 헤드라인에 반영된 공포와 혐오를 중심으로」, 『이화어문논집』 51, 이화어문학회, 2020.8, 159-160쪽.

상상력', 즉 자신 또한 감염될 수 있다는 공포[51]를 자극하는 과정에서 감염된 인간으로서의 좀비가 탄생했다. 이 과정에서 좀비 바이러스에 감염된 사람은 동일한 인간으로서의 환자가 아니라 별개의 존재로서의 좀비, 즉 모종의 원인으로 인해 탄생했으며 인간과는 오로지 대립하기만 하는 일종의 안타고니스트로 자리매김하게 되었던 것이다.

6. 나가며: 다른 미래를 위하여

2000년대의 좀비 서사가 감염병의 상상력을 채택한 것은 자연스러운 흐름이었다. 냉전 종식과 더불어 대규모 전쟁에 대한 공포가 사라진 시대에 새로운 공포의 대상으로 자리잡은 것은 운석 충돌이나 화산 폭발과 같은 대규모 자연재해였다. 신종 감염병 역시 마찬가지였다. 에볼라나 SARS 등이 준 충격은 사람들로 하여금 신종 감염병이 아포칼립스를 불러올 수도 있다는 공포를 실감하게 만들기에 충분했다. COVID-19의 초기 유행 당시 중국 우한에서 벌어진 참상 또한 그러했다. 병원에 환자가 넘쳐나고, 길거리에서 갑자기 사람들이 쓰러지는 등의 영상이 인터넷을 통해 퍼져나갔고, 이는 COVID-19에 대한 과장된 공포를 형성하는 데 중요한 역할을 했다. 바이러스는 눈으로 확인할 수 없지만 환자는 다르다. 현저하게 드러나는 증상을 보이는 환자라면 더욱 그렇다. 에볼라와 관련된 과장된 기록들이 그러하듯

51 최성민, 「SF와 좀비 서사의 감염 상상력」, 『대중서사연구』 27-2, 대중서사학회, 2021.6, 64-65쪽.

이, 감염병 환자의 행동이나 상태를 목격하는 것은 바이러스 그 자체에 대한 지식을 전달하는 것보다 훨씬 자극적이었다. 이러한 자극성은 좀비 서사가 감염병과의 결합을 통해서 새로운 전기를 마련할 계기를 제공해준 셈이었다.

하지만 이 과정에서 좀비 서사는 감염병과 환자를 동일시하는 관점 또한 자연스럽게 채택하게 되었다. 좀비는 주술의 결과물이나 되살아난 시체라는 전대의 개념에서 벗어나 감염병 환자라는 현실적인 정체성을 확보하게 되었지만, 정작 인간과 구분되는 괴물로서의 좀비라는 클리셰는 소거되지 않았다. 즉 좀비는 인간에서 비롯되었지만 인간으로 간주되지 않는 존재가 되었다. 여러 서사에서 좀비와 인간의 차이를 부각시키는 묘사들이 등장했다. 바이러스가 뇌와 신경계통을 감염시켜 정상적인 두뇌 활동이 불가능하게 만든다는 설정은 좀비를 인간으로부터 분리해내는 데에도 효과적이었다. 좀비는 감염된 환자가 아니라 한때는 환자였으나 현재는 치료 불가능한 괴물로 자리매김했다.

이는 현실에서의 신종 감염병에 대한 공포와도 맞닿아 있었다. 감염병에 대한 공포는 종종 소수자에 대한 낙인과 혐오라는 형태로 표출되기도 했지만, COVID-19 팬데믹에 이르러서는 소수자의 영역을 넘어서 특정 국가, 인종, 지역, 혹은 확진자 전반이나 치료에 관계하는 의료진에 대해서까지도 폭넓게 발생하게 되었다. 그리고 이러한 현상의 이면에는 확진자나 그 주변인들을 바이러스와 동일시하는 시각이 깔려 있었다. 아시아인에 대한 차별과 혐오를 멈출 것을 요구하는 해시태그 운동 "#Jenesuispasunvirus", 즉 "나는 바이러스가 아니다"라는 외침은 이러한 양상을 보여주는 상징적인 사건과도 같았다.

즉 2000년대의 좀비 서사가 감염병의 상상력을 채택하면서 나타난 양상은 우리가 실제로 신종 감염병의 대유행에 직면했을 때 어떠한 사회적 현상들을 직면하게 될 것인가에 대한 예상도가 된 셈이었다. 감염병을 핵심 주제로 담은 영화들이 대체로 특별한 개인의 영웅적 행위를 통해 팬데믹을 극복하는 상업적 클리셰에 충실했던 점을 감안한다면, 인간과 구분되는 괴물로서의 좀비라는 클리셰를 유지한 채 여기에 과학적 상상력을 가미한 좀비 서사는 오히려 신종 감염병이 야기할 수 있는 여러 문제들을 여과 없이 노출시킬 수 있었던 것이다.

이런 사실은 2010년대 이후 나타나기 시작한 좀비 서사의 새로운 경향과도 비교해 볼 만한 지점들을 제공한다. 김중혁의 소설 『좀비들』(2010)에서는 좀비에게 이름을 부여함으로써 괴물로 동질화된 대상에게 개별적인 존재 가치를 환원하는 내용이 등장한다. 물론 이것이 인간으로의 환원을 의미하지는 않지만, 괴물로서의 좀비라는 뭉뚱그려진 개념으로부터 벗어나 인간과 좀비 사이의 새로운 관계를 시사한다는 점은 주목할 만하다.[52] 〈이웃집 좀비〉(2010)나 〈In the Flese〉(2013)에서는 이전의 좀비 서사와는 달리 치료제가 개발되어 좀비가 사라지고 좀비에서 다시 인간으로 회복되어 살아가는 이들이 등장하는데, 이들은 좀비였던 당시의 기억으로 인해 트라우마와 죄책감에 시달린다.[53] 좀비와 인간을 별개의 존재로 단절하는 대신 언어나 기억이라는 매개를 통해 좀비에게 '인간성'을 부여하려는 이러한 일련의

52 김소륜, 「한국 현대 소설에 나타난 '좀비 서사'에 관한 고찰」, 『대중서사연구』 27-2, 대중서사학회, 2021.6, 94-96쪽.

53 이만강, 「한국 좀비(zombie) 영상물 연구 - 위험사회의 간(間)좀비를 중심으로」, 『상허학보』 62, 상허학회, 2021.6, 553쪽.

시도들은 좀비 서사가 감염병의 상상력을 채용하는 방식에도 새로운 관점을 부여했다.

이들 서사에서 나타나는 경향성은 현재 COVID-19를 둘러싸고 벌어지는 다양한 혐오의 문제를 돌파할 수 있는 시사점들을 예견하는 것일지도 모른다. 2000년대 좀비 서사가 감염병에 대한 공포를 환기함으로써 감염병과 인간을 동일시하는 형태의 혐오를 보여주었다면, 상술한 서사들이 보여준 양상들은 인간-좀비 혹은 비감염자-환자의 대립을 넘어서 감염병에 대처하는 인간으로서의 공통 기반을 확보하고 연대할 수 있는 가능성을 제시하고 있기 때문이다. 2000년대의 좀비 서사가 신종 감염병의 대유행 앞에서 우리 사회가 직면하게 될 혐오의 문제를 경고했다면, 2010년대 이후의 좀비 서사를 통해서는 이러한 혐오의 문제를 해결할 계기를 제공할 수도 있는 것 아닐까.

불교적 관점에서 본 원헬스(One Health)*

이은영_ 경희대학교 인문학연구원

* 이 글은 『인문사회21』 제11권 4호, 2020에 실린 「원헬스에 대한 불교적 고찰」을 수정・보완한 것이다.

1. 들어가며

2020년 3월 11일 WHO는 팬더믹(pandemic), 즉 감염병의 세계적 유행을 선언했다. 2021년에도 코로나19는 진정되는 듯하다가도 재확산하기를 반복하고 있다. 2003년 사스, 2009년 신종플루, 2015년 메르스, 그리고 2019년 말부터 현재까지의 코로나19 확산에서 알 수 있듯이 대규모 감염병의 발생은 최근 그 발생 간격이 점차 좁혀지고 있다. 이러한 추세라면 이 팬데믹이 끝난다 하더라도 또 다른 신종 감염병이나 재출현 감염병이 금세 인류를 위협할지도 모른다. 빠른 속도로 전 세계적으로 전파되는 감염병의 확산은 세계가 촘촘한 네트워크로 연결되어 있어서 내 건강과 타자의 건강이 무관하지 않다는 깨달음을 준다. 이때 타자는 사람만을 가리키지 않는다. 타자에는 동물과 환경도 포함된다. 인수공통 감염병의 발생, 환경오염, 기후변화로 인한 질병 발생에서 알 수 있듯이 인류의 건강은 상당 부분, 그리고 점점 더 동물과 환경의 영향을 받는다. 따라서 인간, 동물, 환경의 건강을 하나의 건강으로 생각하고 접근해야 한다는 인식과 이에 따르는 보건의료 정책 마련, 다학제적이고 다부처적인 협력이 필요하다는 생각이 감염병 확산과 함께 공감을 얻고 있다.

이러한 상황에서 주목받는 것은 2000년대 이후 새로운 건강 패러다임으로 제시된 원헬스(One Health)이다. 원헬스는 인간, 동물, 환경이 유기적으로 연계되어 있다는 인식 하에 이들 모두의 최적 건강을 추구하는 건강 패러다임이다. 2000년대 초반부터 WHO 등 국제 기구의 관심을 받아 왔고, 한국의 보건복지부도 2018년부터 보건의료 정책 패러다임으로 한국형 원헬스(One Health+)를 추진하고 있다.[1] 원헬스가 목표로 하는 인간, 동물, 환경 모두의 최적 건강을 이루기 위해서는 다학제적, 다부처적 협력이 필요하며, 실제로 한국형 원헬스는 보건복지부, 식품의약품안전처, 농림축산식품부, 환경부, 해양수산부 5개 부처가 협업하여 추진하고 있다. 학문적으로도 의학, 식품학, 축산학, 환경학 등 다학제적으로 접근하고 있다. 그런데 원헬스는 이처럼 "의학, 수의학, 환경연구 등의 보건 의료 및 생물학적 부문의 다학제적, 다국적 접근을 강조하고 있는 반면, 인문사회과학과의 접점은 상대적으로 무시되어 왔다."[2] 보건복지부 등 정부의 추진 방향에는 원헬스 패러다임 구축에 인문학적 접근이 필요하다는 인식이 없으며, 인문학자들은 보건의료 분야에서 먼저 등장한 원헬스 개념을 거의 접해 보지도 못한다.

1 보건복지부, 「국민건강 확보를 위한 한국형 원헬스 추진방안 연구」 최종보고서, 2018, 6-7쪽.

2 공혜정, 「새로운 변화-기후변화와 원헬스 패러다임 고찰」, 『생태환경과 역사』 5, 한국생태환경사학회, 2019, 91쪽. 필자가 2020년 8월 원헬스를 불교적으로 고찰한 논문을 발간했을 때만 해도 국내에서 원헬스를 인문사회학적으로 다룬 연구는 공혜정(2019)의 논문밖에 없었다. 그 논문에서 공혜정은 원헬스 개념의 역사를 소개하고 기후변화를 원헬스 패러다임으로 고찰했다. 그러나 코로나19 팬데믹이 길어지면서 2020년 9월 이후 현재(2021년 8월)까지 원헬스에 대한 인문사회학적 연구들이 몇 편 추가되었는데, 국내의 연구로 김민정, 「'구조적인 하나의 건강' 개념으로 본 코로나19」, 『경제와 사회』 129, 비판사회학회, 2021와 최은주, 「인간-동물-환경의 인터페이스 증가에 따른 각 학문 분과의 윤리와 소통의 필요성」, 『한국의료윤리학회지』 24(1), 한국의료윤리학회, 2021 등이 있다.

그러나 원헬스가 전제로 하는 세계관, 즉 인간-동물-환경이 연계되어 있다고 보는 세계관, 이에 따라 이들 모두의 최적 건강을 추구해야 한다는 입장은 오랫동안 인문사회학에서 다루어 온 주제이다. 즉 심층생태학, 사회생태학, 생태여성학, 동물윤리, 환경윤리 등 인문사회학 분야에는 생태나 동물, 환경이 우리와 어떠한 관계에 있는지, 인간이 동물과 환경을 어떻게 대해야 하는지에 대한 연구가 축적되어 있다. 따라서 현재 보건의료 분야 위주로 진행되고 있는 원헬스 논의와 정책 추진을 인문사회학적으로 검토, 비판, 보완할 때 현재의 원헬스 패러다임이 간과하고 있는 문제들을 발견하고 보완할 수 있으며, 이로써 인간, 동물, 환경의 최적 건강 추구라는 원헬스의 목표를 이루는 데 기여할 수 있을 것이다.

이 글은 이러한 문제의식에서 원헬스 패러다임을 인문학적으로 고찰하고자 한다. 특히 원헬스가 전제로 하는 세계관, 즉 인간-동물-환경을 연계된 것으로 보는 것과 유사한 세계관을 펼치는 불교적 관점에서 논하고자 한다. 아직까지 원헬스에 대해 불교적으로 고찰한 연구는 없지만, 생태에 대한 불교적 고찰은 1990년대 시작되었고, 2000년대 초반 '불교생태학'이라는 이름으로 본격적으로 이루어졌다.[3] 팬데믹을 계기로 최근 들어 다시 논의가 활발하게 이루어지고 있다. 그러나 불교생태학을 비롯해서 생태, 환경, 동물에 대한 인문학적 연구가 그간 적지 않게 이루어졌음에도 불구하고 인문학

3 국내에서는 90년대 이후 생태와 환경에 대한 불교적 연구가 시작되었으며, 2000년대 초반 김종욱, 박경준 등이 불교생태학 논의를 본격적으로 시작했다. 불교생태학 연구에 대해서는 다음 논문을 참고할 것. 박경준, 「한국의 불교생태학 연구 동향」, 『철학사상』 41, 서울대학교 철학사상연구소, 2011; 이재수, 「응용불교학의 성과와 과제」, 『불교평론』 41, 만해사상실천선양회, 2009.

내부에서 순환하는 담론에 그치는 경우가 대다수이다. 2000년대 초반부터 10여 년간 대표적인 응용불교학의 한 분야이자 학제간 연구로서 연구를 축적해 나가던 불교생태학 연구가 그 이후 다소 주춤했던 것도, 실질적인 사회적 변화까지 이루어내지 못하고 학문적 논의에 그친 탓이 클 것이다. 따라서 현재 정부가 구축, 추진중인 건강 패러다임 원헬스를 불교적으로 고찰함으로써 동물, 환경, 생태에 대한 그간의 인문학적 논의가 내부적 순환에 그치지 않고 외부에도 전달되기를 기대한다. 이어지는 장에서는 팬데믹 시대에 원헬스 패러다임이 주목받는 이유를 논하겠다. 그리고 3장에서는 불교적 관점에서 원헬스 패러다임을 논하겠다.

2. 팬데믹과 원헬스 패러다임

코로나19 팬데믹 사태는 감염병이 지역과 국가, 인종, 연령, 성별이라는 사람 간의 차이를 넘어선다는 것을 보여준다. 특히 현재와 같이 국가 간 교류가 빠르고 빈번하게 이루어지는 국제화 시대에는 지구 반대편의 국가 간에도 바이러스의 전파가 단 하루를 넘기지 않고 일어날 수 있다. 또한 이번 사태는 인간과 인간만이 아니라 인간과 동물, 환경이 공생과 공존의 관계임을 일깨워준다. 전 세계적 감염병의 확산은 환경 훼손의 결과이기도 하다. 미국의학한림원(NAM)이 제시한 신종 또는 재출현 감염병이 문제가 되는 이유 중 하나는 다음과 같다.

밀림이나 산림 등을 개발하거나 개간하면서 밀림에 있던 동물에 숨어 있던 전염병이 사람에게 노출되는 경우다. 에이즈는 1950년 서부 아프리카 녹색원숭이에게 있던 바이러스로, 밀렵하는 과정에서 인체 감염이 일어났다. 에볼라 바이러스 역시 마찬가지였다. 정글에는 무수한 병원체가 있을 것으로 추측된다. 오지 탐험이나 정글개발 같은 생태계 파괴는 이들 바이러스를 노출시키고 있다.[4]

이처럼 환경 파괴는 인간 스스로를 바이러스의 위험에 노출시키는 결과를 낳았다. 그렇다면 야생동물로부터 인간에게로 바이러스가 어떻게 전파되는 것일까? 우선 박쥐, 사향고양이, 천산갑 등 중간 매개동물로 추정되는 동물들에서 바이러스가 수시로 복제되면서 변이가 축적된다. 점차 생존력이 강한 바이러스만 살아남다가 인간에게도 침투할 수 있는 병원체가 탄생하게 된다. 야생동물은 오랫동안 이런 바이러스에 노출되었기 때문에 영향을 받지 않지만 코로나19와 같은 바이러스에 감염된 적이 없었던 인간의 면역체계는 침입한 바이러스에 대항하면서 발열과 통증, 호흡곤란, 폐렴 등의 증상을 보이게 된다. 그 결과 심하게는 사망에 이른다.[5]

2019년 말 처음 코로나19 환자가 보고된 이후로 벌써 2년이 되어 가고 있으나 전 세계는 아직도 팬데믹에서 벗어나지 못했다. 인류는 백신 접종으로 저항하지만 바이러스는 변이로 저항한다. 여전히 지구 곳곳에서 사망자와 감염자가 발생하고 있다.

4 김우주, 『신종 바이러스의 습격』, 반니. 2020, 21-22쪽 재인용.

5 김우주, 앞의 책, 102-103쪽.

이러한 상황에서 주목받는 건강 패러다임이 원헬스(One Health)이다. 원헬스란 "사람-동물-환경의 건강(Health)은 하나(One)로 상호연계되어 있다는 것을 강조한 개념으로, 생태계 전체의 건강 확보를 위한 다분야, 다층적 협력 전략"이다.[6] 원헬스 개념 자체는 2000년대 들어 등장했지만 그에 선행하는 개념까지 거슬러 올라가면 역사가 그리 짧은 것도 아니다. 원헬스는 "19세기부터 인수공통 감염병을 중심으로 의학과 수의학 사이에 경계가 없음을 강조한 개념에서 출발"했으며, "사람 위주의 건강 관점에서 탈피하여 동물 · 환경을 포함한 '생태계 전체의 건강'이 지속가능한 사회에 필수적임을 강조하는 전략으로도 활용"되고 있다.[7] 건강에 대한 원헬스적 접근은 "국제사회에서는 2000년대 초반부터 세계보건기구(WHO), 미국 질병관리본부(CDC), 세계은행(World Bank), 수의학계 등 국제기구와 민간단체 중심으로 논의, 확산되기 시작했으며, 2011년에는 원헬스위원회(One Health Commission, OHC)의 주도로 국제 원헬스 회의가 개최되었다."[8]

우리나라의 보건복지부도 2018년 건강정책 패러다임으로 원헬스를 제시했다.[9] 보건복지부는 「제2차 감염병 예방관리 기본계획(2018~2022)」을 수립하면서 감염병 예방관리를 위해 한국형 원헬스(One Health+) 기반 협력체계

6 보건복지부, 앞의 보고서, 6쪽.

7 보건복지부, 앞의 보고서, 1쪽. 원헬스는 1873년 오슬러(William Osler)가 원메디슨(One Medicine)을 암시적으로 제안하면서 논의가 시작되었다. 1970~80년 슈와베(Calvin W. Schwabe)가 '원메디슨'이라는 용어를 만들었고, 2000년대 들어 원메디슨은 "인간-동물-환경 간의 상호 관계가 건강에 매우 중요하다는 것을 인식하는 생태학적 건강관념과의 연관성을 중시하는" 원헬스로 변화되었다. 공혜정, 앞의 논문, 74-76쪽.

8 보건복지부, 앞의 보고서, 6-7쪽.

9 최은택 기자, 「복지부, 새 건강정책 패러다임으로 '원헬스' 제시」, 《데일리팜》, 2018.04.15.

를 구축하겠다고 했다.[10] 또한 보건복지부와 질병관리본부는 2019년 4월 26일 〈2019년 제1차 원헬스 포럼〉을 개최했다. 이 포럼의 목적은 "사람, 동물, 환경을 관리하는 부처는 각각 달라도 '국민의 건강은 하나'라는 인식 하에 다양한 건강위해요소로부터 국민건강 확보를 위한 범정부적 통합 대응체계"를 마련하는 것이었다. 포럼에는 보건복지부 외에 농림축산식품부, 환경부, 해양수산부, 식품의약품안전처 관계자와 관련분야 전문가, 지자체 감염병 업무 담당자 등 200여 명이 참석했으며, 특히 동물, 식품, 물(환경) 등 감염병 발생 위험요인을 중심으로 관계부처 간 협력체계 구축방안을 논의했다.[11]

이처럼 정부는 2018년 이후 원헬스 패러다임 추구를 분명히 하고 있지만 위의 포럼 참석자 구성에서 알 수 있듯이 인문사회학적 고려나 관련 학자의 참여는 미흡하다. 그러나 현재 코로나19와 같은 감염병 확산의 원인 및 그것이 미치는 영향을 보건대 감염병은 단지 질병의 예방, 치료, 관리를 둘러싼 보건의료나 환경부만의 문제가 아니라 사회학, 경제학, 정치학의 문제이며 인권, 혐오, 연대, 협력, 우울증, 시민의식, 윤리 등 인문학의 문제이기도 하다는 것이 확연해졌다. 그리고 근본적으로 인간, 동물, 환경이 어떠한 관계를 맺고 있으며, 또 인간이 동물과 환경을 어떻게 대해야 하는지의 생태계를 바라보는 세계관과 윤리의 문제와 관련된다. 신종 감염병의 출연과 확산으로 인류의 생존이 위협받는 현재, 인간-동물-환경의 최적 건강을 추구하는 원헬스 패러다임은 건강에 대한 가장 적절한 접근법으로 보인다. 그러

10 보건복지부 보도자료, 「원헬스 기반으로 감염병 공동대응체계 강화한다」, 2018.06.08.

11 보건복지부 보도자료, 「사람-동물-환경 모두가 건강한 원헬스 실현을 위해 민 · 관이 지혜를 모은다!」, 2019.04.26.

나 원헬스 패러다임의 구축과 실행은 인문사회학적 고찰로 반성, 보완될 필요가 있다.[12]

3. 불교적 관점에서 본 원헬스

1) 인간-동물-환경의 연계성

원헬스 패러다임은 '인간-동물-환경의 연계성'을 전제로 하고 있을 뿐, 이 전제를 이론적, 사상적으로 규명하지는 않는다. "동물의 사료, 식품, 동물과 인간의 건강과 환경오염 모두가 밀접하게 연관"[13]되어 있다는 현상적인 관찰에 기반하여 그 연계성을 말할 뿐이다. 물론 이는 원헬스가 "의료 및 환경 문제를 해결하고자 하는 접근법"으로 제안된 것이지, 철학이나 사상으로서 제시된 것이 아니기 때문일 것이다. 하지만 WHO가 이미 건강에 대한 원헬스적 접근의 필요성을 인지하고 제시했음에도 불구하고, 그간 기후문제나 환경오염 문제 해결에서 전 세계적으로 별다른 진전이 없었으며, 코로나19

12 원헬스를 사회학적으로 고찰한 크래독(Susan Craddock)과 힝클리프(Steve Hinchliffe)는 원헬스 패러다임이 하나의 세계, 하나의 건강을 표방하면서 제1세계(선진국) 중심의 보건과 건강에 대한 시각을 일률적으로 제3세계에도 적용하려 한다고 비판하며, 원헬스 패러다임의 전지구적 네트워크 형성에서 동물이나 생태계 문제보다 더 시급한 문제는 사회경제적 문제의 해결이라고 했다. 공혜정, 앞의 논문, 91-93쪽 참고. 이러한 지적은 원헬스에 대해 보건의료적으로만 접근했을 때 놓칠 수 있는 사회학적 문제를 환기시킨다는 점에 의의가 있다. 또한 비판이든 보완이든 인문사회학적 검토가 필요하다는 것을 알려준다.

13 보건복지부, 앞의 보고서, 15쪽.

라는 신종 감염병까지 발생, 확산된 것은 사람들의 사고방식이나 삶의 방식이 바뀌지 않고서는 문제가 근본적으로 해결될 수 없음을 보여준다. 즉 피상적이고 근시안적인 보건의료 정책의 추진만으로는 원헬스가 목표로 하는 최적 건강을 실현하기 어렵거니와 미처 생각하지 못한 문제점을 인식하지 못하고 놓칠 수 있다. 따라서 원헬스 패러다임이 전제로 하는 세계관을 인문학적으로 검토, 비판하고 보완할 필요가 있다. 여기에서는 원헬스와 마찬가지로 인간, 동물, 환경을 연계된 것으로 보는 불교적 관점에서 원헬스 패러다임을 살펴보겠다.

불교의 연기론(緣起論)에 의하면, 인간과 인간, 그리고 인간과 동물, 환경은 상호의존적으로 존재한다. 초기불교 경전에 나오는 연기의 기본 원리는 다음과 같다.

> 이것이 있으므로 저것이 있고 이것이 일어나므로 저것이 일어난다.
> 이것이 없으므로 저것이 없고 이것이 멸하므로 저것이 멸한다.[14]

14 『잡아함경』(T2, 92c), "此有故彼有, 此起故彼起. (如無明緣行, 行緣識. 廣說乃至 純大苦聚集起. 又復)此無故彼無, 此滅故彼滅." 보통 연기의 기본 원리로 인용되는 이 구절은 사실 괄호 안에 있는 것처럼 12연기를 설명하는 맥락에서 제시된 것이다. 따라서 연기를 상호의존성으로 해석하는 것의 근거로 이 구절을 드는 것은 적절치 않다는 박경준의 지적에는 일리가 있다. 박경준은 초기불교의 연기법은 실존적 · 심리적 고통에서 벗어나려는 구제론적 의의를 갖는다고 했다. 박경준, 앞의 논문, 171쪽. 그러나 필자는 초기불교가 주로 4성제와 12연기를 설하는 것에서 알 수 있듯이 고통에서 벗어난다는 구제론적 관심이 큰 것은 사실이나, 다음으로 인용하는 『잡아함경』 288경의 '세 개의 갈대' 비유에서 알 수 있듯이 연기에 대한 상호의존[相依]적 설명도 하고 있다고 본다. 그래서 '此有故彼有'의 구절도 12연기뿐만 아니라 세계에 존재하는 것들의 상호의존성, 관계성까지 설명하는 것으로 해석해도 큰 무리가 없다고 보았다.

'이것'과 '저것'으로 지칭했지만 불교의 연기론은 단일한 하나의 원인에서 단일한 하나의 결과가 일어난다고 하는 것은 아니다. 존재나 현상은 여러 가지 원인과 조건에 의해 일어난다. 그리고 그러한 원인과 조건에 시간적으로 선행하는 것만 있지도 않다. 동시적으로 공존하는 것들도 원인과 조건으로 기능한다. 마치 참나무 한 그루가 존재하기 위해서는 동시적으로 그 나무가 자라고 있는 토양과 햇빛이 있어야 하는 것과 같다. 이러한 상호의존성을 나타내기 위해 경전에서는 서로 기대어 서 있는 세 개의 갈대 비유를 든다.

> 비유하자면 세 개의 갈대가 빈 땅에 서려고 할 때에는 서로서로 의지하여야 서게 되는 것과 같다. 만일 그 하나를 버려도 둘은 서지 못하고 만일 둘을 버려도 하나는 서지 못하니, 서로서로 의지하여야 서게 된다.[15]

존재하는 것들은 서로가 서로에게 원인이다. 이른바 소승불교인 아비달마불교의 유력한 부파 설일체유부는 6인5과론(六因五果論)으로 이렇게 복잡하게 얽혀 있는 인과관계를 설명한다.[16] 6인은 능작인(能作因), 구유인(俱有因), 동류인(同類因), 상응인(相應因), 변행인(遍行因), 이숙인(異熟因)이고, 5과는 증상과(增上果), 사용과(士用果), 등류과(等流果), 이숙과(異熟果), 이계과

15 『잡아함경』(T2, 81b), "譬如三蘆立於空地, 展轉相依, 而得竪立. 若去其一, 二亦不立. 若去其二, 一亦不立, 展轉相依, 而得竪立."

16 정확하게는 4연(緣) 6인(因) 5과(果)인데, 여기에서는 논의의 번잡함을 피하기 위해 4연에 대한 언급은 생략한다. 설일체유부의 6인, 5과론은 『아비달마구사론』(T29, 30a-36b)에 나온다.

(離繫果)이다. 구유인-사용과, 상응인-사용과는 동시적인 인과관계이다. 상응인-사용과는 심리적 인과관계이다. 동류인-등류과, 변행인-등류과는 시간적으로 선후인 인과관계인데, 이 중 변행인-등류과는 번뇌와 관련된 인과관계이다. 이숙인-이숙과는 시간적으로 선후이며 도덕적인 인과관계이다. 그런데 6인 중 능작인은 어떤 것이 존재하거나 발생하는 경우, 그 어떤 것을 제외한 모든 것이다.[17] 예를 들어 참나무가 존재할 때 참나무를 제외한 온 세상의 모든 것이 참나무의 능작인이다. 즉 지구 반대편 미국에 있는 어느 집 식탁 위의 숟가락도 한국에 있는 어떤 참나무의 원인이라는 것이다. 이처럼 전혀 무관해 보이는 것까지 능작인이라는 원인으로 삼는 이유는 적어도 이것(미국 어느 집 숟가락)이 저것(한국의 어떤 참나무)이 생기는 것, 혹은 존재하는 것을 방해하지는 않기 때문이다.

세계에 존재하는 모든 것들이 서로 관계를 맺고 있다는 것은 화엄의 법계연기론(法界緣起論)에서 가장 뚜렷하게 나타난다. 예를 들어 하나의 참나무를 있게 한 원인은 시간적으로 선행한 도토리, 그리고 공간적으로 동시 존재하는 것으로서 나무를 지탱하고 자양분을 제공하는 토양, 나무가 자라는 동안에 비추고 내렸으며 동시 존재하기도 하는 햇빛과 비이다. 그렇다면 참나무의 씨앗이었던 그 도토리, 참나무를 자라게 하는 토양, 햇빛, 비는 그 자체로 존재하는 것일까? 도토리, 토양, 햇빛, 비는 다시 다른 것을 원인으로 해서 존재한다. 우리가 내쉬는 숨, 바닷물, 빙하에서 나온 수증기가 대기로 올라가 구름이 되고 다시 비가 되어 참나무에 내리고 강이 되고 바다가 된

17 『아비달마구사론』(T29, 30a), "一切有爲, 唯除自體, 以一切法爲能作因. 由彼生時無障住故."

다. 이렇게 계속 어떤 것을 있게 한 원인을 찾아나가면 우리는 사실상 온 세상이 연결되어 있어서 살아 있는 하나의 유기체와 같다는 것을 알 수 있다.

『화엄경(華嚴經)』에서는 온 우주에 존재하는 낱낱의 것들이 다른 낱낱의 것과 서로 관계를 맺고 영향을 주고 받는 것을 인드라망(因陀羅網)에 비유한다. 하늘나라 인드라신의 궁전에는 인드라망, 즉 인드라(Indra)신의 그물[網]이 있는데, 이 그물코마다 수정 구슬이 달려 있다. 이 구슬 하나 하나는 각각 다른 낱낱의 구슬을 비춘다. 그래서 각각의 구슬에는 다른 모든 구슬이 비춰진다. 이처럼 상즉상입(相卽相入)해서 하나 안에 전체가 있고[一卽多], 전체 안에 하나[多卽一]가 있다. 그래서 의상은 티끌 속에 우주가 있고 우주 속에 티끌이 있다고 말한다.

> 하나 안에 일체가 있고, 많음 속에 하나가 있다. 하나가 곧 일체요, 많음이 곧 하나이다.
>
> 한 티끌 속에도 시방 세계가 담겨있고 모든 티끌 속도 또한 이와 같네.[18]

인드라망의 비유에서 하나 하나의 수정 구슬에 해당하는 것은 인간만이 아니다. 온 우주에 존재하는 모든 것들, 즉 동물, 식물, 광물 등 생태계 전체가 관계 맺음에서 배제되지 않는다. 각각의 것들은 서로를 원인과 조건으로 해서 존재하기 때문에 다른 것들에 의해 끊임없이 변해 가는 과정 중에 있으며, 또한 다른 것들에 영향을 미치고 있다.

18 『화엄일승법계도』(T45, 711a), "一中一切多中一, 一卽一切多卽一, 一微塵中含十方, 一切塵中亦如是."

이처럼 연기론에 바탕한 불교의 세계관은 인간-동물-환경을 하나의 전체로서 서로 연계되어 있는 것으로 인식한다. 세계에 존재하는 것들은 하나의 유기체처럼 사람과 사람뿐만 아니라 사람과 동물, 환경이 서로에게 끊임없이 영향을 주고받는다. 원헬스 패러다임이 간단하게 전제로 하고 있는 인간-동물-환경의 연계성에 대해 불교는 초기불교부터 대승불교에 이르기까지 다각도로 사상을 펼치고 있음을 알 수 있다.

그런데 불교에서 인간-동물-환경이 연계되어 있다는 것은 다른 것들로부터 분리되어 각각의 독립된 개체로서 존재하는 인간, 동물, 환경은 없음[無我]을 의미한다. 즉 인간-동물-환경이 연계되어 있다는 의미는 개체들이 단순 결합하고 있다는 의미가 아니라 하나로서, 전체로서 존재한다는 의미이다.[19] 그러나 보건의료 분야에서 말하는 원헬스 패러다임은 인간, 동물, 환경을 연계된 것으로 볼 뿐, 연계되었다는 것의 의미가 각각의 독립된 개체가 관계를 맺고 있다는 것인지, 각각을 독립된 개체로 볼 수 없다는 것인지까지 성찰한 것은 아니다.

또한 불교의 연기론은 물리적인 연계성만이 아니라 심리적, 도덕적 연계성까지 포괄한 이론이다. 12연기에서 행(行)의 원인인 무명(無明), 명색(明色)의 원인인 식(識), 취(取)의 원인인 애(愛), 유(有)의 원인인 취(取)는 심리

19 인간, 동물, 사물의 독립적인 개체성을 부정하는 것은 초기불교나 아비달마불교, 대승불교의 공통적인 입장이다. 그런데 아비달마불교, 특히 설일체유부는 자아라든가 참나무의 실체성은 부정하지만 그것들을 구성하는 더 기본적인 존재[法, dharma]의 실체성[自性, svabhāva]은 인정했다. 이에 대해 대승불교의 나가르주나(Nāgārjuna)는 설일체유부가 연기를 제대로 이해하지 못했다고 하며, 자아든 법이든 어떠한 것도 자기 자신으로서의 독자적인 정체성을 가지면서 존재할 수 없다고 한다. 즉 자아든 법이든 모두 공(空)하다. (『중론』(T30, 33b), "衆因緣生法, 我說即是無, 亦爲是假名, 亦是中道義.")

적, 도덕적인 것이다. 또한 12연기 중 식(識), 명색(名色), 육입(六入)은 시간적 선후 발생의 관계를 맺고 있다기보다는 인식 발생의 동시적, 논리적 관계를 맺고 있다. 즉 식(識)은 알아차리는 마음, 명색(名色)은 인식 대상[境], 육입(六入)은 육체적 · 정신적 인식 기관[根]이다. 우리에게 어떤 현상이 나타날 때는 이 세 가지가 상호의존적으로 관계맺는다.[20] 예를 들어 우리에게 참나무의 형상이 나타나기 위해서는 특정 색깔과 형태를 갖춘[色境] 참나무라는 대상만이 아니라 그것을 보는 눈[眼根], 또한 그것을 알아차리는 마음[識]도 있어야 한다고 말한다. 아비달마불교에서도 설일체유부의 6인 5과 중 상응인-사용과, 변행인-등류과는 심리적인 인과관계이며, 이숙인-이숙과는 도덕적인 인과관계이다. 이처럼 불교의 연기론은 물리적, 심리적 연계성을 모두 포괄하는 것인데 반해, 원헬스 패러다임은 물리적 연계성만 고려하고 있다. 불교의 연기론과 달리 원헬스는 건강 패러다임으로 제시된 것이기 때문에 건강이나 질병과 관련된 물리적 측면만을 고려하는 것이 적절할까? 그러나 현재 코로나19 사태에서 보듯이 건강이나 질병, 치료와 방역은 단지 신체적, 물리적인 것에만 국한되지 않는다. 감염에 대한 두려움과 사회적 거리두기, 자가격리, 질병의 발생과 치료 과정에서 초래되는 코로나블루 등 심리적 질병, 심리적 방역도 최적 건강을 위해 고려해야 하는 것이다. 그러나 현재의 원헬스 패러다임은 그 구축과 실행의 과정에서 심리적인 질병과

20 불교가 말하는 세계는 우리가 경험하는 세계, 즉 우리에게 인식되어지고 정서적 반응을 일으키는 세계이지, 인식이나 정서와 무관하게 존재하는 세계가 아니다. 불교에서 일체법의 분류 체계로 제시하는 12처(處)가 인식의 대상인 육경(六境)과 인식의 기관인 육근(六根)으로 이루어지고, 18계(界)가 여기에 시각적 인식[眼識], 청각적 인식[耳識] 등 여섯 가지 인식[六識]을 더한 범주라는 것에서 알 수 있듯, 불교는 우리의 인식, 경험과 물리적인 세계를 분리해서 말하지 않는다.

건강의 문제까지 포함시키고 있지 않다.

2) 인간, 동물, 환경의 최적 건강

원헬스 패러다임이 심리적인 면까지 고려하지 않고 있다는 지적에 대해, 원헬스는 특별히 인간-동물-환경의 연계성에 주목하고 이로 인해 발생하는 질병 문제에 대처하기 위한 것이고, 심리적인 질병과 건강 문제는 동물이나 환경과의 관계 속에서 발생하는 것이 아니라 인간에 국한된 것이 아니냐는 반론이 제기될 수 있다. 사실 인간-동물-환경의 연계성에 대한 인식에 바탕하여 이들 모두의 최적 건강을 추구하는 원헬스 패러다임은 동물과 환경을 어떠한 대상으로 바라보며, 인간-동물-환경의 관계를 어떻게 파악하는지와 관련된 인식의 태도, 나아가 동물, 환경을 어떻게 대해야 하는지에 대한 윤리적 태도와 무관할 수 없다. 그러나 원헬스 패러다임은 동물과 환경을 대하는 우리의 인식과 윤리가 어떠하며, 어떠해야 하는지에 대한 파악이나 반성이 없이 단순하게 인간-동물-환경이 연계되어 있고, 이들의 최적 건강을 추구해야 한다고 주장할 뿐이다.

인간, 동물, 환경의 최적 건강을 추구한다는 것은 인간을 더 우위에 놓지는 않고 이들 모두를 동등한 존재로 보아 최적의 건강을 추구한다는 것인가? 아니면 인간의 건강을 우선시하고 그것에 기여하는 한에서 동물과 환경의 건강도 추구한다는 것인가? 원헬스는 인간-동물-환경의 연계성, 이들 모두의 최적 건강을 추구한다고 표방한다는 점에서, 질병과 건강 문제에서 기존에 인간만을 동물이나 환경으로부터 떼어내서 생각하던 경향에서 진일보한 측면이 있다. 그러나 건강에 대한 원헬스적 접근에서 인간, 동물, 환경의 지위는 동등해 보이지 않는다. WHO가 원헬스에서 주로 다루는 영역으로 제시한 세 가지는 인수공통 감염병 관리, 식품 안전, 항생제 내성 감소이다.[21] Kamenshchikova 등은 원헬스적으로 접근하여 항생제 내성 문제를 해결하려는 국제정책 문서 11개를 분석한 후, 원헬스 담론이 인간중심주의적 이상에 의해 지배되어 왔다는 결론을 내렸다.[22] 항생제 내성과 관련된 원헬스 정책 문서들은 인간의 건강에 초점을 맞추며, 인간-동물의 인과관계를 일방향적인 것으로 설정한다. 인간은 항생제 내성으로 육체적, 경제적 고통을 받는 자이며, 동물은 인간의 건강에 잠재적 위험 요소로 나타난다. 동물 건강은 원헬스의 일부이지만 인간 건강의 수단일 뿐이다. 환경을 바라보는 관점도 마찬가지이다. 문서들에서 인간은 고통받는 자이고, 환경은 인간의 건강에 위협이 될 만한 존재로 나타난다.[23]

원헬스 패러다임에서는 소, 돼지, 닭 등의 건강과 질병을 관리하고 그들의 사육 환경을 개선하려 한다. 그러나 동물을 위해서 이렇게 하는 것이 아니다. 건강하지 않은 동물과 접촉하거나 그런 가축들을 섭취함으로써 인간의 건강이 저하되지 않도록 하기 위한 것이다. 환경도 그것이 그 자체로 가치 있기 때문에 기후변화와 환경오염 문제를 해결하려는 것은 아니다. 기후변화가 미세먼지와 감염병을 야기해 인간의 건강을 저하시키기 때문에, 환경오염이 인간에게 유해하기 때문에 해결하려는 것이다. 필자는 여기에서

21 보건복지부, 앞의 보고서, 56쪽.

22 Kamenshchikova et al, “Anthropocentric framings of One Health: an analysis of international antimicrobial resistance policy documents”, *Critical Public Health*, 31(3), 2019, p. 9.

23 ibid., pp. 6-7.

동물이나 환경도 인간과 동등한 지위에 있는 것으로 인정해야 한다는 주장까지 펼치려는 것은 아니다. 원헬스 패러다임의 구축과 추진에 있어서 인간, 동물, 환경의 최적 건강을 목표로 한다 하지만, 이들의 최적 건강이 과연 평등하게 추구되는 것인지, 윤리적으로 우리는 어떠한 태도를 취해야 하는지에 대한 논의가 이루어져야 함을 말하려는 것이다. 그리고 이러한 논의는 보건의료 계통의 학문만으로 풀 수 있는 것은 아니고 인문사회학적 고찰, 구체적으로 생태학, 동물윤리, 환경윤리적 고찰을 필요로 한다.

인간-동물-환경의 상호의존성을 말하는 불교는 인간중심적인 사고에서 벗어나 생태계 전체의 관점에서, 전 우주의 관점에서 인간, 동물, 환경을 바라보는 태도를 취한다.[24] 불교에서는 인간과 다른 유정들 사이의 간극이 절대적이지 않다. 윤회의 과정에서 인간은 동물로도 태어나고 천신으로도 태어날 수 있기 때문이다. 즉 불교의 윤회설은 중생이 천신, 아수라, 인간, 동물[畜生], 아귀, 지옥(의 유정) 중 한 종류로 태어난다고 한다. 사실상 우리는 윤회의 과정에서 이미 수없이 많은 생을 살았기 때문에 거듭된 전생 중 동물이었던 적도 많았을 것이며, 열반에 이르러 윤회에서 벗어나지 않는 한 앞으로도 거듭될 내생에 동물로 태어날 확률도 높다. 따라서 불교의 윤회설에 따르면 동물은 나와 전혀 무관한 생명체가 아니라 언젠가 나였고 또 나일 수 있는 존재이다. 마치 우리가 같은 사람에 대해 해를 끼치는 행위가 윤

24 불교에서 인간은 유정(有情), 즉 지각력과 감정이 있는 생명체들 중 특별한 위치를 점하고 있다. 인간은 무지와 탐욕, 증오를 비롯한 온갖 번뇌에 시달리며 고통스러워하는 존재이지만, 한편으로 동물에게는 없는 총명함이 있어서 불법(佛法)을 듣고 이치를 파악할 수 있는 능력이 있고 더 쾌적한 삶을 사는 천신(天神)은 모를 삶의 고단함을 경험함으로써 고통에서 벗어나 열반에 이르려는 노력을 할 수 있는 존재이기 때문이다.

리적으로 잘못되었다고 비난하는 것을 당연시하듯이 이러한 관점에서는 동물에 대해 해를 끼치는 행위도 윤리적으로 잘못되었다. 그래서 불교는 출가자든 재가자든 불살생(不殺生)의 계율로 동물을 포함한 중생의 살생을 금하고 있으며, 나아가서는 생명에 대한 존중과 사랑을 주장한다.

그런데 불교에서는 우리의 일반적인 태도로는 받아들이기 어려울 정도의 인간-동물의 관계 역전도 보인다. 불교 경전 중에서는 붓다의 전생 이야기를 전하는 것이 있다.[25] 전생에 붓다는 수없이 많은 전생에서 사슴이었다가 코끼리였다가 토끼였다가 또 다시 사람이기를 반복한다. 그리고 여러 전생에서 붓다는 인간의 관점에서는 과해 보일 정도의 자비로운 행동을 보인다. 예를 들어, 전생에 시비왕이었던 붓다는 품에 날아든 비둘기를 살리기 위해 자신의 살을 베어내 주며 굶어 죽어가는 호랑이를 살리기 위해 자신의 몸을 바친다.[26]

대개 오수의 개 이야기처럼 동물이 인간을 위해 자신의 목숨까지 희생하는 이야기에 익숙한 우리로서는 단지 동물을 구해주는 정도가 아니라 동물의 목숨을 자신보다 더 귀하게 여겨서 자신의 목숨까지 버리는 행위가 낯설어 보일 수 있다. 그런데 그러한 낯설음이 한편으로는 우리가 얼마나 인간

25 붓다의 전생 이야기를 모은 경전을 『본생경』(本生經, Jātaka)이라 한다. 빨리어로 된 경전 자따까(Jātaka)는 무려 547개의 이야기를 담고 있으며 누구나 잘 아는 별주부전도 자따까에서 유래했다. 별주부전에는 토끼와 거북이가 등장하지만 자따까의 본래 이야기에는 원숭이와 악어가 등장한다. 자따까는 고타마 붓다가 전생에 얼마나 많은 자비행을 했는지 보여준다. 싯다르따 왕자는 전생의 수많은 자비행의 결과로 현생에 붓다가 될 수 있었는데, 초기불교에서 붓다의 제자들은 아라한이 되는 데서 그치는 것과 대비된다. 누구나 붓다가 될 수 있다는 것은 대승불교의 입장이다.

26 『불설보살본행경』(T3, 119a), "佛言, 我爲尸毘王時, 爲一鴿故割其身肉, 興立誓願除去一切衆生危嶮. 摩訶薩埵太子時, 爲餓虎故放捨身命."

중심적인 관점에서 벗어나기 어려운지를 보여준다. 이미 인간에게 동물은 그들이 원하든 원하지 않든 수없이 많은 보시행을 해 왔다. 채식주의자가 아닌 이상 우리는 상당 부분 동물의 살로 목숨을 이어가며 살아간다. 동물의 목숨도 사람의 목숨과 같은 가치이거나 더 귀하게 여길 수도 있다는 불교의 관점은 우리의 고착된 인간중심적 관점을 환기시킨다. 또한 사찰의 사물(四物)에는 인간만이 아니라 살아 있는 존재 모두를 향한 자비심과 자비행을 촉구하는 불교의 정신이 담겨 있다.[27] 이처럼 불교의 구제 대상은 인간만이 아니라 모든 유정이다.

윤회하는 존재들에 산하대지 등 자연계, 즉 환경도 포함되는 것은 아니다. 그렇지만 불교의 연기론은 유정물에 영향을 미치는 환경, 또 환경에 영향을 미치는 유정의 행동에 주의를 기울인다. 불교에 의하면 자연계[器世間]의 생성은 우리의 행위와 무관하지 않다. 우주도 중생의 업에 의해 형성된다고 보기 때문이다. 불교는 복수의 우주가 존재한다고 한다. 하나의 우주는 영원하지 않고 성주괴공(成住壞空)의 과정을 거치는데, 우주를 형성시키는 힘은 다른 우주에서의 유정의 업(業)이다. 유정의 업이 미풍처럼 불어서 다른 우주의 물리적 기반을 형성하는 것이다. 불교는 자연계나 인간이나 동일한 업력에 의해 조성되고 운행한다고 함으로써 인간의 행위가 물리세계에 영향을 미친다고 보는 것이다.[28]

이처럼 불교는 비교적 인간과 동물을 동등하게 보는 편이며, 환경도 우리

27 사물(四物)은 범종, 법고, 목어, 운판을 가리킨다. 범종은 모든 중생들을 제도한다는 의미로 치며, 법고는 땅 위에 사는 동물들을 제도한다는 의미로, 운판은 하늘의 중생, 목어는 물 속에 사는 중생을 제도한다는 의미로 친다.

28 불교의 우주론은 『아비달마구사론』(T29, 62b-64a)에 나온다.

의 행위와 무관하게 존재하지 않는다는 점에서 환경에 대한 인간의 책임을 강조한다. 즉 인간만이 아니라 동물과 환경을 포함한 생명에 대한 존중과 사랑이 불교의 기본적 입장이다. 이 점에서 불교는 인간만을 우선시하고, 동물이나 환경을 인간을 위한 도구로만 바라보는 인간중심주의를 벗어난다. 그렇다면 인간중심주의의 탈피가 곧 동물중심주의나 생태중심주의, 환경지상주의를 의미할까? 그러나 불교의 인간중심주의 극복은 '중심'을 다른 것에로 옮기는 것이라기보다는 오히려 그 '중심' 자체를 해체하는 것이다. 인간-동물-환경을 상호의존적인 것으로 보는 불교의 입장은 그것들 중 어떤 것에도 다른 것으로부터 독립해서 고유하게 존재하는 실체성을 부여하지 않는다. 따라서 만약 '동물중심주의'니 '환경중심주의' 혹은 '환경지상주의'로 나아간다면 그것은 역시 인간, 동물, 환경을 실체화하는 오류를 범하는 것이며, 불교의 연기적 세계관을 제대로 이해하지 못한 것이다. 이러한 이유로 김종욱은 "인간중심주의의 문제는 비인간중심주의로 극복되는 것이 아니라 중심주의라는 실체적 토대의 강조 성향을 반성함으로써 해소"[29]될 수 있다고 한다. 불교에 의하면 존재하는 것들은 연기에 의해 있으므로 무아이고 공하다. 즉 "상호의존성 속에 비실체성이라는 철학적 의미가 함축"[30]되어 있다. '인간중심주의'의 부정은 '인간'을 배제하고 인간 외의 동물이나 환경을 더 우선시한다거나 개체를 무시하고 전체만을 우선시하는 것이 아니라 그것이 인간이든 동물이든 환경이든 전체든 실체적인 것으로 보아 '중심'으로 삼고 우선시하는 태도를 부정하는 것이다. 김종욱은 『불교생태철

29 김종욱, 『불교생태철학』, 동국대학교 출판부, 2004, 114쪽.
30 김종욱, 앞의 책, 114쪽.

학』에서 다음과 같이 말한다.

> 불교적 생태윤리는 '상호의존(연기)-비실체성(공)-상호존중(자비)'을 기본구조로 한다. 그러므로 상호의존하는 전체이기에 생태계의 균형과 안정을 소중히 여기면서도, 전체를 구성하는 개체뿐만 아니라 전체 역시 비실체적인 것이므로, 전체를 실체화하여 개체를 그 전체에 종속시키지 않고, 개체 또한 전체만큼의 무게가 나가는 소중한 것으로 여기는 것, 그래서 낱낱의 개별적인 생명체들과 전체로서의 생태계가 모두 존중받는 것, 이것이 불교적 생태윤리가 지향하는 바다.[31]

그러나 불교의 생태윤리는 이상일 뿐이라서 현실 정치에 반영하기는 어려울까? 이 점에서 기원전 3세기 인도를 통치한 아쇼까 왕의 보건의료 사업을 참고할 만하다. 그는 왕으로서 모든 종교를 공평하게 대하긴 했지만, 불교의 재가 신도로서 불교적 가르침에 부합하는 생명 존중을 실천하려 했고, 모든 생명체의 복리를 증진하는 정책을 시행했다. 사람만이 아니라 동물을 위한 병원을 건설했고, 사람과 동물에게 효과가 있는 약초를 재배하도록 했다. 도로변에 우물을 파고 나무를 심어 사람과 동물이 이용하고 그늘에서 쉬게 했다.[32] 인간만이 아니라 동물의 건강을 증진시키고자 하는 아쇼까 왕의 보건의료 이념과 정책, 추진 사례는 고대의 원헬스라 할 수 있다.[33] 그러

31 김종욱, 앞의 책, 117쪽.

32 서병진, 「아쇼까왕의 정토관」, 『인도철학』 18, 인도철학회, 2005, 69-70쪽.

33 Lerner & Berg, "The concept of health in One Health and some practical implications for research and education: what is One Health?", *Infection Ecology & Epidemiology*, 5(1),

나 현재의 원헬스 패러다임과 다르게 그것은 인간의 건강을 위한 수단으로 동물을 대하지 않고, 동물의 생명을 존중하고 사랑해서 그들의 건강과 복리를 도모하고자 했다.[34] 아쇼까 왕의 사례는 현재의 원헬스 패러다임에서 여전히 보이는 인간중심주의를 극복한 것이라 평가할 수 있다.

4. 나가며

코로나19 확산 사태에서 인간-동물-환경의 연계성은 뚜렷하게 나타난다. 인간의 환경파괴, 환경 파괴로 인해 노출된 야생동물과 인간의 접촉, 인간과 인간의 접촉으로 이어지는 관계의 고리는 지금 코로나19 이전과 이후로 시대 구분을 해야 한다는 말이 나올 정도로 우리가 사는 세계와 우리의 삶을 완전히 바꿔놓았다.[35] 이러한 상황을 보건대, 인간의 질병과 건강을 동물이나 환경의 그것과 떨어뜨려서 보지 않으며 이들 모두의 최적 건강을 추구하고자 하는 원헬스 패러다임은 건강에 대한 적절한 접근법으로 보인다.

2015, p. 1.

34 아쇼까왕은 생명 존중을 점점 강조해서 처음에는 식용으로 죽이는 동물의 종류와 수를 제한하다가 나중에는 완전히 금지시켰다. 에띠엔 라모뜨, 호진 역, 『인도불교사』 1, 시공사, 2006, 452쪽.

35 초기부터 현재까지 코로나19 바이러스가 우한의 한 실험실에서 인위적으로 만들어진 것이며 고의로, 혹은 실수로 외부에 노출되었다는 주장도 제기되고 있다. 그러나 이것은 사실로 확인된 것이 아니기 때문에 여기에서는 고려하지 않았다. 아직까지는 코로나19도 일반적인 신종 감염병의 발생과 확산의 경로를 거쳤으리라고 보는 것이 합리적이며, 코로나19가 아니어도 지금까지 발생했고 앞으로도 발생할지 모르는 신종 감염병이 환경파괴-야생동물 노출-야생동물로부터 인간으로의 바이러스 전파 경로를 거치기에 여기에서는 이 점만 고려해서 기술했다.

원헬스 패러다임은 인간의 건강이 동물의 건강, 환경의 청정과 무관하지 않음을 인식하고 동물의 건강, 환경의 청정까지 추구한다. 그러나 이렇게 하는 이유와 추진 방향은 여전히 인간중심주의에 바탕한 것으로 보인다. 즉 동물과 환경은 인간의 건강에 도움이 되는 한에서 그들의 최적 건강도 추구해야 하는 존재이며, 만약 질병의 요인이 된다면 인간을 위해서 제거되는 게 마땅한 존재이다. 팬데믹이 선언되고 얼마 안 되었던 작년 초 코로나19로 도시가 봉쇄되고 사람들의 이동이 적어지자 마을에 내려와 거니는 동물들, 놀이터에 등장한 동물들의 모습이 화제가 된 적이 있다.[36] 이러한 풍경은 지구상에 존재하는 한 종류의 생명체일 뿐인 인간이 그동안 다른 동물들의 자리를 지나치게 많이 빼앗았던 것이 아닌가 하는 생각을 하게 만든다. 그 당시 공장의 가동과 자동차의 운행이 줄면서 미세먼지가 감소되었다는 보도도 있었다.[37] 그동안 환경오염과 기후변화 문제의 심각성을 부르짖는 사람들이 많았음에도 불구하고 해결하지 못했던 문제가 코로나19로 인간이 활동을 자제하자 잠시나마 해소된 것이다. 2년 가까이 많은 변화를 겪으며, 이제 팬데믹 이후를 준비하는 우리는 지금까지 어떠한 관점으로 인간, 동물, 환경을 바라보았는지 되돌아보고, 앞으로 어떠한 관점으로 바라보아야 하는지 선택해야 한다.

전생의 붓다가 했던 것처럼 동물을 위해 인간이 목숨까지 버리라고 하는 것은 현실성이 없다. 그러나 현재의 원헬스 패러다임은 인간-동물-환경을

36 박종익 기자, 「코로나로 인간 사라지자…악어 · 사자 등 야생동물은 신났네」, 《나우뉴스》, 2020.04.17.

37 최우리 기자, 「코로나 등 영향 받은 2~3월, 1월보다 미세먼지 개선 효과 커」, 《한겨레》, 2020.05.12.

연계적으로 보는 인식에 대해, 그리고 동물과 환경을 대하는 윤리적 태도에 대해 인문사회학적으로도 성찰하고 보완할 필요가 있다.

2020년 대한민국의 감염병 위기 관리하기와 국가-사회 관계*

이동헌_ 런던대학교 유니버시티 칼리지 런던 도시계획학과
이향아_ 경상국립대학교 사회학과

* 이 글은 이동헌 · 이향아, 「감염병 위기 관리하기: 2020년 한국의 코로나19 감염병 위기와 국가-사회관계」, 『경제와사회』, 2020년 129호, 39-81쪽에 수록된 논문을 수정 · 보완한 글이다.

1. 들어가며

신종 코로나 바이러스 COVID-19가 전 지구적으로 창궐한지 만 1년이 지났다. 한국도 2021년 1월 20일로서 감염병과 함께 하는 '뉴노멀' 1주년을 맞았다.[1] 하루에도 수천에서 수만 명의 확진자가 발생했던 해외의 국가들과 견주어 우리나라는 바이러스와의 전투에서 여전히 선방 중이다. 몇 번의 대유행을 록다운(lockdown) 한번 없이 '단계별 사회적 거리두기'라는 섬세한 승강식 방역규율과 함께 견뎌냈다. 하지만, 2020년 팬데믹 발발 초기 우리 사회가 느꼈던 긴장감어린 자부심은 이제 사라지고 없다. 그 자리를 대신한 것은 피로함과 위기감이다. 특히 2020년 11월 추위와 함께 찾아온 전국적 확산(3차 대유행)이 계속 악화되어 일일 신규확진자수가 1천 명을 훌쩍 돌파하여 고공행진을 하던 12월 세밑 우리는 '불만의 겨울'을 보냈다.[2] 그 감

1 백신이 도입되기 이전 쓰여진 글임을 밝힌다.

2 '불만의 겨울(Winter of Discontent)'은 노동조합들의 대규모 연계 파업과 사회적 불안과 소요들이 들끓었던 1978-79년 겨울 제임스 캘러헌 노동당 정부 시기 영국의 정치경제 위기를 가리킨다. 이 위기를 계기로 정권을 마거릿 대처가 이끄는 보수당에게 내어주고, 보수당의 장기집권 속에서 1980-90년대 영국은 '대처리즘'이라 불리는 신자유주의 체제로 전환되었다. 스튜어트 홀, 임영호 역, 『대처리즘의 문화정치』, (한나래, 2007), 174쪽.

정은 단지 감염의 초확산에 따른 신변 안전의 위협, 코로나19 사태의 장기화에 따른 경제적 피해, 심리적 익숙함과 고단함, 혹은 해외 각국의 백신 확보 및 접종 소식을 듣고 난 후의 조바심 때문만은 아니었다. 근 1년 동안 코로나19 바이러스의 국내 유입에서 시작된 감염병의 위기는 전혀 다른 정치 문화적 위기로 전환되어 있었으며, 우리 사회는 서구와는 또 다른 모습의, 그동안 우리 사회에 표출되지 않았던 모순과 부조리, 균열과 갈등을 만나야 했다.

다행히도 2021년 새해와 함께 대유행은 진정되고 있다. 산발적 집단감염이 지속되고 있고 일일 신규 확진자 수 수치는 여전히 높지만, 확진자 수 그래프의 하향세 및 우리 정부의 백신 확보 소식과 함께 작년 말 우리 사회를 잠식했던 불안감과 불만, 우울감은 상당히 해소된 듯하다. 하지만 그 위기들은 사라진 것이 아니라 바이러스처럼 잠시 잠복한 것일 뿐이다. 지난겨울 우리 사회를 잠식했던 불안과 위기는 무엇 때문이었을까? 우리는 분명 코로나19 방역에서는 성공적이었다. 하지만, 우리가 진정 코로나19 팬데믹이 불러온 국가와 사회의 위기를 잘 헤쳐 나가고 있는 것일까? 우리는 팬데믹이 종식된 이후 올바른 방향으로 한 차원 더 전진할 수 있을까?

바이러스는 사람을 가리지 않고 전파되며, 감염병 창궐 그 자체가 새로운 사회 구조 변동을 만들지 않는다. 하지만, 사회의 제도는 사람을 가리며, 사람이 만들어낸 제도를 통과한 감염병의 위기는 공평하지 않게 다가온다. 위기를 전후로 개인과 집단이 집합적이고 제도적인 대응을 하면서 감염병 위기 국면은 사회의 대전환의 계기가 되기도 한다. 그 결과 감염병 사태가 종결된 이후 세상은 창궐 이전의 세상과 달라지며 사회별로 다른 발전 경로로 이행한다. 이러한 과정은 감염병 혹은 흔히 예측이 어렵고 불가항력적인 외부 충격으로 이해되는 자연재해뿐만 아니라 전쟁, 경제공황, 쿠데타 등 다양한 인위적 위기에 적용된다. 한국에서만 하더라도 1987년 정치적 위기와 1997년 경제적 위기를 전후로 새로운 제도가 정착되고, 소위 '체제 전환'으로 부를 만한 새로운 자본의 축적 구조와 사회 · 문화적인 의식 변동을 경험했다. 지주형이 주장한 것처럼, 위기 국면에서 사회마다 고유의 '위기 관리 과정'을 겪으며, 이 위기 관리의 구체적인 형태와 내용에 따라 그 사회는 위기 이후 정치경제적 변동 및 새로운 장기의 발전경로를 경험한다.[3] 위기는 일시적 혹은 단일한 '사건(event)'이 아니라, '과정(process)'이다.[4]

위기를 바라보는 이러한 해석은 코로나19가 창궐한 지 일 년이 지난 오늘 작년 한 해 동안의 우리 국가-사회 전반의 '(감염병) 위기 관리하기(Policing the (pandemic crisis)'[5]를 되짚어봐야 하는 이유를 제공한다. 방역체계와 별개로 우리의 위기 관리 프로그램은 어떠한 것이 있었으며, 그 프로그램들은 어떠한 세력 관계 위에 배태되어 있는지에 대한 구체적인 분석과 비판, 그리고 반성이 있어야만 우리는 현재의 이행경로를 검토하고 수정하여 위기 이후 사회 구성체의 회복과 안정을 위협하는 또 다른 위기의 출현을 막을 수 있다. 안토니오 그람시의 유명한 경구[6]처럼, "낡은 것은 죽어 가는데도 새로운 것은 아직 탄생하지 않았다는 사실 속에 위기가 존재한다. 바로 이 공백 기간이야

3 지주형, 「위기관리와 변동의 정치사회학: IMF 경제위기와 신자유주의적 발전경로의 형성」, 『한국사회학』 2007, 41-5, 2쪽.

4 Hay, C. 1996, "Narrating Crisis: The Discursive Construction of the 'Winter of Discontent'", *Sociology*, 30-2, pp. 254-255.

5 Hall, Stuart et al, 『*Policing the Crisis: Mugging, the State, and Law and Order*』, (The Macmillan Press, 1978)

6 안토니오 그람시, 이승훈 역, 『그람시의 옥중수고 1』, (거름, 1999), 327쪽.

말로 다양한 병적 징후들이 출현하는 때다.”

이 논문에서 우리의 관심은 한국의 지난 1년간의 감염병과의 전쟁에서 국가의 방역정책 혹은 시민사회의 시민의식의 선진성을 중간평가하는 것에 있지 않다. 대신, 코로나 위기에 의해 가려지거나, 오염되거나, 혹은 그것과 결합하여 변이된 가장 재미없지만 근원적인 문제를 환기하려는 데 있다. 그 문제란 현 시기 감염병 위기가 어떻게 관리되고 있으며, 국가와 사회의 관계, 혹은 국가가 시민을 동원하고 시민들이 시민공동체와 국가라고 부를 만한 정치체를 인식하고 실천하는 방식은 어떠했는지, 그리고 어떻게 변화하고 있는가에 대한 것이다. 나아가, 위기에 대응하는 시민의 실천 행위를 규정짓는 문화적이며 이데올로기적인 정체성에 대한 것이기도 하다. 마르크스주의 ‘공간학자’ 데이비드 하비가 역설했던 것처럼, “위기와 관련해 두드러지게 나타나는 것은 물리적 경관의 대규모 재편이라기보다는 사고와 이해, 제도와 지배이데올로기, 정치적 충성과 절차, 정치적 주체성, 기술과 조직 형태, 사회관계, 일상생활에 영향을 미치는 문화적 관습과 취향의 극적인 변화이다.”[7] 현재 드러나는 시민사회의 모순적 정체성들이 코로나19 이후의 우리 사회에서 새로운 질서를 만들어내는 기반이 된다는 측면에서 이 문제의 검토는 그 무엇보다도 중요하다. 그렇다면 감염병 위기 국면이 우리가 국가와 사회를 대하는 의식구조의 어떠한 모순들을 드러냈으며, 코로나19는 우리의 의식구조에 또 어떤 ‘이력(履歷, hysteresis)’을 남길 것인가?

현재 진행형인 사건에 대해 객관적 거리를 두고 핵심과 본질에 접근하는 것은 매우 어려운 일이다. 그로부터 정책적 대안이나 해결책을 제시하는 것

7 데이비드 하비, 황성원 역, 『자본의 17가지 모순』, (동녘, 2014), 19쪽.

은 더더욱 어렵다. 마르크스는 그의 눈앞에서 벌어졌던 당대 프랑스의 정치적 격변들에 대해 실천적 해석을 내놓기 위해 계급투쟁을 매개로 사건사적 접근방법과 구조사적 접근 방식을 변증법적으로 통합하려 했다.[8] 이후 그의 방법은 후대의 실천적 학자와 활동가들에 의해서 국면분석(conjunctural analysis)의 방법으로 발전해 왔다.[9] 이 논문 역시 코로나19 팬데믹 사태가 끝나지 않고 사건의 진행 추이와 대응이 유동적인 상황에서, 위기를 맥락화하고, 코로나19가 불러온 지난 1년간의 위기와 우리의 국가-사회의 '위기 관리하기'에 대해 국면적 접근을 시도한다. 스튜어트 홀은 그람시를 인용해, '맥락화(contextualising)'란 사건이나 현상을 고정된 배경 위에 올려놓은 작업이 아니라, 기존의 '상식' 프레임을 해체하고 더 넓은 역사적 흐름 위에 올려놓거나 다른 추상 수준과 연계를 찾는 과정으로 이해했다. 그는 마르크스, 그람시, 알튀세르, 라클라우 등으로부터 '과잉 결정(overdetermination)'이나 '접합(接合)(articulation, 절합(節合))'과 같은 개념을 받아들이고 발전시켜, 단일한 원인으로 설명되는 위기란 없으며, '국면(conjuncture)'을 사회의 여러 적대와 모순이 접합되어 분열적 통합으로 응축되고 위기로 폭발하여 마침내 해소되는 순간이자 과정으로 이해할 필요가 있다고 주장했다.[10]

우리는 아래에서 다양한 방식으로 우리 국가-사회의 코로나19 위기를 해석하고 맥락화와 국면적 접근을 시도할 것이다. 우리의 국가와 사회구성체에서 욕망과 이해(利害), 모순과 갈등의 복잡한 접합 속에서 지난 1년간 위기가 어떻게 특정한 방식으로 규정되고 관리되어 왔는지, 혹은 위기가 해소

8 마르크스, 임지현, 이종훈 역, 『프랑스 혁명사 3부작』, (소나무, 2017).
9 그람시, 앞의 책, 1999 ; Hall et al, 앞의 책, 1978.
10 Hall et al., 앞의 책, 1978; 홀, 앞의 책, 2007.

되지 못하고 심화되고 증식되어 왔는지를 살펴볼 것이다. 여기서 위기란 확진자 수나 재감염지수와 같이 수치들로 드러나는 감염병 확산 통제의 위기만을 의미하지 않는다. 위기에는 그람시[11]가 말한 '역사적 블록' 혹은 '헤게모니 권력'이 위기 극복 및 위기 이후 국가 및 사회 발전의 명목으로 추진해온 정치적이고 이데올로기적인 작업들, 혹은 헤게모니 프로젝트들의 위기를 포함한다. 여기서 위기는 실체적인 위기일 수도 있으나, 그와 별개로 담론적으로 구성되고 재구성된 문화적이고 심리적인 것일 수도 있다. 통치 세력 및 지배적 세력 집단의 지속적인 노력에도 불구하고 문제점과 모순이 해결되지 못할 때 그것은 실질적인 위기로 발전한다.[12]

다음 절에서는 현 코로나19 위기와 위기의 전환에서의 국가-사회 관계에 대한 다른 프레임, 혹은 우리의 인식론적이고 분석방법론적 얼개를 다룬다. 3절에서는 상반기 방역 성공의 비결을 국가-사회 관계 측면에서 다룬 기존 논의들을 살펴보고 드러난 문제점들도 함께 되짚어 본다. 4절은 2절에서 다룬 추상적이며 방법론적인 프레임을 통해서 코로나19 감염병이 창궐한 이후 1년간의 한국사회를 진단한다. 구체적으로 코로나19 위기 관리의 각기 다른 세부 국면들을 분석한다. 이 국면들은 시간적으로 반드시 선형적이거나 연속적이지 않다. 때로는 중첩하며 때로는 다른 층위의 문제를 다루기 때문이다. 특히, 2020년 하반기 '불만의 겨울'을 만들어냈던 국가-사회 전반의 '위기 관리의 위기'[13]의 문제를 깊이 들여다볼 것이다. 2020년 상반기의

11 그람시, 앞의 책, 1999.

12 그람시, 앞의 책, 1999; Hall et al., 앞의 책, 1978; Hay, 앞의 논문, 1996.

13 Offe, C. "Crisis of crisis management: elements of a political crisis theory", *International Journal of Politics*, 1976, 6-3, pp. 29-67. ; Jessop, B. "Crises, crisis-management and state

연대와 열광이 시간의 흐름과 따라 소진되고 갈등과 불만으로 대체되어가는 과정을 때로는 세력 집단 간의 표면적인 사건 관계를 분석하고, 때로는 심층의 사회의 의식구조를 소개하면서 구체적으로 살펴볼 것이다. 5절은 결론으로 논문의 내용을 요약하고 함의를 도출한다.

2. 국가 및 국가-사회 관계를 바라보는 위기-이론적 접근

1) '리바이어던'의 귀환과 국가-사회 관계의 재검토

코로나19 팬데믹 사태가 지구적으로 불러일으킨 현저한 현상 중의 하나는 1970년대 이후 죽어 가던 '리바이어던(Leviathan)'[14]이 화려하게 부활했다는 것이다. 영국의 주간지 《The Economist》는 세계보건기구 WHO가 팬데믹을 선언한지 얼마 지나지 않은 2020년 3월 말 '큰 국가의 귀환'을 두 차례에 걸쳐 핵심 이슈로 삼았다.[15] 이 기사에서 이코노미스트는 이번 팬데믹 국면에서 국가의 재부상을 "제2차 세계대전 이후 가장 강력한 국가권력의 확대"로 평가했다. 국내 주간지 《한겨레21》은 "코로나19는 '큰 정부 대 작은

restructuring: What future for the state?" *Policy and Politics*, 43-4, pp. 475-492.
Kang, JH. 2020, "The Media Spectacle of a Techno-City: COVID-19 and the South Korean Experience of the State of Emergency", *The Journal of Asian Studies*, 2015, 79-3 (August) 2020, pp. 589-598.
Khodyakov, D, "Trust as a Process: A Three-Dimensional Approach", *Sociology*, 2007, 41-1, pp. 115-132

14 토마스 홉스, 최공웅, 최진원 역, 『리바이어던』, (동서문화사, 2009).
15 The Economist, 2020/3/21, 2020/3/28.

정부'라는 오래된 논쟁을 '고르디우스의 매듭'처럼 단칼에 잘라냈다."고 평가했다.[16]

코로나19의 진원지로 일컬어지는 중국 후베이성의 우한(武汉)시의 도시 봉쇄를 포함하여 세계 각국의 중앙정부와 지방정부는 집합금지, 통행금지 등 다양한 행정명령(executive order)을 통해 시민의 기본권을 제한하는 대책들을 강행했다. 미국은 2020년 3월 28일 국방물자생산법을 발동해 '미국 법인(法人)' 제너럴 모터스에게 인공호흡기를 대량생산하라고 명령했다. 신자유주의와 작은 정부, 탈규제를 향한 수십 년간의 이데올로기적 국지전과 진지전들이 무색하리만큼, 세계 각국은 너나없이 강한 막대한 재정 투입으로 적극적인 경기부양책을 집행하기도 했다. 국내의 경우도 '기본소득'과 같은 진보적 의제가 공론장의 주요 의제로 논의되고, 비록 구체적인 개념에서 차이가 있지만 재난지원금이 '기본소득'의 명칭으로 집행되는 성과를 내기도 했다.

코로나 시국이라는 비상사태가 아니었다면 상상하기 힘든 조치와 정책들이 국가에 의해서 시행되었다. 아감벤[17]이 명명한 이른바 '예외상태' 혹은 '비상사태(상태)'를 통해 주권자의 권력이 드러나는 순간이었다. 시민들의 자유와 인권을 심각히 침해할 수 있는 긴급조치들이 국가의 재량에 의해 추진될 수 있었던 데에는, 근대 국가의 주권(sovereignty)의 기반이 인민의 생명 안전을 지키는데 있다는 공동의 믿음 때문이다.[18] 여기에는 예외 상태 선언

16 이승준, '코로나 이후 '큰 국가'가 돌아왔다', 『한겨레 21』, 2020, 1315-1316 합본호, 28쪽.
17 조르쥬 아감벤, 김항 역, 『예외상태』, (새물결, 2019).
18 미셸 푸코, 오르트망 역, 『안전, 영토, 인구-콜레주드프랑스 강의 1977~78년』, (난장 2011).; 아감벤, 앞의 책, 2019.

을 통해 국가에 채워진 족쇄를 풀고 강력한 권한을 행사하는 것만이 감염병 바이러스의 위협으로부터 국민의 생명과 안전을 지킬 수 있는 유일한 생명정치 수단이라는 근대 국가의 통치성의 역설이 자리한다. 긍정과 환호, 우려와 반발의 다양한 반응이 쏟아져 나왔고 논쟁으로 이어졌다. 지젝[19]은 재난 상황에서 생명을 보호하려는 국가의 노력을 높게 평가하고 코로나 국면을 계기로 '재난 공산주의'로 이행할 것을 주창하기도 했다.

하지만, 코로나19 팬데믹 1주년, '리바이어던의 귀환'이 보여준 모습은 훨씬 복잡하고 다층적이다. 무엇보다도 성급히 소환된 국가의 역량과 성과는 천차만별이었다. 국가별로 상이한 방역 및 위기 대응 방식이 취해졌고 성과 또한 다양했다. 역설적으로 국가가 외부의 위험으로부터 시민의 생명과 안전을 지켜주기는커녕, 권위주의적 국가의 행태가 강화되면서 시민의 자유와 기본권을 압살하고 민주주의를 후퇴시킬 것이라는 우려가 함께 늘어나기도 했다.[20] 그러한 감염병 팬데믹 국면에서 국가의 귀환 및 개입 효과 혹은 '국가효과'[21] 차이는 어디에서 비롯된 것일까?

최근 애쓰모글루와 로빈슨은 『좁은 회랑』(2020)이라는 제목의 저작을 통해 국가-사회관계에 대한 기존의 논의에서 선험적으로 가정해 왔던 '강한 국가-약한 사회' 조합 대(對) '약한 국가-강한 사회' 조합의 구분 대신 '강한 국가-강한 사회'의 건강한 긴장관계를 강조했다. 저자들은 자유롭고 번영

19 슬라보예 지젝, 강우성 역, 『팬데믹 패닉』, (㈜북하우스 퍼블리셔스, 2020).
20 허석재, 김예경, 『코로나19 확산과 전 세계 민주주의 동향, 국제관계 동향과 분석』 (Vol. 1). 국회입법조사처, 2020.
21 밥 제솝, 유범상 · 김문귀 역, 『전략관계적 국가이론: 국가의 제자리찾기』, (한울아카데미, 2000)

하는 나라를 만들기 위해서는 강력하고 유능한 국가를 추구하는 엘리트 사회집단뿐만 아니라 국가권력에 대항하고 견제하는 사회 세력의 결집 모두가 필요하다고 보았다. 상호간의 견제와 협력을 통해 국가권력과 그것을 통제하는 사회의 역량 사이에 균형이 이루어질 때 국가는 번영하며, 이 관계에서 형성된 국가 발전의 경로를 저자들은 '족쇄 찬 리바이어던(Shackled Leviathan)'의 길이라고 불렀다. 이들에 따르면 그 길은 '좁은 회랑'과도 닮아서, 루이스 캐럴의 소설 '거울 나라의 앨리스' 속의 '붉은 여왕과의 경주'처럼 국가와 시민사회의 지속적인 노력이 동반되지 않으면 회랑으로부터 이탈하게 된다는 것이다. 물론, 저자들도 인정하는 것처럼, 『좁은 회랑』의 번영하는 국가-사회 관계의 도식은 단순명료하지만 역사적인 사례들은 그처럼 간단히 설명되지는 않는다. 행위자들의 다양성, 우발성, 역사-제도적 관성, 그리고 국가가 자리하는 지경-지정학적 특성, 그 모든 것들의 복합적 총체 위에 좁은 회랑은 아슬아슬하게 놓여 있는 것이다.

이들의 주장은 코로나19 팬데믹 시기 강한 국가의 귀환만이 만능이 아니며 국가-사회가 어떤 형태로 접합되어 있는가에 더욱 관심을 기울여야 하는 이유를 제공한다. 하지만 이들의 논의는 국가와 사회를 단일한 성질의 것으로 보고 국가-시민사회를 이분법적으로 분할하고 있어, 설명의 명료함을 넘어 국가-사회의 구체적이고 복잡한 접합 형태에 대한 통찰력을 제공하지 않는다.[22] 현실에서 국가와 사회는 독자적 영역과 고유의 정체성을 가진 채 상호작용하거나, 둘 사이의 관계가 자율성-종속의 스펙트럼의 어딘가

22 Dixit, Avinash, "'Somewhere in the middle you can survive': Review of The Narrow Corridor by Daron Acemoglu and James Robinson." *Journal of Economic Literature*. 2020, June.

에 위치하는 단순한 관계도 아니기 때문이다.[23] 그럼에도 불구하고 애쓰모글루 · 로빈슨의 도식에서 그동안 한국이강한 국가-강한 사회의 조합을 보여 왔다는 점도 부정할 수 없는 사실로 보인다.[24] 강상중 역시 최근 저서의 한국어판 서문에서 다른 나라, 특히 일본과 비교하여 "한국은 '강한 사회'와 '강한 국가'의 조합으로 이루어진 국가"임을 피력했다.[25] 근 한 세대 내에서만도 시민 세력은 1987년에는 민중항쟁을 통해 군부독재를 종식시켰으며, 2016년에는 '촛불혁명'을 통해 대통령을 탄핵하는 등 여러 정치적 직접 행동을 통해서 국가권력에 압력을 행사하거나 굴복시키기도 했다.[26] 강한 사회가 어떻게 출현하게 되었는지는 더욱 깊은 연구가 필요하겠지만, 그러한 조합 덕택에 대한민국이 20세기에 식민지 경험을 겪고 2차 세계 대전 이후 출현한 비서구권 국가 중 유례 없이 정치 · 경제적으로 선진국에 도달하게 되었다는 점은 분명하다.

23 밥 제솝, 앞의 책, 2000; 밥 제솝, 남상백 역, 『국가 권력: 마르크스에서 푸코까지, 국가론과 권력 이론들』, (이매진, 2021). 한편, 신진욱은 국가-사회 내부 차원들의 특수한 결합관계로부터 국가 역량 레짐이 다양한 형태로 출현하기 때문에, 국가 역량 전체의 강약('강한 국가' 대(對) '약한 국가')을 논하는 것보다 세부 역량('특정한 주체가' '구체적인 무엇인가를 할 수 있는 역량')들의 특수한 제도적 배열로서 국가 역량 레짐을 정의하고 다양성을 비교 · 분석하는 것이 더욱 유용할 것이라고 제안한다. 신진욱, 2020, 국가역량의 개념과 다차원적 분석틀: 국가역량 레짐의 다양성 연구를 위한 이론적 고찰, 『한국사회학』, 54-1, 65~100쪽.

24 저자들은 한국어판 서문에서 코로나 시기 한국의 국가-사회가 '족쇄 찬 리바이어던'의 이상적인 방역 대응 모습을 보여줬다고 칭찬한다. 시민들의 동의와 신뢰, 적극적인 협조 속에서 한국정부는 코로나19 팬데믹에 강력하게 대응할 수 있었다는 것이다. 저자들에 따르면 중국의 팬데믹 대응 방식은 '독재적 리바이어던'의 전형이었으며, 트럼프 행정부 시기의 미국의 방식은 혼란 그 자체였다.

25 강상중, 노수경 역, 『떠오른 국가와 버려진 국민: 메이지 이후의 일본』, (사계절, 2020).

26 현 문재인 정부는 현 정부가 "촛불혁명으로 탄생한 정부"이며, 대통령 자신은 "촛불혁명으로 태어난 대통령"임을 종종 강조해 왔다.

하지만 강한 국가-강한 사회의 만남으로 한국의 국가-시민사회의 접합 양식을 단정 짓고 그것으로부터 팬데믹 위기의 초기국면에서 방역 성공을 설명하는 것은 앞에서 제기한 애쓰모글루 · 로빈슨의 논의만큼이나 공허할 수 있다. 국가가 추진하는 특정한 국가 (위기 관리) 프로젝트(방역 프로젝트 포함)의 성격과 내용, 그리고 국가 프로젝트의 성과, 나아가 전반적인 국가 효과는 시민사회와의 관계 속에서 드러난다. 하지만, 그 관계의 지형은 '일상의 정치들'에 의해서 조금씩 구축되고 변동한다. 우리는 그러한 일상의 정치 영역에서 누적된 상호작용이 만들어 내는 모순과 갈등의 파고와 결을 섬세하게 관찰할 필요가 있다. 그로부터 위기가 출현하고, 위기는 국가라는 정치체 뿐만 아니라 우리 개개인의 삶과 정체성에 크나큰 영향을 미치기 때문이다.

2) 위기의 해석과 대응

2020년 상반기의 '우리는 왜 방역에 성공했나?'는 분명 코로나 위기에 대한 성급한 질문이었다. 기본적으로 위기의 시간 혹은 시간성에 대한 고려가 충분하지 않았다.[27] 우리는 위기를 단기적 '사건'으로만 보았다.

위기를 사건으로 접근할 때, 위기를 내부 조직의 안정과 균형을 파괴하는

27 Hay, C, "Crisis and the structural transformation of the state: interrogating the process of change." *The British Journal of Politics and International Relations*, 1999, 1-3, pp. 317-344; Williams, T. A., D. A. Gruber, K. M. Sutcliffe, D. A. Shepherd and E. Y. Zhao. "Organizational response to adversity: Fusing crisis management and re silience research streams." *Academy of Management Annals*, 2017, 11-2, pp. 733-769.

예상하지 못한 외부 위협으로 간주하며 이로부터 조직과 시스템을 방어하고 신속히 정상 상태로 회복하는 것에 사회의 모든 역량이 집중된다. 하지만 위기를 과정으로 이해한다면 위기의 성격과 그에 대한 대응은 달라진다. 위기 그 자체라고 인식되었던 사건은 그저 '촉발사건'에 지나지 않으며, 위기(들)은 단계를 거치며 심화된다. 이 과정에서 위기는 사회제도 및 구조의 모순들과 즉각적인 혹은 점진적인 접점을 만들어 가며 사회변동을 이끌어낸다. 한편, 촉발사건 역시 독립적이지 않고 어떠한 '계보'를 갖는 것으로 이해된다. 위기의 실체는 복합적이고 모순적이며 모호하다. 알튀세르와 홀의 경구를 인용하자면, 위기들은 "원칙적으로 과잉 결정"되며 우리는 지금의 위기를 감염병 발생으로부터 "바로 읽어낼 수는 없다." 주체들의 다양한 정치·문화적 심리상태와 제도적이고 집단적인 대응 방식에 따라 위기는 사그라들다가도 다시 폭증한다. 그것이 (계급)관계적이며, 이데올로기적·담론적이며, 변증법적인 '과정으로서의 위기'이다.

과정으로서 위기는 동일한 외부적 충격에서 시작된 것처럼 보이는 위기가 각 국가와 사회마다 다르게 발전하는 이유를 설명할 수 있다. 감염병 위기의 형태와 충격에 대해서 인류사회가 쌓아온 지식, 일반 이론, 그리고 그로부터 도출되는 보편적 지침은 있을 수 있으나-홀은 그것들을 '대문자 이론'이라고 호명했다.[28] 그로부터 특정 국가의 위기를 연역하고 예측하기에는 한계를 갖는다. 이를 통해 위기 국면에 개입하고 실천하는 것은 더더욱 어렵다. 위기란 "특정한 국가 사회에서 구체적인 조건의 영향을 받아 세력 관

28 Grossberg, Lawrence, "On Postmodernism and articulation: an interview with Stuart Hall", *Journal of Communication Inquiry*, 1986, 10-2, pp. 45-60.

계들이 어떻게 발전하고 결합하는지에 따라 (여러 형태로 심화하며) 다양한 잠재적 해결책 형태들의 적용 대상이 된다."[29] 위기분석에서 깊은 맥락화가 강조되어야 하는 이유이며, 위기의 실체, 원인, 해결책을 둘러싸고 헤게모니적 우위를 점하거나 새로운 형태의 헤게모니를 구성하기 위해 벌이는 여러 세력들 간의 담론적인 전략과 개입의 형태에 주의를 기울여야 하는 이유이다.

그람시는 위기 대응에는 방어적인 방식과 구성적인 방식이 있다고 했다.[30] 위기 대응의 구성적 방식이란 위기 방어와 현재의 유지를 넘어서서, "새로운 세력 균형, 새로운 요소들의 등장, 새로운 '역사적 블록', 새로운 정치 지형과 '철학들'을 결성하려는 시도를 지향"하는 노력들이 출현해 조직 및 제도를 근본적으로 재구조화하는 것을 말한다.[31] 새로운 구성체를 구축해 내려면 정치적, 이데올로기적 작업이 필수적으로 동반되어야 한다. 그런데, 위기 대응이 방어적 성격에서 구성적 성격으로 전환하는 경계는 모호해서, 위기의 실체, 개입의 시기와 지점, 그리고 개입의 방식은 오직 주관적이며, 전략적이며, 담론적으로만 판단될 수 있다. 그래서 콜린 헤이는 위기란 분열과 파괴의 순간이라기보다는 "단호한 개입의 순간이며 전환의 순간"[32]이라고 주장했다.

한편, 이와 같은 과정으로서 위기에 대한 개념은, 구체적인 맥락에서 차이가 있지만, 근래 유행하고 있는 국가와 사회의 '리질리언스'(resilience) 및

29 홀, 앞의 책, 2007, 261-262쪽, 괄호는 저자 추가
30 그람시, 앞의 책, 1999.
31 홀, 앞의 책, 2007, 97쪽.
32 Hay, C, "Narrating Crisis: The Discursive Construction of the 'Winter of Discontent'", *Sociology*, 1996, 30-2, p. 254.

리질리언스 역량에 대한 논의, 특히 우리가 '리질리언스 패러독스'라고 부르는 딜레마로 연결될 수 있다(〈그림 1〉 참조).[33] 리질리언스 패러독스는 위기에 대해서 단기적인 방어 (및 회복) 역량과 중장기적 전환 역량과의 모순적 상관관계를 의미한다. 방어 역량은 통상 감염병 창궐과 같은 외생적 위기를 단기적으로 잘 방어해 내는 역량을 말하는데, '잘 방어한다'는 외부의 요인에 시스템의 기능과 구조가 영향을 덜 받거나, 그것을 흡수하고 버텨내고 이전 상태로 되돌아가는 역량이 충분함을 의미한다.[34] 한편, 전환 역량은 향후 발생할 부정적인 상황을 최대한 축소시키는 방향으로 자원 배분의 패턴을 변경하여 현 상태를 전환하는 역량을 의미한다.[35] 물론 국가-사회가 지향하는 전환의 방향과 내용은 각기 다를 수 있다.

이론적으로 방어적 역량과 전환적 역량을 균형 있게 보유한 국가-사회는 단기적으로나 중장기적으로도 더 '리질리언트(resilient)'하나, 현실에서 두 역량은 명확히 구분되지 않는다. 위기에 대한 대응 과정이 방어적 기제를 강화할 수도 있으나 점진적 이행과 획기적 전환을 이끌 수도 있다.[36] 나아가 문제는 계속되는 위기-과정에서 방어 역량과 전환 역량을 균형 있

33 'resilience'는 국내에서 주로 '회복탄력성' 또는 '회복력' 등으로 번역되어왔다. 이 번역어가 자칫 기존상태로 기계적으로 돌아오려는 경향성만을 강조하는 듯한 인상을 주기 때문에 우리는 번역어 대신 '리질리언스'로 표기했다.

34 Walker B., David Salt., *Resilience Thinking: Sustaining Ecosystems and People in a Changing World*. (Island Press, 2006), p. 1, 여기에 위기나 충격 이전의 원 상태로 돌아오려는 회복(bounce-back) 능력도 방어역량에 포함될 수 있다.

35 Arnall, A, "Resilience as transformative capacity: exploring the quadripartite cycle of structuration in a Mozambican resettlement programme", *Geoforum*, 2015, 66, p. 26

36 Pelling M, *Adaptation to Climate Change: From Resilience to Transformation*, (Taylor& Francis. 2010).

고 효과적으로 발휘하기란 매우 어렵다는 데 있다. 왜냐하면 방어 역량이 높은 국가-사회에서는 외부 요인에 대해 스스로 방어 기제가 강하여 내부의 개혁과 전환을 향한 '항의(voice)'[37]에도 방어적 태세를 취하기 때문이다. 외부의 충격에 대한 제도의 강건함이 입증되었기 때문에 과도한 자기 고양 편향으로 제도를 개선하거나 보완하려는 동기 부여가 되지 않는 이유도 있다. 결국 위기 이후 변화한 외부 환경에 대응할 수 있는 건설적 역량이 축적되지 않아, 단기적 방어와 이전 상태로의 회복에는 성공적이었을지 몰라도 장기적인 개혁과 전환에는 실패하게 된다. 때로는 방어하고 회복하자는 슬로건이 기존 체제를 유지하거나 기득권 세력의 우위를 보존하기 위한 보수적 이데올로기로 둔갑할 수 있다. 그 경우 비록 방어 역량이 높더라도 해당 국가-사회는 정체하거나 퇴행할 수도 있다. 반면, 해당 사회

〈그림1〉 리질리언스의 두 역량과 회복에 이르는 경로들

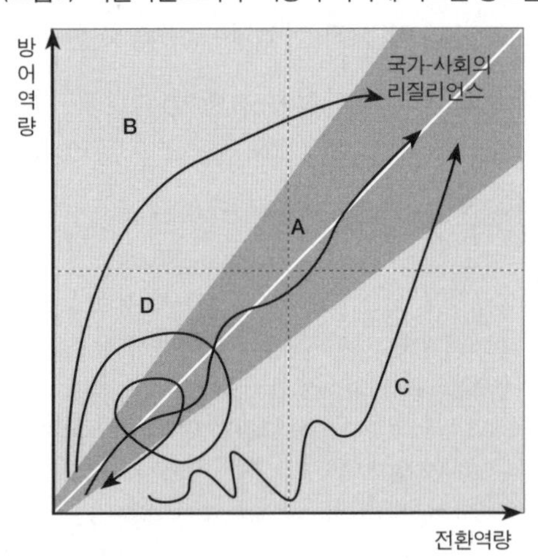

37 앨버트 허쉬먼, 강명구 역, 『떠날 것인가 남을 것인가』, (나무연필, 2016).

가 처음부터 전환을 위한 열정만 지나치게 높을 경우, 변동과 불안정의 힘이 사회가 그나마 갖고 있던 방어벽과 안전망을 허물어 버릴 수도 있다.

이상적인 경우는 시간의 흐름에 무관하게 두 역량-방어하고 회복(bounce-back)하는 리질리언스와 적응하고 전환하는 리질리언스(Martin and Sunley, 2020)-을 모두 보유하고 균형 있게 발휘하는 것이다(경로 A). 하지만, 현실에서 사회 시스템이 가진 자원과 역량의 제약을 고려하지 않을 수 없으며, 초기에 방어적 역량에 집중하고 시간의 흐름에 따라 점진적으로 전환 역량을 강화해 가는 방법은 차선책이 될 수 있다(경로 B). 물론, 초기에 방어하는 데 미흡해서 엄청난 혼란과 피해를 경험하지만, 점차 대응 능력을 정비하고 스스로를 개혁하여 장기적 회복력을 갖출 수도 있다(경로 C). 최악의 경우는 어떤 역량도 발휘하지 못하는 경우이다. 그러한 조직과 제도는 결국 위기를 극복하지 못하고 퇴보 · 소멸하는 파국을 맞는다(경로 D). 그렇다면, 방어하고 회복하는 리질리언스와 적응하고 전환하는 리질리언스는 국가-사회와 사회 내부의 세력관계에서 어떻게 균형적으로 출현할 수 있을까? 그리고 B와 C 등 주변 경로에 있던 국가-사회에서 경로의 전환점 혹은 변곡점은 언제, 그리고 어떻게 출현하는가? 그러한 변곡점이 나타나지 않는다면 그것은 또다른 위기가 된다.

코로나19 발생 1주년이 지난 지금 우리의 국가-사회는 그동안 어떠한 경로를 거쳐 왔으며 현재 어느 지점에 서있는가? 분명 2020년 상반기만 하더라도 우리는 신속하고 체계적인 방어 역량을 과시했다. 어느 나라보다도 진단키트를 빠르게 개발 · 보급하고, 마스크의 생산-보급-소비에 대한 국가 통제를 확고하게 했으며, 첨단 테크놀로지를 활용하여 경고-진단-추적-치료 시스템을 운용함으로써 바이러스가 확산되는 것을 방어하는 데에 성공했다. 그처럼 안정된 방어 역량의 기반 위에서 지난 한 해 우리의 실물경제 역시 총량지표 측면에서 여느 선진 국가에 견주어 우월한 성과를 내었음은 물론이다. 우리 수출기업들은 국제 시장에서 선방하고 있었고, 끊임없이 출몰하는 집단감염의 위협 속에서도 국회의원 선거와 대학수학능력 시험 등 전국 단위의 정규 행사를 치러냈다. 상반기만 하더라도 우리가 바이러스와 싸우는 데서 세계의 모범을 창출했듯이 앞으로 포스트-코로나 시대의 번영하는 세계 선도국이 되기 위해 국민적 연대를 기반으로 새로운 제도적 틀을 창안하자는 주장이 여기저기서 제기되기도 했다. 정부는 이러한 열망을 반영하여 정책자문단을 편성하고 '한국판 뉴딜 종합계획'과 같은 대규모 국가 프로젝트를 발표하고 다양한 사업들을 추진하기도 했다. 그렇다면, 현재 우리의 국가-사회에 진정한 전환 역량이 출현하여 효과를 내고 있는가?

3. 상반기 방역 성공 다시보기

1) 해석 투쟁: 방역 체제의 다양성, 한국 스타일

감염병은 사람을 통해 전파 · 확산되며, 결국 감염병 통제는 극단적으로 말해서 사람 혹은 인구에 대한 통제에 다름 아니다. 푸코가 언급한 감시하고, 추적하며, 격리하는 통제 기술의 효율성과 더불어 그 방식이 얼마나 권위적인가 혹은 민주적인가 여부, 그리고 방역당국의 통치기술에 대한 국민

의 대응이 방역의 성공을 결정한다.[38]

2020년 상반기 바이러스가 범지구적으로 대유행한 덕분에 뜻하지 않게 방역체제의 차이와 성과에 대한 국가 간 비교가 가능해졌으며, "일종의 해석 투쟁이 세계적으로 벌어졌다."[39] 한국이 보여준 방역 시스템의 독보적인 성공에 대한 논의는 그야말로 뜨거웠다. 서구가 한국의 성공을 바라보는 시선에 의구심이 없는 것은 아니었지만 놀라움을 감추지 못했다는 점도 분명했다. 하나의 관심은 한국이 재빠르고 체계적으로 방역체계를 갖춰 가는 초기 대응성, 그리고 그와 더불어 보여준 첨단 방역 테크놀로지와 참신한 아이디어들로 향했다. 다른 하나는 국가-사회의 관계에 향하고 있었다. 서방 각국의 매체들은 한국을 비롯하여 여러 동아시아 국가들의 방역 성공을 강한 국가와 순종적인 시민의 결합 때문이라고 진단했다.[40] 개인의 자유를 심각하게 침해할 수 있는 국가의 방역 지침을 한국인들이 서구인보다 철저하게 준수하는 비결이 유교적 권위주의(순종주의) 혹은 동아시아의 전체주의적 가치관에 기인한다고 보았다.[41] 하지만, 이후 한국의 언론 매체 등을 통해서 기 소르망, 프란시스 후쿠야마, 마이클 샌델과 같은 해외 석학의 개선된 평가를 만날 수도 있었다. 신천지 대구교회 집단감염과 같은 재난 상황

38 미셸 푸코, 오생근 역, 『감시와 처벌: 감옥의 역사』, (나남 2007).

39 천관율, 「코로나19가 드러낸 '한국인의 세계'-의외의 응답」, 『시사인』, 2020a, 663호

40 서구인의 오리엔탈리즘적 시각을 반영하는 것으로, 대표적으로 기 소르망은 4월 27일 프랑스 주간지 〈르푸앵〉과의 인터뷰에서 "유교문화가 선별적 격리 조치의 성공에 기여했다. 한국인들에게 개인은 집단 다음이다"라고 주장했다고 한다(천관율, 위의 글).

41 천관율, 2020a; Han, Byung-chul. "Wir dürfen die Vernunft nicht dem Virus überlassen," *Die Welt,* March 23, 2020, Kang, JH. "The Media Spectacle of a Techno-City: COVID-19 and the South Korean Experience of the State of Emergency", *The Journal of Asian Studies* 79-3 (August) 2020, pp. 589-598에서 재인용.

에서도 한국사회는 국가와 시민 사이의 높은 신뢰와 공동체 의식, 사회적 결속력을 보여주었으며 이를 통해 '첨단 방역기술과 결합한 민주주의적 감염병 통제의 가능성'을 열었다는 것이다.[42]

국내에서는 방역 성공에 대한 흥미로우면서도 과감한 주장이 제기되기도 했다. 2020년 5월 있었던 KBS-시사인-서울대학교의 공동연구조사(이하 KSS 조사)의 결과[43]가 세간의 주목을 받았는데, 그 이유는 이 조사의 분석결과가 앞서 소개한 기존의 주장들을 전복하고 있었기 때문이다. 이 조사는 한국의 방역 성공의 비결에 대한 두 가설에 기반을 두어 설문 문항을 만들고 결과를 분석했다. 그 대립되는 가설이란 '한국 국민들이 개방적이고 수평적이어서 성공했는가? 아니면 순응적이고 수직적이어서 성공했는가?'이다. 여기서 전자는 서구적 가치관을, 후자는 서구인이 보는 동아시아적 가치관을 반영한다. 연구자들은 방역 성공을 이끈 한국 국민의 정체성이 서구의 수평적이고 자유주의적인 가치관과 다르지만 서구적 민주주의의 측면에서 봤을 때 더욱 이상적일 수 있다고 주장했다. 한국인들은 상호 모순적으로 보이는 공동체 집단주의와 수평적 개인주의를 모두 갖고 있는데, 둘의 절충을 넘어서 이 둘을 화학적으로 결합하여 제3의 꼭짓점에 있는 "자유로운 개인인 동시에 공동체에 기여하고자 하는 시민", 다시 말해 "민주적 시민

42 천관율 2020a, 2020년도 상반기에 보여준 극명한 성과 차이에 의해 서구학자들의 변화된 시각을 보여주는 것인지, 아니면 한국 언론의 (명시적 혹은 암묵적) 요청에 의해 인터뷰가 가공된 것인지 우리는 판단을 유보한다.

43 천관율, 2020a; 천관율, 「코로나19가 드러낸 '한국인의 세계'- 갈림길에 선 한국 편」, 『시사인』, 2020b. 664호; 천관율, 「'방역 정치'가 드러낸 한국인의 세계- 의문 품는 한국인들」, 『시사인』, 2020c. 692호; 천관율, 「'방역 정치'가 드러낸 한국인의 세계- 각자도생의 경고」, 『시사인』, 2021. 694호.

성"으로 승화시켰다는 것이다.[44]

2) '강한 국가의 약함'의 역설

국내외 학자들의 논평과 여러 조사 연구 결과들은 한국사회가 2020년 상반기 코로나19 위기 국면에서 매우 높은 수준의 국가 리더십과 시민사회의 협력, 그리고 감염병의 민주주의적 통제를 보였다는 데에는 큰 이견이 없다. 하지만, 우리는 방역 성공 이면의 우리 사회의 국가-사회 관계의 염려스러운 기류 역시 동등한 수준에서 노출되어야 한다고 믿는다. 왜냐면 작년의 여러 사회 의식 조사에서 국민들은 국가와 시민사회를 대하는 모순적인 정체성을 노출했기 때문이다.[45]

이 조사들에서 공통으로 드러난 사실은 우리 국민은 코로나19 국면에서 나의 생명과 재산을 지키는 정부의 활동에 대해서 더욱 깊은 신뢰를 보였으나, 정부의 활동이 타인과 공동체의 안전을 향할 때 상대적으로 거부감을 보였다는 점이다. 사람들은 연대와 협력보다 경쟁과 자율을 더 중요시

44 결과에 따르면 '민주적 시민성'이란 다음과 같이 정의된다; "민주적 시민성이 높은 사람은 집단주의자나 권위주의자와는 구별된다. 그렇다고 개인주의나 자유주의로 이들을 온전히 설명하기도 어렵다. … 민주적 시민성은 이런 이분법으로 잘 포착되지 않고, 둘을 적당히 섞어 놓은 절충과도 다르다. 이들은 개인이 자유롭기를 바라지만, 좋은 공동체 안에서만 진정으로 자유로운 개인이 가능하다고 믿는다. 그래서 좋은 공동체를 만드는 데 시간과 노력을 들인다. 좋은 공동체를 만드는 데 강하게 의무감을 느끼므로, 자신처럼 하지 않는 동료 시민들을 무임승차자라고 싫어하는 성향도 강하다. 그러니 마냥 이타적인 시민과도 다르다." (천관율, 2020a)

45 천관율, 2020b; 2021; 한겨레경제사회연구원, 포스트 코로나 인식조사, 2020; 서울대학교 보건대학원, 『코로나19와 사회적 건강』, 서울대학교 보도자료, 2020.

하며, 평등보다 경쟁력을 지향하는 사회를 공감했으며, 위험에 대해 국가의 책임보다는 개인의 책임이 높은 사회를 더욱 선호했다. 개개인의 생명은 소중하나 나의 생존이 우선하며 생명권 인정은 공동체로 확장되지 못했다. KSS 조사는 사회 전반의 권위주의를 지지하는 성향도 전반적으로 올라갔음을 보여주면서, "우리는 수평적이고 민주적인 시민들 덕에 방역에 성공했지만, 성공의 결과 우리는 더 수직적이고 권위 지향적인 사람들이 될지 모른다."[46]고 우려했다. 코로나19 사태를 겪은 우발적 경험이 구조적이고 영구적인 효과로 변화될 수 있기 때문이다. 이것은 일견 앞의 KSS 조사에서 보여준 '민주적 시민성'의 모습과 모순되는 결과처럼 보인다. 하지만, 그것은 모순이라기보다는 모순적 방식으로 접합되어 우리의 정체성과 태도를 구성한다.[47] 우리는 '자유로운 개인인 동시에 공동체에 기여하는 좋은 시민'이지만, 다른 한편으로 공동체의 안녕보다 나의 생존과 안녕이 무엇보다도 중요하게 여기고 있었다. 다양성과 "얇은 신뢰",[48] 그리고 연대의 가치보다 각자도생을 지탱할 국가와의 공식적 관계 혹은 국가와 나 사이의 제도적 신뢰를 우선시하고, 우리 사회에 강력한 국가 권위가 필요하다고 보고 있었다. 많은 사회의식 설문조사는 우리의 국가-사회에서 분명 국가와 개인(나)의 '수직적 연계'는 강화되고 있었는데, 사회 내부의 '수평적 연대'는 약화되고 있

46 천관율, 2020b.

47 물론 우리는 코로나19 위기의 충격 효과와 구조적 변동을 구분해서 바라볼 필요가 있다. 감염병 창궐 상황에서 사람들은 혹시 모를 바이러스의 감염으로부터 자신을 보호하기 위해 낯선 타인을 경계하고 가족과 같은 친밀성 관계에 더욱 의존하는 경향이 있다. 정부의 사회적 거리두기 방침이 이러한 경향을 부추겼음은 물론이다.

48 로버트 푸트넘, 승현 역, 『나홀로 볼링』, (페이퍼로드, 2016); Khodyakov, D, 앞의 논문, 2007.

는 모습을 보여주고 있었다.

앞에서 우리는 우리나라가 강한국가-강한사회의 조합이었음을 언급했다. 강한 사회는 국민이 국가로부터 정상적으로 인권과 안전을 보호받지 못하고 외려 국가가 그것을 위협하는 상황에서 스스로를 보호하고 나아가 '나라다운 나라'를 만들어내기 위한 대항권력으로 구축된 것이었다(이남희, 2015). 하지만, 그러한 시민사회의 노력 덕분에 투명하고 신뢰할 만한 공적 제도가 갖추어지면서,[49] 이제 우리는 이른 바 '강한 국가의 약함'의 역설('the weakness of the strong state' paradox)[50] 상황을 우려해야 할지도 모른다. 시민 상호간의 사회적 신뢰와 연대가 약해지는 상황에서 강한 국가와 그에 대한 시민의 종적 신뢰(제도적 신뢰)의 결합은 결국 권위주의(순종주의)를 강화하고 시민들의 수평적 연대를 깨뜨려 건강한 나라를 만들지 못한다. 그러한 국가-사회는 결국 애쓰모글루 · 로빈슨이 말한 '좁은 회랑'에서 이탈한다. 국가와 시민사회의 개인 사이의 수직적 연계는 강화되는데 시민사회 내부의 수평적 연계는 약화되는 상황 앞에서, "자유로운 개인인 동시에 공동체에 기여하고자 하는 시민", 다시 말해 "민주적 시민성"은 한계를 갖는다.

49 장덕진은 이를 KBS와의 인터뷰에서 국민의 국가 신뢰에 대한 'U자 곡선의 덫'을 마침내 빠져나와 오른쪽 꼭대기를 향해 가는 과정으로 평가했다.(천관율, 2020b).

50 Dobbin, F., & Sutton, J. R. "The strength of a weak state: The rights revolution and the rise of human resources management divisions". *American Journal of Sociology*, 1998, 104-2, pp. 441-476; Acemoglu, D. "Politics and economics in weak and strong states", *Journal of Monetary Economics*, 2005, 52-7, pp. 1199-1226; Granovetter, M. S., The Strength of Weak Ties. *American Journal of Sociology*, 1973, 78-6, pp. 1360-1380.

4. 감염병 위기 관리하기, 2020년 대한민국

1) BC19(Before COVID-19): '나라'라는 난파선 인양하기

2020년 방역 초기 한국의 방역 성공에 대한 국제적인 관심이 고조되었을 때 강경화 전 외교부장관은 해외의 여러 언론 매체들과의 인터뷰에서 신속하고 선제적인 대처로 코로나19 방역이 추진될 수 있었던 데에는 현 정부의 철학뿐만 아니라 "최근 경험이 반영된 것(최근 우리가 겪은 일에서 성찰했기 때문)"[51]이라고 대답했다. 그가 말한 경험이란 2014년의 세월호 사태와 2015년의 메르스(MERS) 유행 사태였다. 코로나19를 대하는 국가와 사회의 의식과 태도를 이해하기 위해 우리는 강경화 장관의 발언 속의 두 사건 2014년 세월호와 2015년 메르스 유행 사태를 다시 거론하지 않을 수 없다.

2014년 4월 16일 국가의 부재 속에서 거의 오백 명 가까이 되는 승객과 승무원을 태운 세월호가 가라앉는 비극을 TV 생중계를 통해 생생히 지켜봐야 했던 국민들에게 당시 국가 책임자들이 보여줬던 안일하고도 무책임한 모습은, 국가는 시민의 생명과 안전을 책임지지 못한다는 확신을 심어주었다. 세월호 참사 당시 생명을 구출하는 현장에 통치권력의 '부재'와 무능은 박근혜 자신에게도 큰 트라우마가 되었다. 국민은 끊임없이 '왜 국가는 생명을 구조하지 못했는가?' '세월호 7시간 동안 국가는 무엇을 했는가?'를 물었으며, 국민의 의구심은 박근혜 정권의 통치권력의 정당성을 완전히 파탄내었다.

나아가 정부와 보수정당, 보수언론, 보수단체가 세월호 참사에 대해 진상

51 France24 인터뷰, 2020.4.13.

규명을 요구하던 유가족과 시민사회단체의 활동을 사찰하고, 방해하고, 부정적 여론을 조성하려 했을 때 시민들은 그러한 권력에 맞서 진실을 찾고 자신의 생존권을 지키기 위해서는 대안 세력과 대안 담론의 필요성을 절감했다. 사건을 은폐하고, 낙인을 찍고, 흑색선전을 유포하는 것은 전직 대통령의 죽음이나 천안함 침몰, 국가정보원과 국군사이버사령부의 여론조작, 그리고 세월호 침몰과 같은 국가적 재난과 대형 참사, 권력 비리, 그리고 연속된 부조리한 국가 사건들에 대해 제도적 민주화가 완성된 이후 국가(통치권력)가 되풀이하여 활용하는 '위기 관리 방식'이었다. 그로부터 시민들이 학습한 것은 가공할 국가권력에 대항하는 강한 민주 '세력'이 필요하다는 점과 진리 혹은 사실이란 내가 맞서 싸우지 않는 한 실체가 드러나지 않는다는 것이었다. 여기서 부정적 부산물도 함께 출현했다. 그중 하나는 진실을 밝히는 작업이 진실을 만드는 작업과 크게 다르지 않다는 인식이었고, 다른 하나는 정치를 대하는 태도에 대한 것이었다. 강고한 기존 권력에 대항하여 전투들을 치를 진영을 구축하고 내부 결속을 다지는 작업으로서의 정치—칼 슈미트(1912)가 '적'과 '동지'를 구별하고 적을 어떻게 할 것인지를 다루는 작업으로 개념화한 정치—가 정치가 궁극적으로 지향해야하는 신념과 가치보다 중요할 수 있다는 인식이었다.

세월호 사고 발생 약 1년 후인 2015년 5월 20일, 바레인에서 보름 전 귀국한 최초 감염자의 확진과 함께 한국에서 메르스 감염 사태가 시작되었다. 첫 환자의 보름간의 동선과 정부의 초기 대응 실패가 공개되자 시민들은 동요하기 시작했다. 당시는 세월호 사태의 트라우마가 채 가시지 않던 상황이었다. 국가의 생명 관리 책임에 대한 국민들의 민감도가 매우 높아서, 국가가 감염병으로부터 국민의 생명을 지킬 수 있는 여부에 따라서 통치 권력에 대한 저항이 다시 불타오를 수 있는 시점이었다. 정부와 방역 당국은 감염병 발발에 따른 사회적 동요를 최소화해야 한다며 메르스 집단감염이 발생한 병원을 비밀주의에 부쳤다. 그것은 세월호 사태 당시 부정확한 정보 공개와 컨트롤 타워의 부재를 실감했던 국민들의 불만을 폭발하게 했으며, 결국 국가의 생명 관리 정치의 위기를 전면적으로 야기했다. 이러한 사태는 우리나라가 메르스 발병 국가 2위에 오르는 데에도 결정적 기여를 했다. 6월 초에는 일부 언론이 국민의 알권리를 선언하며 정부의 지침을 거부하고 병원을 공개하기 시작했으며, 3차 감염자와 사망자까지 나오면서 비공개 지침은 자연스럽게 폐기되었다. 메르스 감염병 위기는 명백히 통치의 위기로 전화(轉化)되어 있었다.

이후 정부는 발병 초기의 혼란을 수습하고 감시와 추적 시스템을 안정화함으로써 메르스에 대응했다. 이 시기 이후 정부의 대응이 효과를 보았던 이유는 메르스 코로나 바이러스(MERS-CoV)가 치명율은 높지만 상대적으로 전파율이 낮았기 때문이었다. 국민들은 감염으로부터 스스로를 조심하는 수준을 넘어 국가의 방역정책에 적극적으로 협조하는 모습을 보였다. 그 덕분에 정부의 감시와 추적 시스템이 효과를 보면서 메르스는 단 한 번의 대유행으로 끝났다. 첫 번째 감염자의 확진 판결 이후 한 달도 안 되어서 확진자 수 추이가 안정화되었고 7월 첫째 주 이후 사실상 추가 확진자는 나오지 않았다. 보건복지부는 첫 환자 발생 218일 만인 그해 크리스마스 이브에 메르스 상황 종료를 선언했다. 기간 동안 186명이 메르스에 감염돼 그중 38명이 숨졌다. 국가는 바이러스(에 감염된 국민)를 충분히 추적 · 감시 · 격리할 수 있다는 자신감을 갖게 되었다.

많은 정부 당국자와 현장의 방역 의료인이 언급하듯이, 메르스 사태는

2003년의 사스(SARS) 사태와 함께 코로나19 감염병 위기를 대응하는 소중한 전초전이 되었다. 일선 대학병원에서부터 방역당국에 이르기까지 방역체계를 점검하고 대응 매뉴얼을 구축하였으며, 선별진료소, 음압병실 등에 대한 시설투자가 이루어질 수 있었다. 신속한 검사와 광범위한 추적, 그리고 체계적 격리관리로 이어지는 3T 체계와 이에 필요한 인프라가 구축되었으며, 휴대폰과 카드결제 정보 등을 활용한 첨단 접촉자 추적 및 동선공개 시스템도 이때 만들어졌다. 법령 〈감염병의 예방 및 관리에 관한 법률〉의 광범위한 개정도 있었다. 방역당국의 동선 추적권이나, 동선에 대한 거짓 진술은 처벌을 받을 수 있는 조항도 도입되었으며, 행정명령 등을 통해 집회를 금지하는 조항도 신설되었다. 감염병 '비상사태'에 대하여 정부의 방역 권한을 강화하는 조치들이었다. 하지만, 메르스의 경험이 제도적이고 시스템적인 개혁으로 끝난 것은 아니었다. 우리 사회 개개인의 바이러스와, 바이러스를 퍼트릴 수 있는 나와 우리를 대하는 의식에도 상당한 영향을 끼쳤다.[52]

2014년 세월호 사건에서 2015년 메르스 사태로 이어지던 박근혜 정부의 위기 관리의 위기는 결국 2016년 겨울 대통령 퇴진을 요구하는 촛불집회를 거쳐 이듬해 초유의 대통령 탄핵으로 이어졌다. 소위 '박근혜-최순실 게이트'라는 헌정사상 최악의 정치 스캔들이 노출된 것이 직접 원인이 되었다.

52 이 국면에서 2015년 6월 4일 밤 10시40분에 있었던 서울시장의 한밤중 기자회견은 박근혜 중앙정부가 국가의 방역방식을 획기적으로 전환케 하는 '결정적 국면'(critical juncture)이 되었다. 또한 시민 어느 누구라도 잘못 처신할 경우 신원이 노출되어 사회적 지탄을 받을 수 있다는 것을 국민들에게 각인시켰다. 이러한 집단적 학습이 그로부터 5년 후 코로나19 사태에서 시민들의 감염병 발발과 정부의 방역지침을 대하는 (무)의식과 태도에 상당한 영향을 끼쳤음은 물론이다(천관율, 2020b; 서울대 보건대학원, 2020).

게이트 자체만 해도 1970년대부터 누적된 부조리와 모순이 복합적으로 얽혀 있어서, 내용이 하나씩 밝혀질 때마다 시민들에게 상상 이상의 충격을 선사했으며, 선거를 통해 자신을 통치할 권한을 대통령에게 위임한 주권자 국민에게 몹시 심한 수치심을 유발했다.

2016-17년 겨울의 박근혜 퇴진 촛불집회가 국가-사회의 접합 방식에 새로운 기원이 되었음은 물론이다. 민주적이고 평화적인 시위를 통해 최고 통치권자를 탄핵시킴으로써 시민들은 스스로 '대한민국은 민주공화국이며, 대한민국의 주권은 국민에게 있고, 모든 권력은 국민으로부터 나온다.'는 헌법 제1조의 가치를 입증해낼 수 있었다. 물론, 대통령의 비선통치 의혹들이 속속 밝혀지면서 시작된 촛불시위 국면이 반년을 거치면서도 폭력 사태나 혼란 상황을 겪지 않고 민주적인 정치권력 교체로 마무리된 것만으로 우리 국민은 대한민국의 민주주의의 수준을 전 세계에 과시할 수 있었다. 이 기간은 통치권력에게 최고의 위기였지만, 국가-사회는 정상과 안정을 찾아가는 과정이었다. 박근혜 대통령 퇴진 운동은 강한 사회가 가진 역능을 가감없이 보여주었다.

하지만 모든 힘은 '어두운 면(the dark side)'을 가진 법이다. 박근혜 정부 시기의 시민사회의 경험은 문재인 정부 시기, 특히 코로나19 국면의 국가-시민사회의 관계에서 중요한 두 가지 함의를 제공했다. 하나는 국가가 통치권력의 유지, 혹은 통치성의 존속을 위해서 생명 관리 정치 및 그 기술에 대한 더욱 천착하게 되었다는 점이다. 다른 하나는 국민들도 자신의 안전을 지키는 것으로 인식되는 다양한 국가의 통치 활동들에 대해서, 그것이 설령 경찰국가나 전근대적인 방식이라 할지라도, 거부감 대신 높은 신뢰를 갖게 되었다는 것이다.

한편, 2002년 미군 장갑차 여중생 사망사건 이후 촛불집회는 대표적인 시위문화로 자리 잡았는데, 이러한 한국식 참여민주주의의 경험은 정치권력과 시민사이의 거리를 더욱 가깝게 만들었다. 스마트폰과 인터넷의 보급, 대안 미디어의 발전에 힘입어 시민들은 주류 언론을 통하지 않고도 '말할 수' 있게 되었으며 세력을 규합할 수 있게 되었다. 대의제에 기반을 둔 간접 민주주의 정치제도 대신 시민들이 제도권 정치에 영향력을 바로 행사할 수 있음을 인식하게 되었다. 기존의 사회운동 방식이 과잉 · 과격 이데올로기를 가진 운동권 엘리트 혹은 '전문 시위꾼'의 것으로 공격받으면서, 집회의 순수성을 해칠 수 있는 '외부세력'은 점진적으로 배제되고 '촛불소녀'로 상징되는 '순수한 일반 시민'이 운동의 주체가 되었다. 2016년 대통령 탄핵을 이끌어낸 시민들의 촛불집회는 세대교체가 완성되었음을 알리는 선언이었다.

하지만, 우리는 2000년대 이후 그와 함께 '포퓰리즘', '팬덤정치', 그리고 박권일[53]이 "(순수한) 당사자(의) 민주주의" 또는 "회원제 민주주의"라고 부르는 반드시 긍정할 수만은 없는 민주주의 현상도 함께 등장한 것을 놓치지 말아야 한다.[54] 특히, 문재인 대통령이 자신의 정부가 '촛불혁명으로 탄생한

53 박권일, 『축제와 탈진』, (연두, 2020).

54 박근혜 정부 시기의 당사자 민주주의가 표출된 대표적 사례는 이화여자대학교 미래라이프대학 신설 반대 시위 사건이었다(박권일, 2020). 이 대규모 시위는 시위의 목적이나 주체, 방식이 독특했을 뿐만 아니라 시위의 파장이나 결과도 인상적이었다. 단일 대학 시위로 2000년대 이후 최대규모로 달라진 학생운동의 모습을 보여주었다. 심지어 국가 스케일의 정치적 격변(박근혜 대통령 탄핵)의 중대한 국면을 장식했다. 그야말로 이 사건이 발발하게 된 배경에 다양한 이해와 다양한 모순들이 접합되어 있었고, 사건의 발전 추이 역시 예측할 수 없는 우발성과 모순의 접합으로 점철되어 있었다. 심각한 수준의 취업경쟁과 대학 고등교육의 신자유주의화, 비민주적인 학교 운영과 소통 부족, 문제제기 학생들에 대한 학교의 권위주의적 탄압, 학력주의(학벌 순혈주의, 능력주의)의 손상에 대한 집단 대응과 직접 행동, 저항운동의 순수성에 대한 집착과 외부세력 배제(연대의

정부'임을 강조했을 때, 새로운 정권에서 매우 긴밀하고 반응적인 국가-사회의 관계가 갖는 민주주의의 장점을 넘어 부작용 역시 심각하게 나타날 것임은 명약관화했다.

2) '사회적 거리두기'라는 이름의 국가 통치 장치

근래 유사한 감염병 경험이 없던 서구의 초기 방역성적은 처참했다. 마스크 사용 반대 운동, 도시 봉쇄 반대 운동, 필수품 사재기 등이 속출했으며, 병상 수용 한계와 의료진 감염 등으로 의료 시스템이 붕괴하고 폭발적 사망자 수 증가로 이어졌다. 상대적으로 한국의 초기 방역은 대단히 성공적이었다. 코로나 발발 이후 1차, 2차, 3차 대유행을 거치는 동안 방역 당국은 마스크 5부제와 공적마스크 제도의 도입, 등교 중지 및 비대면 수업으로의 전환, 재빠르고 광범위한 진단 검사체제 완성, 빠른 동선 추적과 확진자 동선 공개, 사회적 거리두기의 단계적 실시, 1차 전 국민 재난지원금 및 2, 3차 선별 재난지원금 지급, 한국판 뉴딜 전략 발표 등의 조치들을 시행하며 숨가쁘게 뛰어왔다.

이 모든 조치들이 성공적이었다거나 합리적이었다고 볼 수는 없다. 그럼에도 불구하고 위의 조치들 덕분에 방역체계는 적어도 3차 대유행이 있기 전까지 우리의 사회와 경제는 큰 무리 없이 유지되어 왔으며, 서구 선진국의 비극적 감염병 경관은 한국사회에서 발생하지 않았다. 서구의 방역성적과 비교하여 한국이 선방했던 이유는 명백히 세월호 사태, 그리고 사스와

거부) 등 여러 문제들이 모순적으로 접합되어 있는 사건이었다.

메르스 사태로부터 얻은 경험과 학습효과 때문이었다.[55] 특히 메르스 초기 대응에 실패하면서 우리 사회가 반성을 통해 제2의 메르스 사태를 예방할 수 있는 건설적이고 전환적인 리질리언스 역량을 확충한 덕분이었다.

하지만 독감이 '독한 감기'가 아닌 것처럼, 코로나19는 메르스와 달랐으며, 메르스 사태의 경험이 온전히 코로나19의 대응에 반영되는 것은 아니었다. 사스나 메르스 사태 시절에는 무엇보다도 '사회적 거리두기'(social distancing)라는 개념이 없었다. 예방적 차원에서 사람들이 마스크를 쓰고 불특정 다수와의 접촉에 따른 감염을 조심하기는 했으나, 그것이 개개인의 품행을 통제하는 국가 규율로까지 발전한 것은 아니었다. 하지만, 코로나19의 감염력은 메르스와 비교가 안 될 정도로 높았다. 작년 2월 말 전국적으로 산발 감염이 잇따르고 감염원이 불분명한 확진자 비율이 늘어나던 상황에서 신천지발 대구 집단감염 사태가 터지자, 메르스 경험을 통해 개발된 한국적인 추적과 감금 전략만으로는 방역체계 유지에 한계를 보였다. 이에 '사회적 거리두기'가 국가의 통합 방역 규율체계로 전면화되었다. 3T가 '확실성'을 추구하는 검역방법이라면, 사회적 거리두기는 '불확실성' 상황에서 위험을 '조절'하고 '정상화'하는 다른 안전 테크놀로지였다.[56]

초기의 사회적 거리두기는 대한의사협회의 "큰비나 눈이 오는 날처럼 외부 활동 줄이고 집에 머물자"는 대국민 호소나 '일주일간 사회적 거리두기'나 '주말 집콕'과 같은 도덕 윤리나 감정에 호소하는 캠페인에 가까웠고 미시적인 규율 체계를 동반하지 않았다. 하지만, 정부는 1차 대유행이 터지고

55 이은영, 「저리고 쓰린 슬픔은 힘이 되고 열이 되어」, 『코로나19 데카메론: 코로나19가 묻고, 의료인문학이 답하다』, 모시는사람들, 2020.
56 푸코, 2011.

코로나19의 확산세가 정부의 방역통제 한계를 위협하자 비상상황임을 강조하면서 "강도 높은", "고강도", "집중적인" 등의 수식어가 붙은 '사회적 거리두기'라는 이름의 법적 · 행정적 강제력을 가진 통제를 시작했다. 그러한 개입에는 감염병 창궐에도 불구하고 타인과 공동체의 안전을 의식하지 않고 '부도덕'하고 '반사회적' 행위를 지속하는 교회나 기관, 단체, 개인들에 대해 시민들이 국가가 나서서 처벌해 줄 것과 국가와 지방정부의 방역 활동을 무력화하는 행위에 대해 징벌적 손해배상을 부과할 것을 요구한 것이 배경이 되었다.

그렇게 만들어진 '사회적 거리두기'라는 이름의 정부의 '감염병 위기 관리하기'는 이후 더욱 정교하고 복잡해졌다. 4월 하순경 1차 대유행이 성공적으로 진압되고 확진자 수가 급감하고 안정을 되찾자 정부는 5월 6일부터 사회적 거리두기를 '생활 속 거리두기'로 전환함을 발표했다. 이 자리에서 정부는 처음으로 3단계로 구성된 '단계별 사회적 거리두기'(1단계: 생활 속 거리두기, 2단계: 사회적 거리두기, 3단계: 강화된 사회적 거리두기)를 제시하였다. 이 거리두기 정책을 통해 국가는 사회적 거리두기를 '윤리(도덕)와 규범'의 문제에서 '법과 규율'의 문제로 전환시켰다. 여기에 공적 마스크 제도 추진, 대중교통 마스크 의무화, QR코드 전자 출입명부 시스템 등과 같은 방역조치들이 첨단 역학조사기법과 빠르고 광범위한 검사 · 격리 시스템에 추가되었다. 이러한 다각도의 조처 덕분에 산발적 소규모 집단감염들은 추가확산되지 못하고 진압되면서 우리 사회는 감염병을 매우 낮은 수준으로 관리할 수 있었다.

2020년 상반기 우리 사회는 코로나19 바이러스의 위협과 그것을 전면에서 방어해내는 국가의 효능 모두를 경험했다. 타국과 비교하여 현저하게 낮은 감염 추이와 사망자 수는 인구를 대하는 국가의 생명관리정치 역량과 그것을 위한 테크놀로지도 매우 뛰어나 보이게 했다. 국민들은 정부의 방역정책에 자신을 스스로 동원하고 동조화하는 것이 최선의 길이라고 여겼다. 여름으로 넘어가는 계절 일일 감염자 수가 매우 낮은 수치에서 조절되면서 우리 모두는 K-방역의 성공을 자신했다. 국가의 관심과 방역 역량은 신규 확진자 수 그래프 곡면을 낮은 수준으로 '평탄화하기(flattening the curve)', 혹은 푸코가 말한 '정상화(nomalisation)'에 맞춰졌다.[57] 일일 신규 확진자 수와 집단감염 속보를 보면서 자신의 의지와 품행을 정비하는 것은 국민의 일과가 되었다. '사회적 거리두기'는 백신이 아직 개발되기 전 시기에 국민의 협력(자기 동원)을 통해서 확진자 수 곡면을 평탄화하려는 한국적 방식의 독특한 '규범화를 통한 정상화 장치'였다.[58] 정세균 국무총리가 회의마다 강조하고 감사했던 것처럼, 국민의 협조가 없으면 작동할 수 없는 장치였다. '국난극

57 미셸 푸코, 오트르망 역, 『안전, 영토, 인구: 콜레주드프랑스 강의 1977~78년』, 난장, 2011.

58 푸코(2011)는 근대 서구사회에서 자유주의적인 국가 통치성의 형성을 감염병을 통해 설명한다. 그에 따르면 근세까지만 하더라도 서구사회는 규율적 방식을 통해 인구를 통제하고 분류・배열하는 규범화(normation) 방식을 이용해서 감염병에 대응해 왔으나, 인구통계학과 백신이라는 예방의학 수단이 만들어지면서 감염율, 사망률과 같은 수학적이고 통계적인 분포분석을 통해 감염병에 대응할 수 있었다. 그 결과 통치자의 관심은 국민 개개인을 정상・비정상으로 구분하고 훈육하는 것을 넘어서, 백성을 불연속 없는 총체로서의 인구로 고려하고 인구와 관련된 분포곡선을 정상성에 근접시키는 것, 다시 말해 정상화(normalisation)하는 것으로 이동하였다고 한다. 다시 말해 규범화보다는 정상화가 문제가 되었다. 푸코는 법을 통해 금지의 형식으로 부적절한 품행과 상황을 발본색원하는 대신, 현상을 수용 가능한 수준으로 조절하는 것이 자유주의적인 통치술의 근간이라고 주장한다. 다만 그것은 '백신'이라는 당시로서는 역발상에 가까운 테크놀로지(개인을 감염되도록 함으로서 인구의 감염 수준을 조절한다)의 발전 덕분이었다. 백신이 개발되지 않던 상황에서 우리 정부는 '사회적 거리두기'라는 규범화를 통해 국가의 방역 및 의료 역량으로 대응 가능한 수준의 확진자 분포곡선이 유지되도록 정상화를 추구했다.

복이 취미인 민족'의 독특한 위기대응 문화가 사회적 거리두기 성과에 한몫했다. 하지만 비록 예외 시기라고 하더라도 장기간 국민으로부터 자발적 복종을 이끌어 내기 위해서는 국가의 규율 권력은 효율적이면서도 공평해야 했다.

3) 장기 코로나19: '2.5단계+α'와 품행의 반란

미셸 푸코를 통해 우리 정부의 '국가처럼 보기'를 시도한다면, 우리 정부의 '사회적 거리두기'는 통치권자(리바이어던)가 국민들의 행동을 조망하며 실행한 인구에 대한 섬세하고 꼼꼼한 시·공간 배분 양식임에 틀림없다. 하지만 '사회적 거리두기'를 인구의 안전을 책임지고 인구의 정상화를 추구하는 핵심 규율장치로 체계화하는 순간 그것은 해야 할 것(의무된 것)과 하지 말아야 할 것(금지된 것)을 '코드화'한 거대한 행위규범집이 되고 말았다. 길고 복잡한 의무-금지(혹은 정상품행과 비행(非行))의 촘촘한 격자 속에서 자율의 범위는 쪼그라들었으며, 정부는 '올바른 품행'이란 무엇인지에 대한 국민들의 해석에 개입해야 했다. 푸코는 자유주의적인 통치성의 출현 이후 "안전은 긍정적인 의미에서 '방임'한다"고 주장했다.[59] '사회적 거리두기'라는 국민 규범은 자율적으로 내면화하기에 '친절하지만 피곤한' 것이었으며, 그래서 세련된 통치 테크놀로지가 되지 못했다.

'사회적 거리두기(규범화)를 통해 곡면을 평탄화하기(정상화)' 통치 전략이 문제가 된 건 8월 15일 광복절을 전후로 시작된 사랑제일교회 발 2차 대유

59 푸코, 앞의 책, 2011, 83쪽.

행부터였다. 전광훈 목사가 이끄는 사랑제일교회는 이미 진보정권 국가의 방침에 지속해서 저항하고 있었고, 거리두기 지침도 온몸으로 거부했다. 결국 이 교회는 8.15 광복절 반정부 집회에 적극적으로 결합함으로써 수도권을 중심으로 하는 2차 대유행의 도화선이 되었다. 바이러스는 종교와 정치를 알지 못했다. 이날 신규 감염자 수가 신천지 사태 이후 처음으로 400명대를 돌파했다. 2차 대유행 이후 전반적인 위기 상황은 한국사회의 독특한 종교-정치 밀월 관계의 배경에서 보수 대형교회의 사목 권력이 진보정권의 국가 사목 권력에 불복함으로 발생한 위기였다.

정부는 광화문 집회가 끝난 다음날인 8월 16일 재빠르게 수도권 2단계 조처를 발령했다. 하지만, 강화 조치에도 불구하고 전국적 확산을 우려할 상황이 되자, 결국 정부는 8월 28일 '강화된 거리두기 2단계 조치'라는 이름의 '사실상 2.5단계'를 기존 정책에 처음으로 도입했다. 이 '끼인' 단계의 규제 내용에는 카페 · 음식점 · 실내 체육시설 · 학원 등 주로 중소 자영업자들이 운영하는 시설에서 집합을 금지하고 영업을 제한하는 내용을 포함하고 있었다. 다행히 9월 하순 사랑제일교회 발 대유행의 위기는 잡혔고 위기 단계는 다시 1단계로 내려갔으나, 가을의 평탄화된 신규 확진자 수 곡면의 고도는 봄과 초여름보다 두 배 이상 올라가 있었다. 그것은 훨씬 높아진 잠재된 위기 혹은 불안을 의미했다.

정부(중앙재난안전대책본부)는 2020년 1월 1일 사회적 거리두기 단계 기준을 개편하여 3단계에서 사실상 5단계로 거리두기 체계를 변경했다. 정부는 이것을 증대된 의료 대응 역량 및 지역별 감염 편차에 맞추어 거리두기 규제를 현실화하고 중간단계를 두어 관리 가능한 수준에서 코로나19의 유행을 억제하고 민생경제의 피해를 최소화하는 "코로나 공존시대의 지속가능한 코로나19 대응전략"이라고 소개했다. 또 정부는 이 개편안의 주안점이 "주민들이 '무엇이 금지되고 무엇이 허용되는지'를 명확히 알 수 있도록" 하는 것에 있다고 설명했다. 그것은 지역별, 장소별, 시간별로 한층 세분화한 미시적 규율 체계였으며, 그만큼 복잡하고 피곤한 것이 되었다.[60] 초기에는 시민들의 자발적 동의와 협조로 시작된 물리적 거리두기 캠페인이 어느새 시민의 별다른 동의를 구하지도 않고도 감염병 확산 상황에 따라 국가의 재량에 따라 자동 적용되는 단속(斷續) 없는 거리두기 조절 체계로 변화해 있었다.

하지만 정부의 '지속가능한 단계별 방역조치'는 정부 발표 후 얼마 되지 않아 전개된 3차 대유행으로 무용지물이 되고 말았다. 찬바람과 함께 시작된 3차 대유행은 1차 사태(신천지 대구교회, 대구 · 경북), 2차 사태(서울 사랑제일교회, 수도권)와 여러 모로 달랐다. 대유행의 발화점이 되었던 대형 집단감염 사태도 없었고 전국적으로 불특정 집단에서 집단감염이 발생했기 때문이다. 12월 초 일일 신규 확진자 수가 이미 1, 2차 사태의 최고 수치를 넘어서 1천 명을 향해 달려가고 있었다. 신규 확진자 수가 1천 명을 넘는 날들이 수일간

60 각 다중이용시설은 업무와 밀집도 등에 따라 중점관리시설 9종과 일반관리시설 14종으로 구분되어 각 단계마다 각기 상이한 운영방침이 적용되었다. 예를 들어, 거리두기 2단계에 들어서면 카페는 실내에서의 섭취는 금지되고, 포장과 배달만 가능하나, 음식점과 패스트푸드점, 브런치 카페, 보드게임 카페는 매장 내 섭취가 가능하다. 밀집도가 높은 장소에서 4㎡ 당 1인 이내 기준을 적용하고 있지만, 이러한 기준도 업종에 따라 달랐다. 2.5단계에서 집합금지가 되는 일반관리시설 태권도장과 발레학원은 정원수를 조정해 영업하는 것을 허용했으나, 헬스장과 합기도장, 스크린골프장, 당구장은 운영이 전면 금지되었다. 특히 11월 29일 발표된 수도권 거리두기 2.5단계+α 에서는 실내체육시설의 '격렬한' 정도에 따라 집합금지명령이 다르게 적용되었다. (코로나바이러스감염증-19 중앙사고수습본부, 보도자료, 2020년 11월 1일)

계속되자, 방역 의료 인력과 병상 등 정부의 방역 수용 수준은 한계에 다다랐다. 그럼에도 정부는 3단계를 선언하지 못했다. 그것은 곧 감염병의 민주적 통제 혹은 국가 조절정책 실패를 의미했기 때문이다. 5단계에 추가하여 '2단계+α'와 '2.5단계+특별방역대책'과 같은 새로운 단계가 출현했다.

'2.5단계+특별방역 강화조치'를 발표하면서 정부는 12월 24일부터 2021년 1월 3일까지 전국 식당에서 5인 이상 모임을 전면 금지하며 위반 시 과태료를 부과한다고 발표했다. '5인 이상 집합 금지'는 거리두기 3단계에서 적용되는 '10인 이상 집합 금지'보다도 더 강력한 조치였다. 가족이 5인인데도 모일 수 없냐는 문의가 쏟아졌고 갑론을박이 일었다. 한 언론은 '결론적으로 동일한 거주지에 5인 이상 사는 경우라면 평소대로 가정생활을 할 수 있다.'는 해석까지 해야 했으며, '가족(관계)'은 "주민등록표상 거주지"와 같은 국가 행정 문서에 근거해야 함을 친절하게 부연했다. 물론 생활공간이 다른 가족이 한곳에 모였다가 감염 전파가 이뤄질 수 있는 가능성을 예방하기 위한 조치임은 이해하나, 어느 샌가 국가는 가장 사적인 친밀성의 영역에까지 개입해 있는 모습을 연출했다. 생명 관리 정치 시대에 통치의 과잉이 만들어낸 아이러니였다.

1년에 걸친 사회적 거리두기는 경제적 타격도 상당했을 뿐만 아니라 형평하지 못한 규율 체계이기도 했다. 코로나19 감염병 자체도 그렇지만, 사회적 거리두기를 통해 정부가 시행했던 규제정책들은 명백히 영세 소상공인과 자영업자에게 불리한 제도였다. 국가는 고통의 공평한 분담을 강조했지만, 11월부터 시작된 3차 대유행이 12월 말이 되어서도 사그라지기는커녕 1, 2차 때보다 규모가 커지고 정부의 거리두기 조치가 2단계에서 3단계로 가지 못하고 2.5단계 언저리에서 머물렀을 때, 그 고통은 더욱 불평등하게 분배되었다. 소상공인을 대상으로 제3차, 4차 재난지원금을 지급한다고 발표했으나, 사실상 1년에 가까운 영업정지에 대한 보상치고는 무색한 조치였다. 메르스 사태 이후 의료기관이 입은 손실에 대한 보상 조항이 감염병예방법에 포함되었으나, 이 법령에 거리두기로 문을 닫은 자영업자의 손실을 보상하는 규정은 없었다. 메르스 시절에는 거리두기 개념이 없었기 때문이다.[61]

정부와 정치권은 규제 조치는 쉽게 발표했으나, 시민사회 내부에서 논의를 만들고 합의를 이끌어 정책과 제도로 정착시켜야 하는 문제에 대해서는 뭉그적거렸다. 집합금지와 영업제한의 문제가 자영업자의 '임대료' 문제로 불거졌을 때, 정부는 국민에게 '착한 임대인 운동'에 협조해 줄 것을 부탁했다. 정부는 건물임대인의 '선한 행위'에 기대어 임대인과 임차인의 관계를 '합리'가 아닌 '인정'으로 해결하려 했다. 위기상황에서 지속적으로 강제력을 행사하던 정부가 유독 자영업자의 경제 손실 문제를 시민 대 시민에게 전가하는 방향을 택했다.

7월부터 중앙재난안전대책본부가 실시한 '코로나19 신고포상제' 역시 국가권력이 미치지 못하는 일상의 사각지대를 시민사회 내부의 상호감시를 통해 저비용으로 해결하려는 정책이었다. 방역의 '주체'로 등장한 시민은 일 년 사이에 방역규율의 '객체', 나아가 방역의 '감시자'가 되었다. 시민간 일상적 감시 체제가 극적으로 드러난 지점은 2020년 12월 23일 수도권 지방자치단체가 5인 이상 사적 모임을 금지하는 행정명령을 발동하고 나서부터였다. 기존의 신고포상제에 5인 이상 집합금지 위반 신고가 포함되면서 국

61 황보연, 「코로나 유행 2년차, 위기의 거리두기」, 《한겨레》 2021년 1월 21일.

가와 지자체가 앞다투어 포상금제를 운영했다. 행정안전부는 우수 신고자 100명에게 10만 원짜리 온누리 상품권을 지급하기로 했고, 서울시는 1건당 3만 원, 1인 최대 10건으로 제한을 두고, 위반 사례를 신고할 수 있는 창구를 서울시 온라인 민원창구인 '응답소'에 게시했다. 12월 1일부터 27일까지 안전신문고 앱에 접수된 위반신고는 2만5,151건으로 11월의 2배가 넘고, 서울시 응답소에는 5인 이상 집합금지 신고 5일 만에 231건이 접수되기도 했다. 그러한 것은 정책의 효과와 경제성과 별개로 명백히 국가와 개인의 수직적 종속을 강화하는 한편, 시민사회 내부 시민 상호간의 신뢰와 연대를 깨트리는 정책이었다.

결국 '품행상의 반란'이 발생했다. 국가가 강요하는 품행에 순종을 거부하는 것이긴 했지만 그렇다고 반체제적인 것도 아니었다. 2020년 12월 7일 청와대 청원게시판에 올라온 '코로나전쟁에 왜 자영업자만 일방적 총알받이가 되나요? 대출원리금, 임대료 같이 멈춰야 합니다.'라는 청원에는 1월 6일 청원마감까지 206,790명이 동참했다. 서민과 사회적 약자를 지킬 것을 천명한 현 정부의 정책이 오히려 이들에게만 더욱 가혹했음을 알아달라는 상소였다. 헬스관장연합회는 '집합금지 명령'의 형평성에 문제를 제기하며 12월 16일부터 지역단위로 삭발시위에 돌입하기도 했다. 강추위임에도 불구하고 거리로 나온 헬스장 업주들은 웃통을 벗은 채 역기를 들었고, 당구장 업주들은 길거리에 당구대를 설치하고 불복시위를 했다. 이들의 분노는 높았으나 행동은 소박했다. 이들은 소박한 '제의적 저항'[62]을 통해 "형평성 있고

62 Hall, Stuart and Tony Jesserson(eds.), *Resistance through Rituals: Youth subcultures in post-war Britain*. (Routledge, 2006).

합리적인 정책 추진" 혹은 실효성 있는 정책을 요구했다.[63] 영세소상공인과 자영업자들의 영업금지가 강제되는 가운데, 기업체 사업장은 재택근무의 '권고'는 있었으나, '금지'는 적용되지 않았다. 해외의 사례에서 보였던 마스크 착용 반대 시위, 봉쇄 반대 시위 등의 투쟁적 모습은 국내에서 찾아볼 수 없었다.

4) 불만의 겨울, 백신 없는

하얀 눈은 더러움을 감추고 세상을 평온하고 깨끗하게 보이게 하듯, 감염병의 확산 상황은 모순과 부조리, 그리고 이에 대한 불만과 분노를 억제한다. 실질적 반란은 고사하고 제의적 저항마저도 여의치 않다. 상반기에는 특히 감염병 상황이 엄중하고, 감염에 대한 대중의 경각심이 높았으며, 국가의 방역활동이 성공적이었기 때문이기도 했다. 하지만 2020년 하반기 이후 아슬아슬한 저강도 코로나19가 계속되면서, 코로나19 대응으로 덮여 있었던 오래된 문제들이 수면위로 다시 부상했다.

대처리즘을 '권위주의적 포퓰리즘'(authoritarian populism)으로 규정했던 스튜어트 홀은 국가 프로젝트로서의 '포퓰리즘'을 "신자유주의 정책들의 기반을 직접적으로 '국민'에 대한 호소 위에 두고, 상식적 경험과 실천적 도덕주의라는 본질주의의 범주에 이 정책들의 뿌리를 두며, 이리 하여 계급, 집단, 이해관계들을 재구성해 특정한 방식의 '국민' 개념으로 만들려는 프로젝

63 황보연, 앞의 글, 2021년 1월 21일.

트”[64]라고 정의했다. 대처 정부는 포퓰리즘 방식으로 전통적이고 보수적인 가치를 지닌 권위주의적 의제에 대해 아래로부터 동의와 지지를 얻어내었다. 대처 정권의 포퓰리즘 프로젝트가 성공하는 데에는 정권 초기 발생했던 포클랜드 전쟁(1982)의 공이 컸다. 대처는 외부로부터의 위기(아르헨티나의 포클랜드 제도 침공)에 대항하여 자국의 영토를 지키는 전쟁에서 승리했을 뿐만 아니라, ‘불만의 겨울’을 지나 보수당에게 통치권을 주었지만 여전히 의구심과 저항의지를 갖고 있었던 노동자 대중을 애국적이며 순종적인 ‘국민’으로 전환하는 데에도 승리했다. 대처는 이후 국내에서 자잘한 전투(이주민 유색인종의 소요와 폭동, 노동자들의 파업)를 성공적으로 진압하며 헤게모니 장악에 성공했다.

제솝 등[65]은 대처리즘이 국민들로부터 일방적인 동의와 지지를 얻었다고 하기보다는, ‘애국’, ‘국가이익’ 등의 캠페인을 설정하고 실행함에 있어 특정 그룹의 이익을 비호하고 그들의 지지를 이끌어내면서 노동자들을 탄압하고 적대화하는 ‘두 국민(two nations)’ 전략으로 헤게모니를 장악했음을 주장했다. 시민사회 내 각 집단의 ‘거부감’을 활용해서 “대처가 복지 수혜자들에게는 국가의 억압을, 노동자들에게는 페미니즘과 이민자를, 납세자들에게는 엘리트를 대립시켜 지지를 동원했다”는 것이다.[66] ‘두 국민’ 전략은 당대 영국의 분열과 갈등 상황을 통해 자신이 추구하는 국가의 안정과 번영에 위

64 스튜어트 홀, 앞의 책, 2007, 155쪽.

65 Jessop, Bob, Kevin Bonnett, Simon Bromley and Tom Ling. “Authoritarian Populism, Two Nations, and Thatcherism.” *New Left Review*, 1984, 147, pp. 32-60.

66 지주형, 「사회운동 전략으로서의 포퓰리즘?: 라클라우-무페 이론의 전략적 빈곤」, 『시민과세계』, 2020, 36, 10쪽, 25쪽; 샹탈 무페, 이보경 역, 『정치적인 것의 귀환』, (후마니타스, 2007).

협이 되는 사회공동체 내의 특수하고 이질적인 정체성들을 하나씩 차례로 소거하고 추방하여 자신의 권위주의적 개혁에 통합시키는 고도의 헤게모니 전략이었다.

우리는 문재인 정부 시기 정치 엘리트의 통치전략, 정치-헤게모니 프로젝트 혹은 코로나19가 에워싼 한국의 정치문화적 이데올로기가 40년 전 대처리즘 시기의 영국과 같다고 말하려 함이 아니다. 우리는 전혀 다른 시대적, 정치적, 사회문화적 맥락 위에 서 있다. 국가 이데올로기의 기반도 전혀 다르다. 그러나 홀이 대처리즘의 등장을 '좌파의 위기'로 규정했던 이유는 대처리즘에 대항하는 대안 정치력의 부재 속에서 1980년대 대처 정부의 우경화 프로젝트를 통해 국민의 '상식'이 급격히 재구성되었다는데 있었다. 그가 '상식의 재구성'에 우려를 가졌던 이유는 "상식은 평범하고 실제적이며, 일상적인 계산 방식의 틀을 형성하며, 마치 우리가 숨쉬는 공기처럼 자연스러워 … 아무리 단편적이고 모순되며 일화적이라 할지라도 … '구체적인 사회 집단을 결집시키고, 도덕적 행위와 의지의 방향에 영향을 미치기' 때문"[67]이다. 지금 우리 사회의 상식은 변화하고 있다. 앞의 절에서 소개된 설문조사들이 노출시킨 것처럼 말이다. 문제는 우리 사회의 '상식의 재구성'이 오랜 기간의 구조적 변화와 연동되어 있을 뿐만 아니라, 최근의 국가-사회의 상호작용 속에서 여러 정치-이데올로기적 프로젝트들에 의해 더욱 빠르게 진행되고 있다는데 있다.

코로나19 위기에 대응하여 국가가 두 국민 전략을 활용했던 사례는 2020년 8월에 있었던 의사 파업에서 있었다. 의대 정원 확대와 공공병원 설치를

67 스튜어트 홀, 앞의 책, 2007, 33쪽.

포함하는 정부의 의료개혁 정책에 반발하여 의사들과 전공의들의 3주 가까운 파업이 진행되었다. 2차 대유행 상황에서 추진한 파업과 집단 휴진, 그리고 의대생 의사국가고시 미응시와 같은 의사들의 대응은 국민의 지지를 받지 못했고, "덕분이라며 챌린지"나 "더 분해 챌린지"와 같은 전공의들의 섣부른 담론투쟁은 반감을 불렀다. 그러나 2020년 9월 2일, 문재인 대통령이 남긴 페이스북(Facebook) 메시지인 "전공의 등 의사들이 떠나 의료현장을 묵묵히 지키고 있는 간호사분들을 위로하며 그 헌신과 노고에 깊은 감사와 존경의 마음을 드립니다. … 의료진이라고 표현되었지만 대부분이 간호사들이었다는 사실을 국민들은 잘 알고 있습니다."라는 의료 현장의 간호사에 대한 격려 메시지는, 의도한 바가 아니었다손치더라도, 국민을 묶어내는 전술은 아니었다. 일부 국민들은 과거 권위주의 정부 시절의 관행을 떠올렸고, 메시지는 대처리즘의 '두 국민' 전략을 연상케 했다. 코로나19 사태라는 위기 상황에서 의료개혁을 추진하는데 효과적일 수는 있었을지 몰라도, 분열의 정치를 끝내고 통합의 시대를 열겠다는 촛불정부의 의지가 무색해지는 순간이었다.

최근 한국사회에서 '두 국민'의 결은 복잡하다. 그곳에 성별, 세대별, 지역별, 사회계층(계급)별 정체성이 혼란스럽게 교차하며, 포퓰리즘과 팬덤 정치, 그리고 능력주의 이데올로기가 깊이 결합되어 있다. 국민들의 모순적이고 균열적인 의식이 국가의 정치 프로젝트들과 결합함으로써 문재인 정부의 주요 정치·경제·사회 현안—검찰 개혁, 재난지원금 지급 문제, 부동산 정책, 인천공항 비정규직 정규직화 문제 등—에서 국민들은 극심하게 양분되어 대립하는 상황을 연출했다. 그것이 가장 극적으로 드러났던 사건이 '조국 사태' 혹은 '검찰 개혁'이라고 일컬어지는 사건이었다. 여기서 일 년 넘게 진행된 조국-검찰개혁 사태의 추이와 대결 양태를 논의하는 것은 불필요하리라 본다. 다만, 조국 수호와 검찰 개혁, 그리고 조국 퇴진과 검찰 지지의 '두 국민'으로 시민사회가 분열되어 정치적 공방이 계속되면서 국민들은 극도의 피로감을 느꼈다는 점은 명확하다. 11월 이후 신규 확진자 수가 치솟았을 때 정권의 지지율이 심각하게 떨어진 것은 단지 방역 실패 때문만은 아니었다.

여기서, 우리는 의대 정원 확대, 공공의대 · 공공병원 설치, 지역의료제도 개편을 내세운 의료 개혁 정책이 공공의료 체계 확충을 위한 문재인 정부의 개혁적이며 전환적인 정책 프로젝트였음을 인지할 필요가 있다. 같은 맥락에서 검찰 개혁은 민주주의의 발전에 위해가 되어 왔던 무소불위의 국가 권력기관의 폐단을 근절하기 위한 오랜 제도 개혁 노력의 선상에 있었던 전환 프로젝트였다. 여러 정황상 절호의 기회로 인식되었고, 정부와 여당은 개혁을 추진할 시민사회의 지지를 호소했다. 하지만 헤게모니 우위에 있었던 추진 세력이 이들이 추구해야 할 시대정신으로 내세운 공정과 정의의 가치를 위배함으로써 국가의 개혁 프로젝트들은 전 국민을 포섭하지 못했고 사회 세력의 전반적인 지지를 얻어내지 못했다. 심지어 여권 인사들의 성폭력 사건이나 부정부패 사건이 터지면서 도덕적 정당성마저 잃어버렸다. 특히 2019년 이래 계속되어 온 조국-검찰 개혁의 정치과정 속에서 '공정'이나 '정의'라는 단어에 대해 국민이 갖는 '상식'은 완전히 무너졌다. 과거 진보로 뭉뚱그려진 세력이 극심하게 분열했음은 물론이다.[68]

68 조국백서추진위원회, 『검찰개혁과 촛불시민: 조국 사태로 본 정치검찰과 언론』, (오마이북, 2020); 강양구 외, 『한 번도 경험해보지 못한 나라: "민주주의는 어떻게 끝장나는가"』, (천년의상상, 2020).

하지만 이 사건들마저도 이전의 여러 우발적으로 보이는 사건들의 연속 선상에 있으며, 더 크고 오래된 일련의 역사와 구조 위에 배태되어 있음을 인식할 필요가 있다. 세월호와 대통령 탄핵 등 지난 정권 시기의 경험 속에서 시민사회는 보편적 연대보다는 파당적 연대에 기반을 둔 '분열형 사회'[69]로 이미 옮겨 가고 있었다. 그동안 시민사회운동의 제도화와 시민사회 세력의 제도정치 참여 과정에서 국가를 견제하는 시민사회 전반의 건강한 역량이 무력화되었으며 이를 대신하여 개인화된 집합 행동은 이미 대세가 되어 있었다.[70] 부모의 자본과 권력이 자식의 능력으로 이전될 수 있으며 그렇게 세습된 능력에 대한 차별을 '공정하다고 착각'[71]하는 것은 비단 어제 오늘의 현상은 아니다. 이미 '점유의 정치'를 실천하고 있는 386세대의 지배 체제를 공고히 하려는 욕망과, 그 틈에 끼어드려는 '세습 중산층'을 향한 각축과, 처음부터 그 경로에서 낙오한 하층계급 출신 청년들의 허탈함과 좌절만 있을 뿐이다.[72] 분열은 계급 간, 세대 간에서만 드러나는 것이 아니었다. 이화여자대학교의 미래라이프대학 사태나 인천국제공항공사 사태는 우리

69 강수택, 「분열형 사회에서 연대형 사회로의 전환을 위한 사회학적 성찰」, 『한국사회』, 2019, 53-2, 137-165쪽.

70 김선미, 「시민운동 위기 담론과 발전 방안: 시민사회 지형변화와 관련하여」, 『담론201』, 2007, 10-3, 143-173쪽; 최재훈, 「집합행동의 개인화와 사회운동 레퍼토리의 변화」, 『경제와사회』, 2017, 113, 66-99쪽.

71 마이클 샌델, 함규진 역, 『공정하다는 착각: 능력주의는 모두에게 같은 기회를 제공하는가』, (와이즈베리, 2020).

72 이철승, 「세대, 계급, 위계」, 『한국사회학』, 2019, 53-1; 장석준. 「우리가 부르짖던 공정론의 민낯…한국의 능력주의는 자본주의의 최첨단」, 『프레시안』, 21.; 조귀동. 『세습 중산층 사회: 90년대생이 경험하는 불평등은 어떻게 다른가』, 생각의힘, 2020.; 임운택. 사회의 재봉건화에 대한 진단과 세대 논쟁의 착종: 조귀동, 『세습중산층 사회: 90년대생이 경험하는 불평등은 어떻게 다른가』, 『경제와사회』, 2020, 127, 258-265쪽. 임운택은 이를 하버마스의 개념을 빌어 사회가 '재봉건화'되고 있다고 지적했다.

사회 내부에서 균등, 공정, 정의를 바라보는 시각이 매우 복잡하게 얽혀 있음 잘 보여주었다. 여기서 부동산 '영끌'(영혼까지 끌어 모아 투자)과 주식 '빚투'(빚내서 투자)는 비이성적인 과열 혹은 퇴행적 욕망의 발로가 아니라, 국가와 사회가 나를 보호하지 못하기 때문에 빚어지는 숭고한 계급투쟁의 문화적 현상으로 승화한다. 그러한 사회에서 사회 내부의 연민과 연대의 감정이 고갈되어 감은 당연한 것이다. 11월에 있었던 KSS의 코로나19 2차 의식조사에서 한국인은 코로나19로 경제적 피해를 본 자영업자, 비정규직, 청년구직자, 중소기업 등에 국가가 '적극 지원해야'한다는 응답에 50%를 훨씬 밑도는 수치를 보여줬다(자영업자-45%, 비정규직-44%, 청년구직자-35%, 중소기업-30%). 반면, 같은 질문에 대한 일본인들의 응답은 50-60%를 상회했다.[73]

2020년 7월 14일, 대통령은 '국민보고대회'를 열고 '한국판 뉴딜 종합계획'을 발표했다. 이 자리에서 대통령은 '한국판 뉴딜'을 대한민국의 경제와 사회를 근본적으로 대전환시켜 새로운 백년을 준비하는 "대한민국의 새로운 사회계약"으로 소개했다. 대통령의 모두발언처럼, 이 행사는 지속가능한 국가-사회의 리질리언스를 향한 국가의 전환 의제를 제시하고 이를 성공적으로 이끌 정치동맹을 시민사회로부터 이끌어내기 위한 자리로 기획되었을 것이다. 상반기 국가가 우수한 방어 역량을 보였기 때문에 국가가 제시할 전환 프로젝트에 대한 국민의 기대가 높았던 상황이기도 했다. 하지만 한국판 뉴딜이 공개되었을 때 정작 국민들의 반응은 미지근했다. 코로나19 사태로 산업구조와 노동시장에 단기적 충격을 넘어 상당한 구조적 변화가 이미 시작되었음에도, 그러한 구조 변동을 보완하여 국가-사회가 지향해야 할 새

73 천관율, 「'방역정치'가 드러낸 한국인의 세계- 각자도생의 경고」, 《시사인》, 694호, 2021.

로운 사회적·공공적 가치도 제시하지 못했고 강고한 시대정신을 담은 실천 가능한 의제들도 제시하지 못했다. 세부 사업은 과거 개발국가의 성장주의 산업 발전 계획을 연상케 하는 신산업 육성정책에 지나지 않았다. 한국판 뉴딜에서 국민은 신산업 육성에 동원될 인적 자원 혹은 그것에 동원되지 못하는 '안전망' 지원사업의 취약 대상으로 그려질 뿐, 새로운 사회를 창출하며 뉴딜을 완성할 정치동맹 및 사회개혁의 주체가 되지 못했다.[74]

12월 24일 검찰총장 징계 의결에 대한 사법부의 선고가 있었다. 다음 날인 크리스마스에는 1,240명의 신규 확진자가 나왔다. 2020년 최대 수치였다. 그중 288명은 법무부 관할인 서울 동부구치소에서 나왔다. 동부구치소 집단감염은 1천 명이 넘는 감염 환자가 나와 작년 제2의 집단감염 사태(확인)로 기록되었다. 국민의 생명의 안전을 지키겠다고 자부했던 리바이어던의 등잔 밑은 의외로 어두웠다. 작년 초 세계 최고를 자부하던 우리의 방역체계는 연말 붕괴 직전에 있었고, 때마침 해외에서는 '게임 체인저' 백신이 준비되었고 각국이 경쟁적으로 확보했다는 소식이 들렸다. 우리 정부도 이미 충분한 양의 백신을 확보했지만 구체적인 확보 내용은 비밀이라고 했다. 작년 세밑 국민들은 우울했다.

74 신진욱, 2020년 7월 22일, 「사회적 뉴딜이 없다」, 《한겨레》. 신진욱, 2021년 1월 5일, 「코로나 1년, 너무나 한국적인 명과 암」, 《한겨레》.

5. 나가며

2021년 3월 1일 0시 기준으로 국내 코로나19 확진자 누적총계는 90,029명에 이르고, 사망자는 1,605명에 이른다. 우리는 여전히 위기의 어둡고 긴 터널 한 가운데를 지나고 있지만 2020년과 다른 것이 있다면 요원할 것 같았던 백신이 만들어졌고 세계적으로 보급되는 중이라는 것이다. 우리 정부도 1월 28일 코로나19 백신 예방접종 계획을 발표했으며 이 계획에 따라 1단계 접종 대상자인 고위험 의료기관 종사자들에 대한 백신 1차 예방접종을 2월 26일부터 시작했다. 정부는 순차적인 예방접종을 통해 11월까지 집단 면역을 완성하는 것을 목표로 설정했으며, 이를 위해 시민들이 예방접종에 적극 참여해 줄 것을 당부하기도 했다. 그렇게 되면 우리 사회는 '사회적 거리두기'를 통한 규율적 정상화의 여러 문제들로부터 한층 자유로워질 것이며. 알베르 카뮈의 『페스트』(2011)의 묘사처럼 조만간 미처 의식하지 못하는 사이 감염병이 종식되는 상황을 맞이할지 모른다.

그러나 감염병은 종결되어도 감염병과 함께 시작한 코로나19 위기는 오래 지속될 것이다. 'IMF 외환 위기'로 일컬어지는 1990년대 후반의 경제위기가 2001년 8월 한국정부가 국제통화기금(IMF)에 구제금융을 조기상환함으로써 '공식적'으로 종식되었음에도, 그 상흔이 우리 사회 곳곳에 남아 있으며 우리는 여전히 후유증으로 고통 받고 있는 것처럼 말이다. 당시 위기 극복(위기 관리) 과정에서 추진된 구조조정과 경제개혁 프로그램은 우리를 '각자도생'의 사회로 이끌었다. 같은 맥락에서 코로나 위기에서 우리 국가와 사회가 위기에 대응하는 '지금'의 '이' 태도와 실천 행위가 사태 종식 이후 우리가 맞이하게 될 더 큰 모순과 갈등을 잉태할지도 모른다. 위기 극복을 위해서, 그리고 위기 이후의 시대를 준비하기 위해서 우리는 코로나19 감염병 창궐이 야기한 '위기'를 어떻게 바라봐야 하고, 어떠한 실천을 준비해야 할까? 이 논문은 작금의 사태의 복잡한 의문들에 대한 실마리를 찾기 위해 국가-사회의 상호관계를 중심으로 지난 1년의 '감염병 위기 관리하기'를 복기(復棋)했다.

이 글에서 우리는 작년 하반기 한국사회의 '위기 관리의 위기'를 '불만의 겨울'이라는 키워드로 설정하고, 감염병 자체의 위기보다는 그러한 감염병과 감염병이라는 위기를 대하는 국가와 사회의 위기 관리 방식, 특히 국가-사회의 관계 변화와 이데올로기 측면의 대응 양식을 읽기 위해 노력했다. 사회 저변의 의식구조가 위기 국면에서 즉자적 대응으로 드러나고, 위기 국면은 위기 이후의 사회를 만들어갈 새로운 의식구조 형성의 기반이 된다는 측면에서 중요하기 때문이다. 위기를 막아내는 방어적인 대응과 함께, 위기 이후를 준비하는 전환적인 위기 극복 노력을 함께 보려고 했으며, 그러한 실천 행위들이 자리잡고 있는 기저의 국가-사회 관계의 모습을 관찰했다.

감염병 발발 초기, 우리의 국가-사회는 '붉은 여왕의 경주'에서 제법 순탄한 시작을 보였다. 사회는 국가의 적극적 역할을 요구했고, 소환된 리바이어던은 자의반 타의반으로 자신에게 주어진 생명 권력의 실행을 최대화했다. 국가는 국민의 생명과 안전을 최우선 통치 전략으로 삼았고, 국민은 적극적으로 화답했다. 그것은 세월호 사건와 메르스 사태, 대통령 탄핵이 국가-사회 모두에게 남긴 유산이었다. 그렇게 '붉은 여왕과의 경주'는 순탄해 보였다. 우리는 선방했고 세계는 우리를 주목했다.

하지만 감염병 위기의 예외 상태가 장기화되면서, 우리 국가-사회는 또 다른 위기에 봉착했다. 국가는 여전히 방역과 경제, 민생을 위한 긴급 대응에 전력을 다하고 있고, 백신의 부재 속에서 '사회적 거리두기'라는 규범화 장치를 통해서 사회경제의 정상적 운영('정상화')을 추진해 왔다. 그러나 국가가 감염병 위기 이후 국가 및 사회의 발전을 위해 전환 역량을 보여줘야 하는 국면에서 정부는 번번이 실패하고 말았다. 그것은 저항세력이 드세거나 개혁정책 자체의 당위성이 부족해서만은 아니었다. 정부와 여당, 그리고 헤게모니 정치세력이 절차적 정당성을 무시하거나 포퓰리즘과 팬덤 정치의 국가-사회 관계의 역관계를 적극적으로 활용하면서 국민들은 두 국민으로 분열되었고 갈등했다. 그 과정에서 '공정'과 '정의'와 같이 정치가 딛고 서야 할 주요한 가치들에 대한 시민들의 상식이 파괴되었음은 물론이다. 여러 설문조사에서 국가와 국민 개개인의 수직적 신뢰와 종속적 관계는 강화하고 있으나 사회 내부의 수평적 신뢰와 연대는 약화되고 있음을 보였을 때, 우리는 그 이유가 단지 시민사회 내부만의 문제가 아니라 국가의 정치적이고 문화적이며 헤게모니적인 프로젝트와 접합되어 있기 때문임을 확인했다. 이 상황에서 고통의 공평 분담을 위해 긴급히 필요한 제도적 장치에 대한 논의는 사회 내부에서 제대로 공론화되지 못했으며, 그 결과 정부의 방역 정책으로 차별적 피해를 입은 시민들은 정부의 거리두기 정책이 권위적이고 형평적이지 못한 것으로 받아들일 수밖에 없었다. 결국 작년 겨울 감염병 사태가 심각해지고 권위적인 규율체계가 더욱 강화되었을 때 한국사회는 '불만의 겨울'을 맞이해야 했다.

지금의 코로나 위기를 극복하고 더욱 회복력 강한 사회가 되기 위해서는 국가와 사회의 내부 역량뿐만 아니라 그 관계가 어떻게 구축되어 있느냐가 무엇보다도 중요하다. 애쓰모글루 · 로빈슨은 국가가 좁은 회랑으로 진입하거나 지속적으로 벗어나지 않기 위해서는 좋은 이행 전략과 함께 "그 이행을 뒷받침할 광범위한 연합, 흔히 새로운 연합이 필요하며, 한 집단이 자신들의 독재적 통제력을 확립하고 다른 집단을 배제하지 않도록 그 연합 내부의 권력 균형이 이뤄져야 한다."고 주장했다. 그리고 "그 성패는 권력 다툼이 완전한 양극화로 치닫거나 제로섬 게임이 되지 않도록 타협을 할 수 있느냐에 달려 있다."[75]고 강조했다. 다시 한 번 강조하건대, 감염병의 위기의 본질은 병원균 그 자체에 있지 않다. 그것을 통제할 수 없는 개인과 사회의 위기이며, 나아가 국가를 포함하는 정치 공동체의 위기이다. 코로나19라는 세기적 재난 상황에서 우리가 유능하고 포용적인 국가를 만들기 위해 시민사회 내부의 동정과 연대, 그리고 건강한 국가-사회 관계의 회복에 대해 성찰하고 노력해야 하는 이유이다.

75 애쓰모글루 & 로빈슨, 장경덕 역, 『좁은 회랑: 국가, 사회 그리고 자유의 운명』, (시공사, 2020), 727쪽.

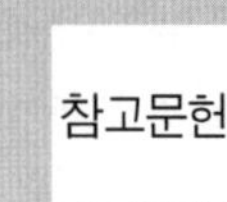

20세기 전환기 파리의 결핵 퇴치 운동 / 민유기

Annales d'hygiène publique et de médecine légale.

Bulletin de l'Académie nationale de Médecine.

Bulletin municipal officiel de la ville de Paris.

Gazette hebdomadaire de médecine et de chirurgie.

Journal officiel de la République Française.

La Presse médicale.

Revue d'hygiène et de police sanitaire.

Administration générale de l'Assistance publique à Paris. *L'oeuvre de l'Assistance publique à Paris contre la tuberculose (1896-1905), Congrès international de la tuberculose*. Paris: Berger-Levrault. 1905.

Comité National de Défense contre la Tuberculose. *Rapport du service de la statistique, année 1926*. Melun: Imprimerie administrative. 1928.

Commission de la tuberculose. *Moyens pratiques de combattre. La propagation de la tuberculose*. Paris: Masson. 1900.

Compte général des recettes et des dépenses de la ville de Paris pour l'exercice 1893. Paris: Imprimerie administrative et des chemins de fer. 1893.

Congrès international de la tuberculose, tenu a Paris, du 2 au 7 octobre 1905. Paris: Masson. 1906.

Conseil d'hygiène publique et de salubrité. Etablissement à Paris d'étuves publiques pour la désinfection des objets de literie et des linges qui ont été en contact avec des personnes atteintes de maladies infectieuses ou contagieuses. Paris: Typographie Charles de Mourgues Frères. 1880.

Œuvre de la tuberculose humaine. Société philanthropique des dispensaires antituberculeux français. Paris: Siège social de l'œuvre de la tuberculose humaine. 1903.

Recueil des travaux de la Commission permanente de préservation contre la tuberculose 1911-1913. Melun: Imprimerie administrative. 1917.

Armaingaud, Arthur. *Moyens de prévenir la contagion de la tuberculose*. Bordeaux: Ligue préventive contre la phtisie pulmonaire et autres tuberculoses. 1896.

Bernard, Léon. *La défense de la santé publique pendant la guerre*. Paris: PUF. New Haven: Yale University Press. Publications de la Dotation Carnegie pour la paix internationale. 1929.

Bertillon, Jacques. *Frequence des principales causes de déces à Paris pendant la second moitié du XIXe siècle et notamment pendant la période 1886-1905*. Paris: Imp. Municipale. 1906.

Bourgeois, Léon. *L'isolement des tuberculeux et la lutte contre la tuberculose, le dispensaire, le quartier spécial, l'hôpital suburbain*. Paris: Berger-Levrault. 1906.

Bourgeois, Léon. *La politique de la prévoyance sociale. t.2. L'action*. Paris: Bibliothèque Charpentier. 1919.

Brouardel, Paul. *La propagation de la tuberculose, moyens pratiques de la combattre*. Paris: Masson. 1900.

Brouardel, Paul. *Guerre à la tuberculose, livret d'éducation et d'enseignement antituberculeux*. Paris: C. Delagrave. 1903.

Calmette, Albert. *La vaccination préventive de la tuberculose par le B.C.G Bacille Calmette Guérin*. Paris: Masson. 1928.

Decambre, Amédée (dir.). *Dictionnaire encyclopédique des sciences médicales*, série 1. tome 31. Paris; G. Masson. 1884.

Franck, Johann Peter. *System einer vollständigen medicinischen Polizey*. 6 Bde. Mannheim. 1779-1819.

Girard-Mangin, Nicole. *Essai sur l'hygiène et la prophylaxie antituberculeuses au début du XXe siècle*. Paris: Masson. 1913.

Guinard, Louis. *La pratique des sanatoriums*. Paris: Masson. 1925.

Knopf, Sigard Adolphus. *Les sanatoria. Traitement et prophylaxie de la phtisie pulmonaire*. Paris: Carré et Naud. 1900.

Letulle, Maurice. *Rôle de la Mutualité dans la lutte contre la tuberculose en France, Conférence faite à la douzième assemblée générale*. 1902.

L'Office central des œuvres de bienfaisance. *Paris charitable et bienfaisant*. Paris: Plon. 1912.

Laënnec, René. *De l'auscultation médiate ou Traité du diagnostic des maladies des poumons et du coeur, fondé principalement sur ce nouveau moyen d'exploration*. Paris: J.-A. Brosson et J.-S. Chaude. 1819.

Mesureur, André. *L'œuvre de l'Assistance Publique à Paris contre la tuberculose, Congrès international de la tuberculose*. Paris: Berger-Levrault. 1905.

Pasteur, Louis. *La thorie des germes et ses applications la mdecine et la chirurgie*. Paris: G. Masson. 1878.

Pelloutier, Femand et Pelloutier, Maurice. *La vie ouvrière en France*. Paris: Schleicher frères. 1900; François Maspero. 1975.

Rénon, Louis. *Etude médico-sociale Les maladies populaires, maladies vénériennes, alcoolisme, tuberculose*. Paris: Masson. 1905.

Rivière, Louis Grand. *La lutte contre la tuberculose, chez le malade, dans la famille, dans la société*. Paris: A. Maloine. 1898.

Rouannet, Gustave. *Réunion tenue le 19 janvier 1902 à la mairie du XVIIIe arrondissement, sous la présidence du Président du Conseil des ministres, Waldeck-Rousseau*. Paris: Œuvre générale des dispensaires antituberculeux. 1902.

Villemin, Jean-Antoine. *Etudes sur la tuberculose: preuves rationnelles et expérimentales de sa spécificité et de son inoculabilité*. Paris: J. B. Baillière et fils. 1868.

Ashford, Douglas E. *British Dogmatism and French Pragmatism: Central-Local policy making in the Welfare State*. Boston: Unwin Hyman. 1982.

Bardet, J.-P., Bourdelais, P., Guillaume, P., Lebrun, F., Quétel, C. *Peurs et terreurs face à la contagion: choléra, tuberculose, syphilis: XIXe-XXe siècles*. Paris: Fayard. 1988.

Berche, Patrick. *Une histoire des microbes*, Montrouge: John Libbey Eurotexte. 2007.

Bouillé, Michel. "Les congrès d'hygiène des travailleurs au début du siècle 1904-1911". *Le Mouvement Social* 161. oct.-déc. 1992.

Chevallier, Fabienne. *La naissance du Paris moderne: l'essor des politiques d'hygiène (1788-1855)*. Paris: BIU Santé. 2012.

Chevallier, Fabienne. *Le Paris moderne: Histoire des politiques d'hygiène (1855-1898)*. Rennes: Presses Universitaires de Rennes. Comité d'histoire de la ville de Paris. 2010.

Cohen, William B. *Urban Government and the Rise of the French City: Five Municipalities in the Nineteenth Century*. New York: Palgrave Macmillan. 1998.

Dessertine, D., Faure, O. *Combattre la tuberculose 1900-1940*. Lyon: Presse Universitaire de Lyon. 1988.

Dumarest, Jean. *Hauteville-Lompnes-en-Bugey. Station climatique d'altitude. Haut lieu de traitement de la tuberculose pulmonaire au XXe siècle*. Hauteville-Lompnes: Roudil-Désigaux. 1997.

Ermakoff, Antoine. "Trier, Soigner, Administrer. Savoirs et pratiques du Conseil général des hospices civils de Paris (1801-1848)". *Les Cahiers du Centre Georges Canguilhem* 6.

2014.1.
Faure, Olivier. *Histoire sociale de la mdecine XVIIIe-XXe sicles*. Paris: Anthropos. 1994.
Grellet, I., Kruse, C. *Histoires de la tuberculose: Les fièvres de l'âme (1800-1940)*. Paris: Ramsay. 1983.
Guillaume, Pierre. *Du désespoir au salut: les tuberculeux aux XIXe et XXe siècles*. Paris: Aubier. 1986.
Guillaume, Pierre. *Le rôle social du médecin depuis deux siècles 1800-1945*. Paris: Association pour l'étude de l'histoire de la Sécurité sociale. 1996.
La Berge, Ann. *Mission and method. The early nineteenth-century French public health movement*. New York: Cambridge University Press. 1992.
Lakhtakia, Ritu. "Of Animalcula, Phthisis and Scrofula: Historical insights into tuberculosis in the pre-Koch era". *Sultan Qaboos University Medical Journal* 13-4. 2013.11.
Murard, L., Zylberman, P. *L'hygiène dans la République, La santé en France ou l'utopie contrariée (1870-1918)*. Paris: Fayard. 1996.
Pasveer, Bernike. *Shadows of knowledge: Making a representing practice in medicine: x-ray pictures and pulmonary tuberculosis, 1895-1930*. Den Haag, Amsterdam: CIP-Gegevens Koninklijke Bibliotheek. 1992.
Peter, Jean-Pierre. "Une enquête de la Société royale de médecine sur les épidémies, 1774-1794. Malades et maladies à la fin du XVIIIe siècle". *Annales, Histoire, Sciences Sociales* 22-4. 1967.
Salomon-Bayet, Claire (dir.). *Pasteur et la Rvolution pastorienne*. Paris: Payot. 1986.
Viet, Vincent. *La santé en guerre 1914-1918: Une politique pionnière en univers incertain*. Paris: Presses de Sciences Po. 2015.
Weiner, Dora B. "Le Droit de l'homme à la santé: une belle idée devant l'Assemblée Constituante, 1790-91". *Clio Medica* 5. 1970.
민유기. 「19세기 후반기 파리의 도시위생 정책을 둘러싼 사회적 갈등과 합의」. 『프랑스사 연구』 14. 2006.
민유기. 「'출산파업'과 '민족의 자살'에 대한 사회적 대응 -프랑스 가족 보호 정책의 기원(1874-1914)」. 『서양사론』 89. 2006.

조선의 방역 / 윤은경

박순몽 · 박세거 등. 『간이벽온방』.
이귀. 『묵재일기』.

허준.『신찬벽온방』.
최충성.『山堂集』.
『惠局志』.
《태종실록》1권, 31권.
《문종실록》8권, 9권.
《선조실록》11권.
《연산군일기》60권.
《영조실록》55권.
김옥주.「조선 말기 두창의 유행과 민간의 대응」.『의사학』2-1. 1993.
김호.「조선전기 대민 의료와 의서 편찬」.『국사관논총』68. 1996.
양혜경.「문헌기록을 통해 본 우리나라 역병사에 대한 고찰」. 충남대학교 보건대학원 석사학위논문. 2005.
이규근.「조선후기 질병사 연구-『조선왕조실록』의 전염병 발생 기록을 중심으로」.『국사관논총』96. 2001.
이규대.「조선후기 약국계의 일고찰」.『又仁 金龍德博士停年紀念史學論叢』. 1988.
조원준.「조선시대 벽역의서에 나타난 역병 예방법」.『대한예방한의학회지』12-2. 2008.
「김치? 소똥?…신종코로나에 세계 각국서 다양한 '민간요법' 제시」.《연합뉴스》. 2020.2.3.
J Glenza. "Coronavirus: US says Russia behind disinformation campaign". *The Guardian*. 2020.2.25.

전쟁 속 전염병, 그리고 공중보건의 의미 / 정세권

박진빈.「제국과 개혁의 실험장: 미국의 파나마 운하 건설」.『미국사연구』32. 2010.
앨런 브링클리 지음. 황혜성 외 옮김.『있는 그대로의 미국사 3: 미국의 세기-제1차 세계대전에서 9.11까지』. 후마니스트. 2004.
에밀리 로젠버그 지음. 양홍석 옮김.『미국의 팽창: 미국 자유주의 정책의 역사적인 전개』. 동과서. 2003.
전상봉.『자본주의, 미국의 역사-1차 세계대전부터 월스트리트 점령까지』. 시대의창. 2012.
정세권.「리처드 피어슨 스트롱을 통해 살펴본 식민지 필리핀에서의 미국 열대의학 성격」.『한국과학사학회지』36-4. 2014.
케네스 헤이건 · 이안 비커튼 지음. 김성칠 옮김.『의도하지 않은 결과: 미국과 전쟁 1775-2007』. 삼화. 2013.
Anderson, Warwick. *Colonial Pathologies: American Tropical Medicine, Race, and*

Hygiene in the Philippines. Durham: Duke University Press. 2006.

Barona, Josep L. *The Rockefeller Foundation, Public Health and International Diplomacy, 1920-1945*. London, New York: Routledge. 2015.

Brown, E. Richard. "Public Health in Imperialism: Early Rockefeller Programs at Home and Abroad". *American Journal of Public Health* 66-9. 1976.

Craig, Stephen C. and Dale C. Smith. *Glimpsing Modernity: Military Medicine in World War I*. Cambridge Scholars Publishing. 2015.

Gillet, Mary C. "Medical Care and Evacuation during the Philippine Insurrection, 1899-1901". *Journal of the History of Medicine and Allied Sciences* 42. 1987.

________. "U.S. Army Medical Office and Public Health in the Philippines in the Wake of the Spanish-American War, 1898-1905". *Bulletin of the History of Medicine* 64. 1990.

Hunter, William. "The Serbian Epidemics of Typhus and Relapsing Fever in 1915: Their Origin, Course, and Preventive Measures employed for Their Arrest: An Aetiology and Preventive Study based on Records of British Military Sanitary Mission to Serbia, 1915". *Proceeding of the Royal Society of Medicine*. 1919.11.28.

Rockefeller Foundation. *The Relief of Suffering Non-Combatants in Europe; Destitution and Disease in Serbia*. 1915.4.28.

Stapleton, Darwin H. "Malaria Eradication and the Technological Model: the Rockefeller Foundation and Public Health in East Asia". in Ka-Che Yip ed. *Disease, Colonialism and the State: Malaria in Modern East Asian History*. Hong Kong: Hong Kong University Press. 2009.

Stepan, Nancy Leys. "The Interplay between Socio-Economic Facotrs and Medical Research: Yellow Fever Research, Cuba and the United States". *Social Studies of Science* 8-4. 1978.

Strong, Richard Pearson. "The Bureau of Government Laboratories for the Philippine Island: Scientific Position under It, etc.". *American Medicine* 5-17. 1903.4.25.

________________. "Vaccination against Plague". *Philippine Journal of Science* 1-2. 1906.2.15.

Strong, Richard Pearson. ed. *Trench Fever: Report of Commission, Medical Research Committee, American Red Cross*. Oxford: Oxford University Press. 1918.

Strong, Richard Pearson, George C. Shattuck, A. W. Sellards, Hans Zinsser and J. Gardner Hopkins. *Typhus Fever with Particular Reference to the Serbian Epidemic*. Cambridge, M.A.: Harvard University Press. 1920.

Sutter, Paul S. "Nature's Agents or Agents of Empire?: Entomological Workers and

Environmental Change during the Construction of the Panama Canal". *Isis* 98. 2007.

'구조적인 하나의 건강' 개념으로 본 코로나19 / 김민정

김민정 외. 「한국환경사회학회 좌담회: 코로나19시대 환경사회학의 과제」. 『ECO』 24-2. 2020.
김민정. 「물질대사 균열 관점에서 본 인간과 자연 간의 관계: 가축의 사육과 질병에 대한 사례를 중심으로」. 『사회과학연구』 20-1. 2012.
김창엽. 「新감염병 레짐…신자유주의적 코로나19」. 《프레시안》. 2020.3.23.
김태형. 『불안증폭 사회: 벼랑 끝에 선 한국인의 새로운 희망 찾기』. 위즈덤하우스. 2010.
대한예방의학회. 『국민건강 확보를 위한 한국형 원헬스 추진방안 연구』. 보건복지부. 2018.
데이비드 콰먼 지음. 강병천 옮김. 『인수공통 모든 전염병의 열쇠』. 꿈꿀자유. 2017.
롭 월러스. 「코로나19와 자본의 순환: 뉴욕에서 중국 그리고 다시 뉴욕」. 『마르크스주의연구』 18-2. 2021.
_________. 「진화생물학자 롭 월라스 인터뷰: 코로나19위기의 구조적 원인은 무엇인가」. 장호종 엮음. 『코로나19: 자본주의의 모순이 낳은 재난』. 책갈피. 2020a.
마이크 데이비스 지음. 안민석 옮김. 『인류세 시대의 맑스: 불평등과 생태위기에 관하여』. 창비. 2020.
마이크 데이비스 지음. 정병선 옮김. 『조류독감: 전염병의 사회적 생산』. 돌베개. 2008.
박재묵. 「사회적 불평등과 환경」. 한국환경사회학회 엮음. 『환경사회학: 자연과 사회의 만남』. 한울아카데미. 2015.
이상윤. 「하나의 건강(One Health) 개념 비판」. 『의료와사회』 7. 2017.
제러미 리프킨 지음. 안진환 옮김. 『글로벌 그린 뉴딜』. 2020. 민음사.
존 벨라미 포스터 · 인탄 수완디. 「코로나19와 재앙 자본주의: 상품사슬과 생태적-역학적-경제적 위기」. 『마르크스주의연구』 18-2. 2021.
존 벨라미 포스터 지음. 김민정 · 황정규 옮김. 『마르크스의 생태학: 유물론과 자연』. 인간사랑. 2016.
프리드리히 엥겔스 지음. 최인호 외 옮김. 「『자연 변증법』 서설」. 『칼 맑스 프리드리히 엥겔스 저작선집』. 박종철출판사. 2003.
장호종. 「코로나19 발병 1년, 자본주의 체제의 혼란상을 보여주다」. 『마르크스21』 36. 2020.
천명선. 「One Health, 모두를 위한 보건 전략」. 제38회 가톨릭 에코포럼. 2020.11.25.
최재천. 「생태학자의 눈으로 코로나19 바이러스를 보다(영상물)」. 대한민국 행정안전부.

2020.7.15.

Balibar, Étienne. "On the Basic Concepts of Historical Materialism". Louis Althusser · Étienne Balibar. *Reading Capital*. Verso. 2015.

Evans, B. R. and F.A., Leighton. "A history of One Health". *Revue Scientifique et Technique* 33-2. 2014.

Hinchliffe, Steve. "More than one world, more than one health: re-configuring interspecies health". *Social Science & Medicine* 129. 2015.

Mulholland, Marc. "Marx, the Proletariat, and the 'Will to Socialism'". *Critique* 37-3. 2000.

Pendergrass, Drew and Vettese, Troy. "The Climate Crisis and COVID-19 Are Inseparable". *JACOBIN*. 2020.5.31.

Wallace, Robert G., Bergmann, Luke, Kock, Richard, Gilbert, Marius, Hogerwerf, Lenny, Wallace, Rodrick and Holmberg, Mollie. "The dawn of Structural One Health: A new science tracking disease emergence along circuits of capital". *Social Science & Medicine* 129. 2015.

United Nations Environment Programme. *Preventing the next pandemic - Zoonotic diseases and how to break the chain of transmission*. 2020.7.6.

Yaolong Zhao, Ke Zhang, Yingchun Fu and Hong Zhang. "Examining Land-Use/Land-Cover Change in the Lake Dianchi Watershed of the Yunnan-Guizhou Plateau of Southwest China with Remote Sensing and GIS Techniques: 1974-2008". *International Journal of Environmental Research and Public Health* 9-11. 2012.

Wallace, Rob. *Big Farms Make Big Flu*. Monthly Review Press. 2016(구정은 · 이지선 옮김. 『팬데믹의 현재적 기원: 거대 농축산업과 바이러스성 전염병의 지정학』. 너머북스. 2020).

-----------. *Dead Epidemiologists: On the Origins of COVID-19*. Monthly Review Press. 2020b.

Multinational People of Color Leadership Summit. 1991. https://cwfnc.org/about-us/principles-of-environmental-justice/

Wildlife Conservation Society. 2004. http://www.oneworldonehealth.org

인간과 바이러스의 동일시를 통한 혐오와 배제의 형상화 / 박성호

강양구. 「혐오를 이해하기, 바이러스를 이겨내기」. 『인문학연구』 46. 2021.2.

권혜경. 「좀비, 서구 문화의 전복적 자기반영성」. 『문학과영상』 10-3. 2009.12.

김기홍. 「전염병 희생양과 보건 선전영화, 그리고 공공성」. 『월간 공공정책』 174. 2020.4.

김민오 · 이준희. 「밀레니엄 좀비영화와 사이버 공간의 폭력성 비교 연구」. 『CONTETNS PLUS』 11-4. 2013.12.
김민오. 「좀비와 뱀파이어의 영화 속 시기별 의미변화 연구: 공포의 속성을 중심으로」. 『한국영상학회논문집』 12-1. 2014.6.
김성범. 「21세기 왜 다시 좀비 영화인가?」. 『씨네포럼』 18. 2014.5.
김소륜. 「한국 현대 소설에 나타난 '좀비 서사'에 관한 고찰」. 『대중서사연구』 27-2. 2021.6
김언상 · 원도연. 「〈컨테이젼〉과 코로나19의 위험사회론 연구」. 『영상문화콘텐츠연구』 21. 2020.10.
김일영. 「스토커의 흡혈귀 드라큘라에 대한 (재)해석으로서의 매티슨의 『나는 전설이다』」. 『근대영미소설』 22-1. 2015.4.
데이비드 콰먼 지음. 강병철 역. 『인수공통 모든 전염병의 열쇠』. 꿈꿀자유. 2013.
문소현. 「어느 코로나19 확진 환자의 하소연」. 『관훈저널』 62-2. 2020.6.
문운경. 「우리나라 광견병 발생 동향과 대책」, 『대한수의학회지 학술대회발표집』. 2013.4.
박광자. 「두 편의 독일 흡혈귀 영화: 무르나우와 헤어초크의 〈노스페라투〉」. 『헤세연구』 19. 2008.5.
박상익 · 우정권. 「브램 스토커 드라큘라와 최근 미국 영화 속 뱀파이어 이미지 변화 양상 연구-트와일라잇: 뉴문, 트와일라잇: 이클립스, 나는 전설이다를 중심으로」. 『인문콘텐츠』 28. 2013.3.
박성호. 「좀비 서사의 변주와 감염병의 상상력 - 신종감염병에 대한 공포와 혐오의 형상화를 중심으로」. 『현대소설연구』 83. 2021.9.
박준선 · 한명국. 「공수병의 일반적 특징과 교상 후 치료」. 『Infecton and Chemotherapy』 42-1. 2010.2.
복도훈. 「살아 있는 좀비대왕의 귀환-조지 A. 로메로를 추모하며」. 『문학동네』 24-3. 2017.9.
손달임. 「코로나19 관련 뉴스 보도의 언어 분석-헤드라인에 반영된 공포와 혐오를 중심으로」. 『이화어문논집』 51. 2020.8.
송은주. 「『스테이션 일레븐』: 포스트-아포칼립스 장르는 팬데믹 이후의 세계를 상상할 수 있는가」. 『영미연구』 52. 2021.6.
안창현. 「살아있는 시체 좀비와 강시 캐릭터 비교 연구」. 『동아시아문화연구』 68. 2017.2.
옥선영. 「게임 속의 세계는 세기말을 어떤 방식으로 드러내는가? - 게임 속 세기말의 구현 방식에 관한 분석: Resedent Evil 3, Parasite Eve 2, Silent Hill 3 중심으로」. 『한국게임학회 논문지』 21-1. 2021.2.
이동신. 「좀비 반, 사람 반: 좀비서사의 한계와 감염의 윤리」. 『문학과영상』 18-1. 2017.4.
이만강. 「한국 좀비(zombie) 영상물 연구-위험사회의 간(間)좀비를 중심으로」. 『상허학보』 62. 2021.6.

이윤종.「바이러스의 살육성: 〈괴물〉과 〈감기〉의 기생체」.『영화연구』 87. 2021.3.
이장희.「2002년 코로나19 상황과 인권 문제의 조망」.『인권법평론』 26. 2021.2.
장이츠 · 김민아.「코로나바이러스감염증-19 대유행 이후 한국 거주 중국인 유학생의 사회적 낙인 경험」.『보건사회연구』 41-1. 2021.2.
조태구.「코로나19와 혐오의 시대 - '올드 노멀(old normal)'을 꿈꾸며」.『인문학연구』 40. 2020.8.
채민석.「어쩌면 바이러스보다 더 무서운 것=영화 '컨테이젼(Contagion)'으로 읽는 메르스」.『의료와사회』 1. 2015.9.
천명선.「일제강점기 광견병의 발생과 방역」.『의사학』 27-3. 2018.12.
최성민.「SF와 좀비 서사의 감염 상상력」.『대중서사연구』 27-2. 2021.6.
한혜정.「주체의 흡혈귀 되기-브램 스토커의 드라큘라」.『19세기 영어권 문학』 12-2. 2008.3.
황의경.「광견병 진단법 및 예방법의 발전」.『한국수의공중보건학회지』 19-3. 1995.10.
Al-Rawi, Ahmed K. "The Arabic Ghoul and its Western Transformation". *Folklore* vol.120. London: The Folklore Society. 2009.11.
Jones, Darryl. *Horror: a thematic history in fiction and film*. London: Arnold. 2002.

불교적 관점에서 본 원헬스(One Health) / 이은영

T: 대정신수대장경

『佛說菩薩本行經』. T3
『阿毘達磨俱舍論』. T29
『雜阿含經』. T2
『中論』. T30
『華嚴一乘法界圖』. T45

서병진.「아쇼까왕의 정토관」.『인도철학』 18. 2005.
공혜정.「새로운 변화-기후변화와 원헬스 패러다임 고찰」.『생태환경과 역사』 5. 2019.
김민정.「'구조적인 하나의 건강' 개념으로 본 코로나19」.『경제와 사회』 129. 2021.
김우주.『신종 바이러스의 습격』. 반니. 2020.
김종욱.『불교생태철학』. 동국대학교 출판부. 2004.
박경준.「한국의 불교생태학 연구 동향」.『철학사상』 41. 2011.
보건복지부.「국민건강 확보를 위한 한국형 원헬스 추진방안 연구」 최종보고서. 2018.

에띠엔 라모뜨 지음. 호진 역.『인도불교사』1. 시공사. 2006.
이재수.「응용불교학의 성과와 과제」.『불교평론』41. 2009.
최은주.「인간-동물-환경의 인터페이스 증가에 따른 각 학문 분과의 윤리와 소통의 필요성」.『한국의료윤리학회지』24-1. 2021.
A. Kamenshchikova, P.F.G. Wolffs, C.J.P. A. Hoebe and K. Horstman. "Anthropocentric framings of One Health: an analysis of international antimicrobial resistance policy documents". *Critical Public Health*. 2019.
Henrik Lerner and Charlotte Berg. "The concept of health in One Health and some practical implications for research and education: what is One Health?". *Infection Ecology & Epidemiology* 5-1. 2015.

박종익.「코로나로 인간 사라지자…악어 · 사자 등 야생동물은 신났네」.《나우뉴스》. 2020.4.17. (https://nownews.seoul.co.kr/news/newsView.php?id=20200417601009)
최우리.「코로나 등 영향 받은 2~3월, 1월보다 미세먼지 개선 효과 커」.《한겨레》. 2020.5.12. (http://www.hani.co.kr/arti/society/environment/944580.html)
최은택.「복지부, 새 건강정책 패러다임으로 '원헬스' 제시」.《데일리팜》. 2018.4.15. (http://www.dailypharm.com/Users/News/NewsView.html?ID=238506)
「원헬스 기반으로 감염병 공동대응체계 강화한다」. 보건복지부 보도자료. 2018.6.8. (https://www.mohw.go.kr/react/al/sal0301vw.jsp?PAR_MENU_ID=04&MENU_ID=0403&CONT_SEQ=345055)
「사람-동물-환경 모두가 건강한 원헬스 실현을 위해 민 · 관이 지혜를 모은다!」. 보건복지부 보도자료. 2019.4.26. (http://www.mohw.go.kr/react/al/sal0301vw.jsp?PAR_MENU_ID=04&MENU_ID=0403&CONT_SEQ=349238)

2020년 대한민국의 감염병 위기 관리하기와 국가-사회 관계 / 이동헌 · 이향아

강양구 외.『한번도 경험해보지 못한 나라』. 천년의상상. 2020.
강상중. 노수경 옮김.『떠오른 국가와 버려진 국민: 메이지 이후의 일본』. 사계절. 2020.
강수택.「분열형 사회에서 연대형 사회로의 전환을 위한 사회학적 성찰」.『한국사회학』53-2. 2019.
김선미.「시민운동 위기 담론과 발전 방안: 시민사회 지형변화와 관련하여」,『담론201』10-3. 2007.
대런 에쓰모글루 · 제임스 로빈슨 지음. 장경덕 옮김.『좁은 회랑』. 시공사. 2020.
데이비드 하비 지음. 황성원 옮김.『자본의 17가지 모순』. 동녘. 2014.

로버트 푸트넘 지음. 정승현 옮김. 『나홀로 볼링』. 페이퍼로드. 2016.
루이 알튀세르 지음. 서관모 옮김. 『마르크스를 위하여』. 후마니타스. 2017.
마이클 샌델 지음. 함규진 옮김. 『공정하다는 착각』. 와이베리. 2020.
미셸 푸코 지음. 오생근 옮김. 『감시와 처벌: 감옥의 역사』. 나남. 2007.
미셸 푸코 지음. 오트르망 · 심세광 · 전혜리 옮김. 『안전, 영토, 인구-콜레주드프랑스 강의 1977~78년』. 난장. 2011.
박권일. 『축제와 탈진』. yeondoo. 2020.
밥 제솝 지음. 남상백 옮김. 『국가 권력: 마르크스에서 푸코까지, 국가론과 권력 이론들』. 이매진. 2021.
밥 제솝 지음. 유범상 · 김문귀 옮김. 『전략관계적 국가이론: 국가의 제자리찾기』. 한울아카데미. 2000.
상탈 무페 지음. 이보경 옮김. 『정치적인 것의 귀환』. 후마니타스. 2007.
서울대학교 보건대학원. 『코로나19와 사회적 건강』. 서울대학교 보도자료. 2020.
스튜어트 홀 지음. 임영호 옮김. 『대처리즘의 문화정치』. 한나래. 2007.
슬라보예 지젝 지음. 강우성 옮김. 『팬데믹 패닉』. ㈜북하우스 퍼블리셔스. 2020.
신진욱. 「국가역량 레짐의 다양성 연구를 위한 이론적 고찰」. 『한국사회학』 54-1. 2020.
안토니오 그람시 지음. 이승훈 옮김. 『그람시의 옥중수고 1』. 거름. 1999.
알베르토 까뮈 지음. 김화영 옮김. 『페스트』. 민음사. 2011.
앨버트 허쉬만 지음. 강명구 옮김. 『떠날 것인가 남을 것인가』. 나무연필. 2016.
이남희 지음. 이경희 · 유리 옮김. 『민중만들기』. 후마니타스. 2015.
이승준. 「코로나 이후 '큰 국가'가 돌아왔다」. 『한겨레 21』 1315-1316 합본호. 2020.
이은영. 「저리고 쓰린 슬픔은 힘이 되고 열이 되어」. 경희대학교 인문학연구원 HK+통합의료인문학연구단 지음. 『코로나19 데카메론: 코로나19가 묻고, 의료인문학이 답하다』. 도서출판 모시는사람들. 2020.
이철승. 「세대, 계급, 위계」. 『한국사회학』 53-1. 2019.
임운택. 「사회의 재봉건화에 대한 진단과 세대 논쟁의 착종 : 조귀동, 『세습중산층 사회: 90년대생이 경험하는 불평등은 어떻게 다른가』(생각의힘, 2020)」. 『경제와사회』 127. 2020.
장석준. 「우리가 부르짖던 공정론의 민낯… 한국의 능력주의는 자본주의의 최첨단」. 《프레시안》. 2021.1.21.
제임스 프록터 지음. 손유경 옮김. 『스튜어트 홀 지금』. 앨피. 2006.
조국백서추진위원회. 『검찰개혁과 촛불시민(조국 사태로 본 정치검찰과 언론)』. 오마이북. 2020.
조귀동. 『세습중산층사회』. 생각의 힘. 2020.
조르쥬 아감벤 지음. 김항 옮김. 『예외상태』. 새물결. 2019.

지주형. 「위기관리와 변동의 정치사회학: IMF 경제위기와 신자유주의적 발전경로의 형성」, 『한국사회학』 41-5. 2007.

______. 「사회운동 전략으로서의 포퓰리즘?: 라클라우-무페 이론의 전략적 빈곤」. 『시민과세계』. 2020.

천관율. 「코로나19가 드러낸 '한국인의 세계'-의외의 응답」. 『시사인』 663. 2020a.

______. 「코로나19가 드러낸 '한국인의 세계'- 갈림길에 선 한국 편」. 『시사인』 664. 2020b.

______. 「'방역 정치'가 드러낸 한국인의 세계- 의문 품는 한국인들」. 『시사인』 692. 2020c.

______. 「'방역 정치'가 드러낸 한국인의 세계- 각자도생의 경고」. 『시사인』 694. 2021.

최재훈. 「집합행동의 개인화와 사회운동 레퍼토리의 변화」. 『경제와사회』 113. 2017.

칼 마르크스 지음. 임지현 · 이종훈 옮김. 『프랑스 혁명사 3부작』. 소나무. 2017.

칼 슈미트 지음. 김효전 · 정태호 옮김. 『정치적인 것의 개념』. 살림. 2012.

토마스 홉스 지음. 최공웅 · 최진원 역. 『리바이어던』. 동서문화사. 2009.

한겨레경제사회연구원. 「포스트 코로나 인식조사」. 2020. (http://heri.kr/972048)

허석재 · 김예경. 『코로나19 확산과 전 세계 민주주의 동향 - 국제관계 동향과 분석』 1. 국회입법조사처. 2020.

Acemoglu, D. "Politics and economics in weak and strong states". *Journal of Monetary Economics*. 52-7. 2005.

Agamben, G. "The invention of an epidemic". *The European Journal of Psychoanalysis*. 2020. (https://www.journal-psychoanalysis.eu/coronavirus-and-philosophers/)

Arnall, A. "Resilience as transformative capacity: exploring the quadripartite cycle of structuration in a Mozambican resettlement programme". *Geoforum* 66. 2015.

Dixit, Avinash (Forthcoming). "'Somewhere in the middle you can survive': Review of The Narrow Corridor by Daron Acemoglu and James Robinson". *Journal of Economic Literature*.

Dobbin, F., and Sutton, J. R. "The strength of a weak state: The rights revolution and the rise of human resources management divisions". *American Journal of Sociology* 104-2. 1998.

Granovetter, M. S. "The Strength of Weak Ties". *American Journal of Sociology* 78-6. 1973.

Grossberg, Lawrence. "On Postmodernism and articulation: an interview with Stuart Hall". *Journal of Communication Inquiry* 10-2. 1986.

Hall, Stuart. "Authoritarian Populism: A Reply to Jessop et al.". *New Left Review* 1-51. 1985.

Hall, Stuart et al. Policing the Crisis: *Mugging, the State, and Law and Order*. The Macmillan Press. 1978.

Hall, Stuart and Tony Jesserson eds. *Resistance through Rituals: Youth subcultures in post-*

war Britain. Routledge. 2006.

Han, Byung-chul. "Wir dürfen die Vernunft nicht dem Virus überlassen". *Die Welt*, 2020.3.23. (https://www.welt.de/kultur/plus206681771/Byung-Chul-Han-zu-Corona-Vernunft-nichtdem-Virus--ueberlassen.html)

Hay, C. "Narrating Crisis: The Discursive Construction of the `Winter of Discontent'". *Sociology* 30-2. 1996.

Hay, C. "Crisis and the structural transformation of the state: interrogating the process of change". *The British Journal of Politics and International Relations* 1-3. 1999.

Jessop, Bob, Kevin Bonnett, Simon Bromley and Tom Ling. "Authoritarian Populism, Two Nations, and Thatcherism". *New Left Review* 147. 1984.

Jessop, B. "Crises, crisis-management and state restructuring: What future for the state?". *Policy and Politics* 43-4. 2015.

Kang, JH. "The Media Spectacle of a Techno-City: COVID-19 and the South Korean Experience of the State of Emergency". *The Journal of Asian Studies* 79-3. 2020.8.

Khodyakov, D. "Trust as a Process: A Three-Dimensional Approach". *Sociology* 41-1. 2007.

Martin, Ron and Peter Sunley. *Regional economic resilience: evolution and evaluation. Handbook on regional economic resilience*. Edited by Gillian Bristow and Adrian Healy. Edward Elgar Publishing. 2020.

Offe, C. "Crisis of crisis management: elements of a political crisis theory". *International Journal of Politics* 6-3. 1976.

Pelling M. *Adaptation to Climate Change: From Resilience to Transformation*. Taylor& Francis. 2010.

Walker B. and David Salt. *Resilience Thinking: Sustaining Ecosystems and People in a Changing World*. Island Press. 2006.

Williams, T. A., Gruber, D. A., Sutcliffe, K. M., Shepherd, D. A., and Zhao, E. Y. "Organizational response to adversity: Fusing crisis management and resilience research streams". *Academy of Management Annals* 11-2. 2017.

집필진 소개
(가나다순)

김민정: 정치경제학연구소 프닉스(PNYX) 소장. 최근 관심 분야는 환경(기후) 불평등, 공해, 핵발전과 핵산업, 지속가능한 사회전환 등이다. 주요 연구로 「계급 정치로 분석한 기후변화의 쟁점들」, 「탈성장 논의에 관한 마르크스주의적 비판」, 「기후정의와 마르크스주의」, 「제국주의론에서 본 한국 핵산업에 관한 시론」, 「빌 게이츠가 못 보는 기후위기 해법」 등이 있다.

민유기: 경희대학교 사학과 교수, 글로컬역사문화연구소장, 경희대학교 인문학연구원 HK+통합의료인문학연구단 지역인문학센터장이다. 도시사학회 회장, 한국서양사학회 총무이사, 한국프랑스사학회 총무이사를 역임했다. 파리 사회과학고등연구원 박사로 프랑스와 유럽의 도시사, 정치문화사, 국제관계사, 젠더사 관련 다수의 논문의 발표했고, 『도시와 인간』(2009, 책과함께), 『전쟁과 여성인권』(2021, 심산) 외 20여 권의 저역서를 출간했다.

박성호: 경희대학교 인문학연구원 HK+통합의료인문학연구단 HK연구교수. 고려대학교 국어국문학과 및 동 대학원 졸업. 근대 초기 문학과 매체를 중심으로 의료를 둘러싼 인식과 문화의 변화에 관한 연구를 수행하고 있다. 대표저서로 『예나 지금이나』(2016, 그린비), 『화병의 인문학 근현대편』(2020, 모시는사람들), 『의료문학의 현황과 과제』(2020, 모시는사람들) 등이 있다.

윤은경: 경희대학교 한의학고전연구소 연구원. 前경희대학교 인문학연구원 HK+통합의료인문학연구단 HK연구교수. 경희대학교 한의과대학 및 동대학원 졸업. 대표 저서로 『코로나19 데카메론』 1, 2(2021, 모시는사람들), 『아프면 보이는 것들』(2021, 후마니타스) 등이 있다.

이동헌: 영국 런던대학교(University College of London) 도시계획학과 박사과정. 대

표적인 연구 성과로는 “Industrial variety and structural change in Korean regional manufacturing, 1992-2004”, 『강남만들기, 강남따라하기』(공저) 등의 논문 및 저서가 있다.

이은영: 경희대학교 인문학연구원 HK+통합의료인문학연구단 HK연구교수. 경희대학교 철학과 및 동 대학원 졸업. 의철학과 의료윤리를 불교 등 동양사상의 관점에서 고찰하는 연구를 하고 있다. 대표저역서로 『각성, 꿈 그리고 존재』(2017, 씨아이알), 『마인드풀니스』(2018, 민족사), 『코로나19 데카메론』 2(2021, 모시는사람들) 등이 있다.

이향아: 경상국립대학교 사회학과 조교수. 前경희대학교 인문학연구원 HK+통합의료인문학연구단 HK연구교수. 도시사회학, 역사사회학, (의료)문화사회학을 연구하고 있다. 대표적인 연구는 「전염병 위기 관리하기, 2020년 한국 코로나19 전염병 위기와 국가-사회 관계」(공저) , 『강남 만들기, 강남 따라하기』(공저), 『반포본동: 남서울에서 구반포로』(공저), 『서울, 권력도시』(공역) 등이 있다. 제1회 최재석학술상 우수박사학위논문상을 수상한 바 있다.

정세권: 경희대학교 인문학연구원 HK+ 통합의료인문학연구단 HK연구교수. 서울대학교 협동과정 과학사 및 과학철학 전공 졸업. 서양 과학기술의 역사 특히 미국의 의학 및 생물학사를 공부하고 있다. 최근 대표논문으로 「19세기 중후반 미국 의사들의 정체성 만들기」(2020), 「전염병의 과학은 어떻게 논쟁되는가 - 1911년 만주 폐페스트 발병과 국제페스트컨퍼런스」(2020), 「시험관 아기에서 체외수정으로? - 1970~80년대 새로운 과학기술에 대한 언론 보도 변화」(2021) 등이 있다.

찾아보기

[ㅂ]

[ㅈ]

[ㅊ]

[기타]